高等职业教育新形态精品教材

中华优秀传统文化要略

主　编　吴　敌　黎　明　欧阳明
副主编　冯　超　朱晓英　杜　侃
参　编　谢鹤立　游录鹏

北京理工大学出版社
BEIJING INSTITUTE OF TECHNOLOGY PRESS

内容提要

本书从高职高专院校学生的文化素质出发,有针对性地对学生进行文化素养的提升与传统文化教育。全书共分为九章,主要内容包括中华传统文化的缘起、中国传统思想文化、中国传统宗教、中国古代文学、中国传统民俗与节日、中国传统艺术文化、中国传统建筑文化、中国古代科技文化、中华传统文化的传承与发展。

本书可作为高职高专院校各类专业的教学用书,也可作为传统文化爱好者的参考用书。

版权专有　侵权必究

图书在版编目(CIP)数据

中华优秀传统文化要略 / 吴敌,黎明,欧阳明主编.
北京:北京理工大学出版社,2025.1.
ISBN 978-7-5763-5019-7
Ⅰ.K203
中国国家版本馆 CIP 数据核字第 2025QS7614 号

责任编辑:李　薇	文案编辑:李　薇
责任校对:周瑞红	责任印制:王美丽

出版发行 / 北京理工大学出版社有限责任公司
社　　址 / 北京市丰台区四合庄路 6 号
邮　　编 / 100070
电　　话 / (010) 68914026(教材售后服务热线)
　　　　　(010) 63726648(课件资源服务热线)
网　　址 / http://www.bitpress.com.cn
版 印 次 / 2025 年 1 月第 1 版第 1 次印刷
印　　刷 / 河北鑫彩博图印刷有限公司
开　　本 / 787 mm × 1092 mm　1/16
印　　张 / 15.5
字　　数 / 290 千字
定　　价 / 46.00 元

图书出现印装质量问题,请拨打售后服务热线,负责调换

前言

党的二十大报告明确指出:"育人的根本在于立德。全面贯彻党的教育方针,落实立德树人根本任务,培养德智体美劳全面发展的社会主义建设者和接班人。"中华优秀传统文化是中华民族的精神命脉,承载着中华民族的文化血脉,为中华民族繁衍生息提供了丰厚的精神滋养。作为中华文化的重要组成部分,中华优秀传统文化是中国特色社会主义植根的文化沃土,也是涵养社会主义核心价值观的重要源泉,对于立德树人具有深远意义和独特价值。

在中华民族伟大复兴的征程中,深入学习和传承中华优秀传统文化,是时代赋予我们的重要使命,也是培养担当民族复兴大任时代新人的必然要求。对于职业院校而言,紧密围绕产业升级需求、达成高质量人才输出目标,离不开传统文化的底蕴支撑。从发展要求来看,职业教育需紧跟时代步伐,与产业深度接轨。这要求我们培养的学生不仅掌握前沿专业技能,更要具备深厚文化素养,以适应越来越注重综合素养的职场环境。中华优秀传统文化所蕴含的丰富的思想观念、人文精神、道德规范,恰如职业素养的"精神模具",促使学生在实训实操中践行"工匠精神",在团队协作里彰显"仁爱共济",为满足产业对高素质、高品德人才的渴求筑牢根基。

为落实党和国家关于传承和弘扬中华优秀传统文化的相关要求,满足职业院校开展中华优秀传统文化教育的需要,我们编写了《中华优秀传统文化要略》教材。本书对中华优秀传统文化进行了系统梳理和全面呈现,旨在深入探讨中华传统文化的起源、发展及其在不同领域的表现。本书从文化复兴的角度出发,强调了传统文化在国家和民族发展中的重要性,详细介绍了中国传统思想文化、宗教、文学、民俗与节日、传统艺术、建筑和科技文化等多个方面,展现了中华传统文化的丰富内涵和历史深度。通过具体的历史事件、人物、作品和实例,揭示了中华传统文化影响中国社会结构、价值观念和民族精神的过程与结果。

本书是南充电影工业职业学院校级科研项目《新时期高职高专中国传统文化教育创新路径研究》课题(编号:ND23 A02)结题成果之一。本书由吴敌、黎明、欧阳明担任主编，由冯超、朱晓英、杜侃担任副主编，具体编写分工如下：第一章由吴敌、黎明编写；第二章由谢鹤立编写；第三章由游录鹏、吴敌编写；第四章由冯超编写；第五章由朱晓英编写；第六章由谢鹤立、黎明编写；第七章由游录鹏、吴敌编写；第八章由杜侃编写；第九章由欧阳明编写。

  本书在编写过程中参阅了多部文件及国内同行的多部著作，在此一并向有关专家和作者表示衷心的感谢！由于编者水平有限，书中不妥之处在所难免，敬请使用本书的读者对本书多提宝贵意见，以便及时修订完善。

编　者

目 录

第一章　中华传统文化的缘起　/1

神话与传说　/1
　一、原始文化　/1
　二、传说中的中国古代文化　/2
　三、先秦文化　/5

文化与传统文化　/7
　一、文化　/7
　二、中华传统文化　/8
　三、中华传统文化的基本内容　/10

中华传统文化发展历程　/12
　一、雏形期　/12
　二、形成期　/13
　三、发展期　/14

中华传统文化的基本精神　/15
　一、中华传统文化的基本精神　/15
　二、为什么要学习中华传统文化　/17
　三、如何学习中华传统文化　/19

文化践行　/20

第二章　中国传统思想文化　/22

孔子与儒家　/22
　一、孔子生平介绍　/22
　二、"百家争鸣"和儒家思想的形成　/23
　三、"罢黜百家，独尊儒术"　/24
　四、宋明理学　/25

　五、明清之际活跃的儒家思想　/27

老子与庄子　/28
　一、老子的哲学　/28
　二、庄子的哲学　/34
　三、道家思想与中华传统文化　/39

墨子与墨家　/41
　一、墨子生平简介　/41
　二、墨家学说的主要内容　/41

孙子与兵家　/43
　一、孙子生平介绍　/43
　二、兵家的主要军事思想　/43

韩非与法家思想　/45
　一、韩非子生平简介　/45
　二、法家思想的基本观点　/45
　三、法家思想的理论支撑　/46
　四、法家思想的现实应用背景　/46
　五、批评与反思　/47

文化践行　/47

第三章　中国传统宗教　/50

佛教传入与中外文化的融合　/50
　一、佛教的起源及流传　/50
　二、佛教在中国的传播与发展　/52

道教的兴起与多种文化的融合　/57
　一、道家思想的起源　/57

I

二、道教的主要信仰　　/59
　　三、道教的主要派别　　/59
佛教、道教与中华传统文化　　/60
　　一、佛教与中华传统文化　　/60
　　二、道家与中华传统文化　　/64
文化践行　　/66

第四章　中国古代文学　　/68

先秦诗歌　　/68
　　一、《诗经》　　/68
　　二、楚辞　　/74
两汉辞赋　　/80
　　一、赋体名称的来源　　/80
　　二、赋的基本特征　　/80
　　三、代表作家及作品　　/80
魏晋散文　　/82
　　一、建安散文　　/82
　　二、建安辞赋　　/84
　　三、正始散文　　/84
　　四、正始辞赋　　/85
　　五、两晋散文　　/85
　　六、两晋辞赋　　/85
　　七、南北朝时期的散文　　/86
唐代诗歌　　/87
　　一、初唐诗歌　　/87
　　二、盛唐诗歌　　/89
　　三、中唐诗歌　　/94
　　四、晚唐诗歌　　/95
宋词　　/96
　　一、词的起源　　/96
　　二、词的分类　　/97
　　三、宋词流派及代表作家　　/97
元曲　　/100
明清小说　　/102

　　一、明代小说　　/102
　　二、清代小说　　/106
文化践行　　/110

第五章　中国传统民俗与节日　　/113

服饰文化　　/113
　　一、服饰文化的发展之基　　/113
　　二、中国古代服饰文化　　/114
饮食文化　　/120
　　一、中国饮食文化的内涵与结构　　/120
　　二、中国传统饮食文化的特征　　/120
　　三、传统节日饮食仪式　　/122
礼俗文化　　/124
　　一、古代礼仪　　/124
　　二、婚丧文化　　/130
　　三、节日习俗　　/133
　　四、乡规民俗　　/136
文化践行　　/137

第六章　中国传统艺术文化　　/139

中国古代雕塑文化　　/139
　　一、史前雕塑　　/139
　　二、夏商周雕塑　　/140
　　三、秦代雕塑　　/141
　　四、汉代雕塑　　/141
　　五、魏晋南北朝时期雕塑　　/143
　　六、隋唐时期雕塑　　/143
　　七、宋辽金元雕塑　　/143
　　八、明清雕塑　　/143
中国古代绘画艺术　　/144
　　一、先秦绘画　　/144
　　二、秦汉绘画　　/145
　　三、魏晋南北朝时期的绘画　　/147

四、隋唐时期的绘画　　/148
　　五、五代两宋的绘画　　/150
　　六、辽金元绘画　　/151
　　七、明清的绘画　　/152
　　八、民间绘画　　/154
音乐艺术　　/157
　　一、音乐的起源及夏商音乐　　/157
　　二、秦汉时期　　/158
　　三、魏晋南北朝时期　　/159
　　四、隋唐时期　　/159
　　五、宋金元时期　　/160
　　六、明清时期　　/160
中国戏曲艺术　　/161
　　一、中国传统戏曲的发展　　/161
　　二、中国五大戏曲　　/163
书法艺术　　/166
　　一、书法的起源　　/166
　　二、书法艺术的发展　　/168
文化践行　　/177

第七章　中国传统建筑文化　　/180

宫殿艺术　　/180
　　一、北京故宫　　/180
　　二、北京天坛　　/181
　　三、布达拉宫　　/182
　　四、曲阜孔庙　　/184
寺院建筑　　/188
　　一、悬空寺　　/188
　　二、洛阳白马寺　　/189
　　三、五台山佛教建筑　　/190
　　四、青羊宫　　/190
陵墓艺术　　/191
　　一、秦汉唐皇陵　　/192

　　二、明清皇陵　　/194
园林艺术　　/195
　　一、颐和园　　/195
　　二、拙政园　　/197
传统民居艺术　　/199
　　一、北京四合院　　/199
　　二、福建土楼　　/200
　　三、乔家大院　　/201
　　四、窑洞　　/202
　　五、蒙古包　　/203
文化践行　　/204

第八章　中国古代科技文化　　/206

天文、数学、中医药学　　/206
　　一、中国古代天文学　　/206
　　二、古代数学　　/208
　　三、中医中药学　　/211
农学、水利、造船、纺织、冶炼等技术　　/212
　　一、农学　　/212
　　二、水利　　/217
　　三、造船　　/218
　　四、纺织　　/219
　　五、冶炼　　/219
中国古代四大发明　　/220
　　一、指南针与航海术　　/220
　　二、造纸术和文明的传播　　/221
　　三、传播知识的印刷术　　/222
　　四、火药：炼丹术带来的发明　　/224
文化践行　　/225

第九章　中华传统文化的传承与发展　　/227

传统史学在中华传统文化中的地位　　/227

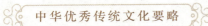

优秀传统文化的继承 /229	传统文化在近代的成就和价值 /232
一、中华优秀传统文化与社会稳定 /229	文化践行 /238
二、中华优秀传统文化与经济发展 /230	
三、中华优秀传统文化与精神文明 /230	**参考文献** **/240**
四、中华优秀传统文化与生态文明 /231	

第一章 中华传统文化的缘起

本章提要

中华民族的伟大复兴和崛起，不仅体现在经济领域，更体现在中国文化的伟大复兴和崛起上。历史上，我们的先民创造了辉煌灿烂的民族文化，孕育了中华民族优秀的文化传统。这种文化不仅在历史上赢得了世界其他民族的赞叹和仰视，而且至今仍在世界各地产生着深远影响。可以说，中华优秀的传统文化是我们的民族之根，是每一位中华儿女的骄傲。文化是国家和民族的软实力，传承和弘扬中华优秀传统文化，以及创造中华民族的新文化，对包括年轻一代在内的全体中国人来说，都具有极其重要的意义。

神话与传说

一、原始文化

原始文化是人类历史上最早出现的文化形态，其历史可追溯至200万年前的远古时期。那个时代，人类尚未掌握文字记录的技能，生产力水平相对低下，人们主要生活在氏族或部落群体中，依赖集体的协作来维持生存。此时，国家的概念尚未形成，社会文明的发展尚处于初级阶段，整体发展水平极为有限。相较于后来的文明时代，这种文化形态显得相对落后，因此称为原始文化。

人类文化的起始标志在于对工具的使用，这一过程涉及构思、选择、运用及预期效果等多个环节，深刻展现了人类的精神活动。它意味着人类不再仅仅本能地适应环境，而是跃升至一个能够进行精神创造的新阶段。文化作为人类精神创造活动的产物，将工具的使用视为自身起源的标志性象征。在人类历史的早期阶段，所使用的工具极为原始，大多直接从自然界中获取，尤其是石材。基于这种以石材为主要工具的特点，我们将这一时期的文化称为石器时代。

石器时代的文化又分为两个时期，分别是旧石器时代和新石器时代。对工具进行简单使用和加工的时期称为旧石器时代，对工具进行复杂使用和加工的时期称为新石器时代。

（一）旧石器时代

中国旧石器时代的历史最早可以追溯至大约200万年前的巫山猿人时期。有代表性的还有云南的元谋猿人（170万年前）、陕西的蓝田猿人（80万年前）、北京的山顶洞人（3万年前）。

（二）新石器时代

新石器时代距今已有1万年左右。有代表性的有仰韶文化（河南）、良渚文化（浙江）、贾湖文化（河南）。

（1）仰韶文化。仰韶文化遗址位于河南省三门峡市渑池县北部约9千米处的仰韶村，是中国新石器时代的重要代表之一，其历史可追溯至5 000至7 000年前。该遗址出土了众多珍贵文物，其包括用于农耕的石制工具，如石斧、石铲、石凿和石镑；用于狩猎的石镞、弹丸和石饼，以及纺织工具，如线坠、纺轮、骨针和骨锥。此外，遗址还出土了大量精美的陶器，种类繁多，包括鼎、罐、碗、盆、钵、杯、瓮和缸等，令人赞叹不已。尤为引人注目的是，这些陶器上装饰着丰富多彩的图案，纹饰多样，既有宽带纹、网纹、花瓣纹和鱼纹，也有弦纹和几何图形纹，每一种纹饰都充分展示了古代人民卓越的艺术才能和深厚的文化底蕴。

（2）良渚文化。良渚文化遗址位于浙江余杭的良渚镇，属于铜石并用时代，距今已有4 150至5 250年的历史。这里出土的文物令人叹为观止：黑陶器造型精美，部分甚至涂有漆面；各类玉器琳琅满目，包括珠、管、璧、璜、琮和蝉。其中，玉琮的高度达到18至23厘米，表面雕刻着生动的圆目兽面纹，工艺精湛，堪称中国古代玉器的瑰宝，素有"玉琮王"之美誉。此外，绢片、丝带和丝线是中国远古时期最为重要的家蚕丝织物。

（3）贾湖文化。贾湖文化遗址于20世纪80年代被发掘，地理位置在河南省舞阳县北舞渡镇的西南方向，距离约1.5千米处，具体位于贾湖村。该遗址的保护区域覆盖了5.5万平方米的广阔地带，是新石器时代早期的一处重要遗存。它不仅规模宏大，而且保存状态相对完好，文化积淀极其深厚，据考古学家推测，其历史可追溯至大约9 000年前。

二、传说中的中国古代文化

在中国古代神话中，盘古开天辟地的传说流传甚广。故事讲述了一位名为盘古的巨人，他挥动巨斧劈开了混沌的世界，从此天地分离，宇宙得以形成。这个故事最早见于三国时期吴国徐整著的《三五历纪》《五运历年纪》："天地浑沌如鸡子，盘古生其中。万八千岁，天地开辟，阳清为天，阴浊为地。盘古在其中，一日九变，神于天，圣于地。

天日高一丈，地日厚一丈，盘古日长一丈，如此万八千岁，天数极高，地数极深，盘古极长，后乃有三皇。"盘古后来"垂死化身，气成风云，声为雷霆；左眼为日，右眼为月，四肢五体为四极五岳，血液为江河，筋脉为地里，肌肉为田土，发为星辰，皮肤为草木，齿骨为金石，精髓为珠玉，汗流为雨泽，身之诸虫，因风所感，化为黎甿"。这个故事只是一个神话传说，是中国的《创世记》，是古人试图解释世界来历的幻想，不能当作历史来看待（图1-1）。

图1-1 盘古开天辟地

然而，这一传说映射出中华传统文化的某些独特特征。

（1）显而易见的人本主义倾向。创造世界的盘古是人而非神，尽管他的诞生带有神话色彩，但他的凡人本质是不可否认的，最终他走向了死亡。这构成了中国《创世记》与西方《创世记》的本质区别。

（2）对利他精神的颂扬。盘古不仅开辟了世界，更以他的牺牲为世界带来了无限的生机与精彩，这正是该传说最为感人肺腑之处。在中华传统文化的精髓中，博爱与利他精神占据着举足轻重的地位，而盘古的形象恰恰体现了这一精神的深远渊源。

盘古后"三皇五帝"的传说尽管也有离奇成分，但应该有其真实性。

"三皇"指的是远古时期三位卓越的部落领袖，具体人选存在多种版本，但较为广泛接受的观点是燧人氏、伏羲氏和神农氏。《尚书大传》云："燧人为燧皇，伏羲为戏（羲的通假字，编者注）皇，神农为农皇也。"据传说，燧人氏通过钻木取火的方式掌握了火的使用，并将这一技能传授给众人，因此后世尊称他为"燧人氏"（图1-2）。伏羲创造了八卦，受到八卦的启发，他学会了编织渔网、捕鱼和狩猎的技巧，并将这些技能传授给了他的族人。此外，传说中伏羲与他的妹妹女娲结为夫妇，共同繁衍了中华民族的后代。

神农氏"长于姜水",故取姓姜(图1-3)。《周易·系辞下第八》曰:"包牺氏没,神农氏作,斫木为耜(sì),揉木为耒(lěi),耒耨(nòu)之利,以教天下,盖取诸益",是最早教人耕田种地的人,也是最早用采自山间的草药为民治病的人。

图1-2 燧人氏　　　　　　　　　　图1-3 神农氏

"五帝"分别是黄帝、颛顼、帝喾、唐尧、虞舜,他们是新石器晚期的父系时代出现的几位受人尊重的领袖人物。黄帝是继神农氏之后的杰出氏族领袖。在《史记·五帝本纪》中记载"少典之子,姓公孙,名曰轩辕。生而神灵,弱而能言,幼而徇齐,长而敦敏,成而聪明"。由于他成长于姬水之畔,便以姬为姓。成年后,他领导族人平定了外族的侵扰,战胜了凶悍的蚩尤部落,统一了中原地区,被族人推举为领袖。因其具有"土德之瑞",故被尊称为黄帝。颛顼就是高阳氏,是黄帝的孙子,他"静渊以有谋,疏通而知事;养材以任地,载时以象天,依鬼神以制义,治气以教化,絜诚以祭祀",黄帝去世之后,他成为华族首领,被尊为"五帝"之一。帝喾,也称高辛氏,乃黄帝之曾孙裔。他自出生便禀赋神灵之气,能自道其名。他广施恩泽于万物,从不吝啬于自身;耳聪目明,能远听而知天下事,细察而明微末之情。他顺应天道,深知民众之急需;为人仁爱且有威严,施惠于民且言而有信。他修身立德,致使天下万民皆心悦诚服。唐尧是帝喾的次子,因曾是陶唐氏首领,故名唐尧。唐尧"其仁如天,其知如神","富而不骄,贵而不舒""能明驯德,以亲九族",在他的领导下,"百姓昭明,合和万国"。据史书记载,他是最早治理黄河水患的华族领袖。虞舜作为唐尧之后的第五位华夏部落首领,因诞生于姚墟之地,故而被赐以姚姓,同时身为有虞氏一族的领袖,世人尊称其为虞舜。在舜的早期生涯中,他在历山耕作,于雷泽捕鱼,于河滨制陶,在寿丘制作各种器具,并在负夏从事各种季节性的劳作。尽管舜的父亲瞽叟性情顽劣,母亲愚昧,弟弟象傲慢无礼,且都曾有杀害舜之心,但舜始终恪守为人子之道,对兄弟也保持孝悌之情。他们虽屡次图谋不轨,却未能得逞;而当他们需要舜时,舜又总是随时侍奉在侧。因此,舜在二十岁时便因孝顺而闻名遐迩,三十岁时被尧帝赏识并提拔,五十岁时开始代理天子事务,五十八岁时尧帝驾崩，六十一岁时正式接替尧帝，登上了帝位。舜帝以其卓越的识人用人之能，一心为民谋福祉，特别是任用大禹治理黄河水患，赢得了广大民众的深切拥戴。

总体而言，"三皇五帝"的传说反映了从旧石器时代晚期的母系氏族社会向新石器时代父系氏族社会过渡期间，几位杰出氏族部落领袖的事迹。尽管其中不乏虚构和传奇色彩，但它们很可能基于真实的历史原型，因此可以作为探索远古先民历史的一个参考。著名历史学家范文澜先生在《中国通史简编》中说："汉以前人相信黄帝、颛顼、帝喾三人为华族祖先，当是事实。"需要注意的是，远古时期的"皇"和"帝"并非后来的"帝王"之意，它们是由对天神的尊称演绎成对男性的尊称。屈原《离骚》中"帝高阳之苗裔兮，朕皇考曰伯庸"就是其例。因此，不能将"三皇五帝"与后来的帝王相提并论，前者是为民谋利、受人尊重的氏族英雄，后者是集权专制、压迫民众的统治者。

从"三皇五帝"的传说中，人们可以窥见这一历史时期的部分文化特征：

（1）母系氏族社会的结构已经逐渐瓦解，而父系氏族社会开始崭露头角，逐渐占据主导地位。

（2）人类起源于血缘繁衍的进化过程。

（3）中国姓氏的起源与发展特点。中国的姓氏源远流长，起源于母系氏族社会时期。因此，在早期，许多姓氏都带有"女"字旁，如黄帝的姬姓、炎帝的姜姓、舜帝的姚姓、大禹的姒姓及秦始皇的嬴姓等。随着时间的推移，由于氏族的发展和迁徙，姓氏开始以封号、地名、环境特征、职业等为依据产生，如张、王、李、赵、唐、虞、陶、卜、司马、司徒等。

（4）德才兼备是中国古代认同的王者标准。

三、先秦文化

先秦时期标志着中华传统文化从原始状态向国家形态文明的转变，是中国古代文化的第一个高峰。这一时期的文化对后世产生了深远影响，先秦文化的兴起象征着中华传统文化的确立。

（一）夏代文化

夏代是中国有文献记载的第一个朝代，约公元前2070年至公元前1600年，都城设立在阳城，现今的河南省登封市。夏朝的建立标志着中国古代原始部落社会的终结，以及国家机制的初步形成，中国从此迈入了一个拥有国家行政管理体系的全新时代。

（1）天文历法。夏代的天文历法文化相当发达，天干地支的概念便是在这一时期出现的。现今所使用的农历，又称夏历或阴历，其根源可追溯至夏代。

（2）青铜器出现。夏代青铜器是中国青铜历史上的快速发展时期，《史记·封禅书》

有记载:"禹收九牧之金,铸九鼎。"《越绝书》有记载:"禹穴之时,以铜为兵。"偃师二里头遗址中青铜铸造作坊面积超过1万平方米。这都证实了我国夏代就已经广泛使用青铜器了。

(3)官制比较完善。夏代产生了国家形态,国家机构开始建立,行政的执行者——"官"孕育而生,《礼记·明堂位》有记载:"有虞氏官五十,夏后氏官百,殷二百,周三百。"说明当时的官制已相对完善,为后世的官制奠定了基础。

(二)商代文化

商代约公元前1600年至公元前1046年,最早建都于河南省商丘市,后迁至殷(今河南省安阳市),因此后世称为"殷商"。

(1)青铜器制造水平达到顶峰。商代是青铜器冶炼与制造技术的巅峰时期,许多出土的青铜器均源自于这一时代。其中,最具代表性的便是"后母戊"青铜方鼎,其精美程度堪称举世无双。

(2)甲骨文的出现。在19世纪末,河南安阳的小屯村惊现超过10万片甲骨文,能够辨识的文字数量已达2 500多种。这些文字雕刻在龟甲和兽骨上,因此被统称为甲骨文。甲骨文详细记载了商代的占卜活动,内容涵盖政治、军事、文化和社会习俗,部分还涉及天文、历法和医药等领域。作为典型的象形文字,甲骨文不仅是汉字的源头,更是世界上唯一仍在广泛使用的表意文字,承载着悠久的历史与文化。

(3)儒的出现。在商代祭祀活动极为盛行,无论是国家的重要事务还是平民的婚丧嫁娶,人们都会通过祭祀仪式来占卜吉凶。这一习俗催生了一群专门掌握祭祀知识与技能的专家,他们被称作"术士"或"儒"。其中,"儒"一词,实际上代表了我们现代意义上的知识分子,标志着这一群体在商代的兴起。

(三)周代文化

周代公元前1046年至公元前256年,建都镐,在今陕西省西安市。周平王东迁后,史称东周,建都洛邑,在今河南省洛阳市。东周又分为春秋时期与战国时期。

(1)分封制的出现。"封建"指的是封邦建国,即周代君主将土地赐予功臣或其后代,通过分层管理的方式构建起宗法制度的国家。分封制构成了周代社会制度的核心,其基础在于确立一套分封的规则,即礼法体系。《周礼》的问世标志着中国古代社会开始步入一个有制度可依、有规章可循的新纪元。

(2)"子学"的繁荣。分封制不仅推动了社会的多元发展,同时带来了文化的繁荣,"子学"的兴起标志着中国古代文化的第一个巅峰。如"诸子百家,争鸣不息",春秋战国时期,各类学术成就汇聚一堂,形成了璀璨的思想盛宴。此时的"子学"成为后世学术活动源源不断的思想源泉,滋养着后来的文化与智慧。

这一时期形成了《诗》《书》《礼》《易》《春秋》《论语》《墨子》《老子》《庄子》《孟子》等经典著作，系统地阐述了中国这一时期文人的理念，涵盖了人文精神、天道自然的宇宙生成论、忧患意识，以及阴阳、有无、道法等哲学范畴。正如"诸侯异政，百家异说"所言，这些思想为后世中华传统文化的发展和壮大播下了火种。

文化与传统文化

一、文化

"文化"是中古汉语已有的词语。"文"的本义是指各色交错的纹理。《易·系辞下》载："物相杂，故曰文。"《礼记·乐记》称："五色成文而不乱。"《说文解字》称："文，错画也，象交文。"均指此义。在此基础上，"文"又有若干引申义。其一，包括语言文字在内的各种象征符号，进而具体化为文物典籍、礼乐制度。《尚书·序》所载："古者伏栖氏之王天下也，即画八卦，造书契，以代结绳之政，由是文籍生焉"。《论语·子罕》所载"文王既没，文不在兹乎"，是其实例。其二，由伦理之说导出彩画、装饰、人为修养之义，与"质""实"对称，所以《尚书·舜典》曰"经纬天地曰文"《论语·雍也》称"质胜文则野，文胜质则史，文质彬彬，然后君子"。其三，在前两层意义之上，更导出美、善、德行之义，这便是《礼记·乐记》所谓"礼减而进，以进为文"，郑玄注"文犹美也，善也"，《尚书·大禹谟》所谓"文命敷于四海，祗承于帝"。

"化"的本义为改易、生成、造化。《庄子·逍遥游》："北冥有鱼，其名为鲲，鲲之大，不知其几千里也。化而为鸟，其名为鹏，鹏之背，不知其几千里也。""化"指事物形态或性质的改变，同时"化"又引申为教行迁善之义。

"文"与"化"并联使用，较早见于战国末年儒生编辑的《周易》："观乎天文，以察时变；观乎人文，以化成天下。"意思是通过观察天象，来了解时序的变化；通过观察人类社会的各种现象，用教育感化的手段来治理天下。在这里，"人文"与"化成天下"紧密联系，"以文教化"的思想已十分明确。

西汉刘向将"文"与"化"二字连为一词，在《说苑·指武》中写道："圣人之治天下也，先文德而后武力。凡武之兴，为不服也。文化不改，然后加诛。""文化"的本义就是"以文教化"，它表示对人的性情的陶冶、品德的教养，本属精神领域的范畴。随着时间的流逝和空间的差异，"文化"逐渐成为一个内涵丰富、外延宽广的多维概念，成为众多学科探究、阐发和争鸣的对象。

文化既是一种社会现象，也是历史现象，它体现了人类长期的创造和积累。具体而言，文化是那些凝结在物质形态中，同时又超越物质存在的元素，包括国家或民族的思维方式、价值观念、生活方式、行为规范、艺术、科学技术等。它是人类交流中普遍认可的、可传承的意识形态，是人们对客观世界感性认识和经验的提炼与升华。

文化是智慧群体所有社会现象与内在精神的总和，包括其历史的既有、传承、创造和发展。它不仅涵盖了群体从过去到未来的历程，还体现了基于自然基础上的所有活动内容，是群体所有物质表现与精神内涵的整体。

因此，文化在广义上指人类在社会实践过程中所获得的物质、精神的生产能力和创造的物质、精神财富的总和；而在狭义上指精神生产能力和精神产品，包括一切社会意识形式，如自然科学、社会技术等。

如果一个民族没有了文化，那就等于没有了生命。因此，文化必定有一段时间上的绵延精神。换而言之，文化必有它传统的历史意义。中华民族五千多年文明发展，孕育了博大精深、独具特色的传统文化。中华传统文化就是中国人的生活方式、思维方式、价值判断和精神支柱，其核心就是中华传统美德，蕴含着丰富的思想道德资源。中华传统文化已深深融入每一位中国人的血液和骨髓中，我们平时做人做事，尽管并没有觉得有什么文化的指导，但实际上都不自觉地体现了传统文化的印迹和传承。

二、中华传统文化

"传统"是指人们在千百年的生产、生活实践中选择和积淀下来的经验和观念，是一种反映人类生存发展的基本规律，具有广泛适应性的行为模式。一种文化现象一旦成为传统，必定成为影响社会组织和人心理结构的强大能量，成为社会成员共同秉持的集体无意识和深层次的文化心理，无时无刻不支配、规范着人们的思想和行为。

中华传统文化，从时间跨度上讲，通常涵盖了从远古时期至1840年的我国古代文明。它代表了民族历史中道德的传承、多元文化思想及精神观念的综合体现。按照中国历史的脉络，中华传统文化经历了有巢氏、燧人氏、伏羲氏、神农氏（炎帝）、黄帝（轩辕氏）、尧、舜、禹等先古时期，直至夏朝的建立。随后，它在殷周文化、春秋战国文化、秦汉文化、魏晋南北朝文化、隋唐文化、两宋文化、辽夏金文化、元明清文化的滋养下，绵延不断地发展至今。

中华传统文化作为中华文明长期演变所积淀的独特民族文化体系，彰显着中华民族的独特性与精神风貌。它是对中国历史上各种思想、文化与观念形态的综合性体现，特指中华民族及其先辈在中国这片土地上所创造，并由后世子孙不断传承与发展的文化瑰宝。这一文化体系不仅源远流长、底蕴深厚，而且蕴含着鲜明的民族特色。中华传统文化深刻体现了中华民族的语言特色、传统习俗、思想观念及情感认同，凝聚了中华民族广泛认同并世代遵循的道德准则、思想品质与价值追求。

中华传统文化具有世代相传性。传统本来的含义就是世代相传，中华传统文化简单来讲，其实就是中华民族世代相传的文化。文化世代相传的方式有很多，如中国人普遍都会用筷子吃饭，都会写中国汉字，相当多的中国人从学生时代就认识王羲之的书法，就能背诵中国的古诗，这就是在自觉或不自觉地传承中华文化。中华传统文化历史悠久，是中国千百代人创造的文化成果，这种文化成果缤纷多彩、辉煌灿烂，在世代相传中绵延不绝，成为中华民族的文化积淀，并在世代相传中注入了中国人的血脉，成了中国人所特有的文化基因。

中华传统文化具有会通包容性。中华传统文化的会通包容性在各哲学学派间的争鸣、辩论与相互借鉴中得到显著体现。在历史长河中，春秋时期的诸子百家，儒家与道家的学派内部，都展现了既竞争又融合的动态关系。对外来文化，中华文化同样展现了其开放与包容的特质，这一点在佛教的中国化过程中尤为明显。中国是一个由56个民族组成的国家，其中，55个少数民族在历史的长河中为中华文化的丰富和发展做出了不可磨灭的贡献。黄河流域的中原农耕文化曾是中华文化的中心，但即便如此，它也并非一成不变，而是与中国的游牧文化持续地相互影响、学习和融合。

中华传统文化具有形态稳定性。中华传统文化在演进过程中，始终以包容的姿态吸纳外来文化的精华，同时又保持了其独特形态的恒定性，这无疑是一个奇迹，彰显了中华传统文化旺盛的生命力和强大的凝聚力。中华传统文化的核心精神主要体现在以下四个方面：第一，中华民族热爱和平、追求和谐，其文化体现为"天人合一"和"和而不同"；第二，中华民族以勤劳坚韧闻名于世，其文化表现为"刚健有为"和"自强不息"；第三，中华民族崇尚礼仪和文化，其文化表现为"人文化成"和"厚德载物"；第四，中华民族富有辩证思维，其文化表现为"刚柔相济"和"阴阳协调"。这些基本精神贯穿于中华传统文化的各个层面和形式之中，使中华传统文化既能够自我革新，又保持了相对稳定的结构，形成了一个完整的文化体系。

中华传统文化具有内容丰富性。中华传统文化之所以具有强大的生命力，是因为它不仅蕴含着道德智慧的精神内核，还拥有丰富多彩的内容作为其血肉和载体。这使从古至今的中国人都生活在传统文化的浓厚氛围之中。对中国普通民众而言，传统文化就如同水和空气一般，无处不在，无所不包。它包括了宗教信仰、礼仪制度、传统道德、文学艺术、诗词歌赋、教育科技、琴棋书画、汉语汉字、戏剧戏曲、音乐舞蹈、中医中药、养生健身、武术功夫、建筑园林、服装服饰、风俗习惯、铸造雕刻、瓷器玉器等诸多方面。在广义上，这些都可视为中华传统文化的组成部分。在中国，各民族的生活方式深受文化的影响，这体现在姓名文化、属相文化、生日文化、节气文化、节庆文化等诸多方面。正是由于中华传统文化的历史悠久和内涵丰富，以及其形式深受民众的喜爱，使其核心精神和价值观悄然融入了中国人的血脉之中。

三、中华传统文化的基本内容

中华文明历史悠久,从先秦子学、两汉经学、魏晋玄学,到隋唐佛学、儒释道合流、宋明理学,经历了数个学术思想繁荣时期。在漫漫历史长河中,中华民族产生了儒、释、道、墨、名、法、阴阳、农、杂、兵、医等各家学说。其中,儒、道、释文化构成了中华传统文化的主体。

(一)儒家文化的基本内容

儒家文化的基本内容包括五伦、八德、五常、四维等,倡导伦理道德,是修身、齐家、治国、平天下的学问。其中心思想用八个字来概括就是孝、悌、忠、信、礼、义、廉、耻。它的核心内容是仁,就是仁爱。

儒家文化是中华传统文化的主干,其主要代表人物是孔子和孟子等。儒家的经典书籍主要有"四书五经"。"四书"包括《大学》《中庸》《论语》《孟子》。《论语》《孟子》分别是孔子、孟子及其学生的言论集,集中体现了孔子、孟子的政治主张、伦理思想、道德观念及教育原则等。《大学》《中庸》是《礼记》中的两篇,《大学》一文,传统上认为出自孔子的弟子曾参之手,它深入探讨了儒家关于个人修养、家庭和谐、国家治理及世界和平的哲学思想;而《中庸》被归功于孔子的孙子子思,该文详细阐述了儒家的"中庸之道",并提出了关于人性修养的教育理念。"五经"包括《诗经》《尚书》《礼记》《周易》《春秋》。《诗经》是我国最早的一部诗歌总集,共收录周代诗歌305篇。《尚书》意为上古之书,自尧舜到夏商周,跨越两千余年,是中国上古历史文献和部分追述古代事迹著作的汇编。《礼记》是中国古代一部重要的典章制度选集,主要记载了先秦时期的礼制,是一部儒家思想的资料汇编。《周易》是阐述关于变化的智慧之书,是关于人类思想和宇宙本质规律的学问,是中华文化的源头,内容涵盖《经》和《传》两部分,位居儒家经典之首,其内蕴的哲理深邃且宏大。《春秋》原本是先秦时代各国史书的通称,后来仅鲁国的《春秋》流传于世,因此成为其专称。

(二)道家文化的中心思想是道法自然

道家哲学的核心理念是"道",它被认为是宇宙的终极起源,同时也是支配宇宙一切运动的自然法则。道家推崇"天人合一"和"天人相应"的思想,主张以无为的哲学来治理世界,顺应自然的规律,避免无为和轻率的举动,不违背自然法则,追求与自然界的和谐共生。无为并不意味着消极不作为,而是通过遵循自然规律来实现无所不为的境界;违背自然法则必将招致法则的反作用和惩罚。在人际交往方面,道家倡导谦逊和柔和,认为最伟大的善如同水一般,滋养万物而不与任何事物发生冲突。

道家文化的主要代表人物是老子和庄子等。代表经典作品主要有《道德经》《庄子》

等。《道德经》又名《老子》，传说是春秋时期的老子李耳所撰写，论述修身、治国、用兵、养生之道，是所谓"内圣外王"之学，文意深奥，包含广博，为其时诸子所共仰，是道家哲学思想的重要来源，是中国历史上首部完整的哲学著作。《庄子》，也称《南华经》，为战国中期庄周及其后学的著作集，反映了庄子的哲学、艺术、美学思想与人生观、政治观等。名篇有《逍遥游》《齐物论》《养生主》等，《养生主》中讲的"庖丁解牛"尤为被后世传诵。

（三）释家文化就是指佛教文化

"佛"一词源自印度梵文的音译"佛陀"，意为觉悟者、智者。佛教起源于印度，其创始人是悉达多·乔达摩，即后世所称的释迦牟尼。因此，在中国，佛教文化又称释家文化。佛教于汉代传入中国后，由于与中华传统文化存在诸多共同之处，因此迅速与中华传统文化融合，相互影响、相互借鉴，最终成为中华传统文化的重要组成部分。佛教文化主张大慈大悲，慈就是给众生欢乐，悲就是帮助众生解除痛苦。同时佛教强调因果报应，强调修心，要想成佛，就要福慧双修，去除贪、嗔、痴、慢、疑；主张佛是觉悟了的人，而不是神，人是未觉悟的佛，只要诸恶莫作，众善奉行，自净其意，人人皆可成佛。

《大藏经》作为佛教经典的集大成之作，通常简称为藏经，也称佛经，它主要由经、律、论三大部分构成。其中，"经"指的是释迦牟尼佛的教诲，由其弟子们汇编成的教义文本；"律"涉及释迦牟尼佛为弟子们设立的戒规；而"论"是弟子们在深入研习佛经后所撰写的个人见解和体会。《大藏经》是佛教历史长河中逐渐积累的智慧结晶。在释迦牟尼佛在世期间，其教义主要通过口头传播，并未有文字记载。释迦牟尼佛涅槃后，为了继续弘扬其教义，弟子们通过集体回忆和讨论的方式，收集并整理了佛陀的教诲，从而形成了佛经。这些经典不仅涵盖了深奥的佛教教义，还广泛涉及政治、伦理、哲学、文学、艺术、风俗习惯等多个领域，构成了人类文明中一笔宝贵的文化遗产。我们今天所使用的诸多词汇，如觉悟、智慧、刹那、慈悲、大千世界、三头六臂、不可思议、醍醐灌顶、十八层地狱、无事不登三宝殿等，均源自佛教文化。

此外，中华传统文化还包括墨家文化中的"兼爱、非攻、节用"思想，医家文化中的"医者，仁术也""治病救人"的思想，等等。由此可见，儒、道、释等各家学说，尽管角度不同、说法不同、侧重点不同，但在倡导道德问题上，在教人向上、向善、向内等问题上是相通的，这恰恰是中华传统文化的精髓所在。

中华传统文化深植于中华民族的精神土壤，凝聚了民族最深层的精神追求，体现了民族独特的精神标识。它构成了中华民族的精神命脉，是中

让"传统文化教育"成为教育

华民族持续发展、壮大的肥沃土壤，也是中华民族显著的优势和深厚的文化软实力所在。中华传统文化不仅是中华民族宝贵的文化和精神财富，也对人类文明的进步作出了不可磨灭的贡献。

中华传统文化发展历程

中华传统文化涵盖面广，门类众多，其发展必然是不平衡的，因此不可能是同步的。但从历史行程看，也有其一致性，可大致划分为以下几个阶段。

一、雏形期

历史学家通常将文字出现之前的时期称为远古时期。正是在这一时期，中华传统文化开始萌芽，尽管对现代人而言，这一时期似乎非常遥远。我们常说，自从人类出现，人类社会及其历史便开始了，随之而来的是人类在历史活动中创造的文化。因此，中华传统文化的远古起源得以在逻辑上确定。中华传统文化自古以来便展现出其多元性。不仅限于黄河流域、长江流域、珠江流域，以及东北地区和北方其他地区，乃至青藏高原，都广泛分布着旧石器时代和新石器时代的文化遗址。从元谋人、蓝田人、北京人，到马坝人、长阳人、丁村人，再到柳江人、资阳人、河套人、山顶洞人，随着这一从古猿到现代人的演变过程，中华传统文化逐渐萌芽并发展壮大。

与多元状态相联系，中国远古时期的文化也就呈现出多姿多彩的状态。原始人在劳动过程中不仅创造了语言，还通过长期的生产实践拓宽了视野，丰富了知识，提升了技能，增长了智慧，并持续地进行创造和发明。在这一过程中，文字得以诞生，绘画、雕刻、音乐和舞蹈等艺术形式也应运而生，同时原始宗教也开始出现。原始文化如同黄河的源头，其每一片积雪、每一朵浪花都直接滋养了华夏文明的成长；正是得益于原始文化的丰富性，最终才孕育出中华传统文化的博大精深。

中华传统文化在经历远古时期的萌芽之后，至夏、商、周三代，随着经济和政治的进步，逐渐形成了其雏形。尽管关于夏代文化的记载因文献匮乏而无法窥其全貌，但正如孔子所言，殷商继承了夏代的礼仪制度，并对其进行了增减；周朝也是如此，继承了殷商的礼仪制度，并加以改进。夏代文化为随后的商、周两代文化的繁荣打下了坚实的基础。夏朝作为我国历史上第一个奴隶制政权，其历法也是我国最早的历法体系。《大戴礼记》中保存的《夏小正》是现存关于"夏历"的重要文献之一，它在一定程度上反映了夏代农业的发展水平，并保存了我国最早的珍贵科学知识，这一点是毋庸置疑的。

商代标志着我国历史迈入了青铜时代的辉煌时期。这一时期的文化成就斐然，取得了诸多新突破。商代的历法沿袭了夏代的历法，并在此基础上对我国最早的阴阳合历进行了逐步调整和完善。商代的文字记录主要保存在甲骨文、青铜器及其他器物上的铭文中，这些铭文的书写风格非常优美，被视为珍贵的书法艺术珍品。商代的雕塑艺术也达到了一个较高的发展阶段，许多青铜器上装饰着绚丽的图案，同时在玉器、石器、陶器、骨器和象牙制品上也雕刻着精致的花纹。当时的音乐艺术已发展至较高层次，成套的乐器组合已经问世，其中包括陶埙、石磬、铜铃、铜铙及鼓等多种乐器，这些乐器均能够用于演奏结构复杂的乐曲。

随着生产能力的增强，西周文化也进入了一个全新的发展阶段。西周时期，贵族子弟自幼便开始接受礼、乐、射、御、书、数六艺的系统教育，这些基础教育和技能的传授，为后世教育体系的建立打下了坚实的基础。如《诗经》中的《周颂》《大雅》《小雅》，以及《国风》中的《周南》《召南》等篇章均是西周时期的作品。这些作品全方位地揭示了当时社会生活的各个维度，它们既映射出社会经济的繁荣景象，也标志着文化的显著进步。

在西周时期，诗歌与音乐紧密相连，共同构成了当时艺术的重要组成部分。十五国风代表了十五种各具特色的地方性民歌，它们在声调、风格上各有千秋。与此同时，雅与颂也拥有各自独特的格律，均可配乐演唱，并构成了国家礼乐制度中不可或缺的乐章部分，广泛应用于各种场合。西周音乐的发展不仅体现在乐章的丰富多样上，还表现在乐器种类的显著增多和音乐理论的持续进步上。当时的乐器种类繁多，除编钟、编磬及大小不一的鼓、铙等打击乐器外，还出现了琴、瑟等弦乐器和笙、竽等管乐器，几乎涵盖了金、石、丝、竹、革等各类材质制成的乐器。乐器的增多使演奏时的和谐性变得尤为重要，这也推动了音律理论的进一步发展，使音乐艺术更加完善。

常言道，高楼始于平地，根基深厚方能耸入云霄。正是由于从远古至西周时期积累了宽广且深厚的文化底蕴，才奠定了后来博大精深的中华传统文化的基础。

二、形成期

春秋战国时期，作为中国历史上的一个重大转折点，标志着中华传统文化的奠基阶段。这一时期广泛的社会变革和动荡为知识分子提供了丰富的思想资源，同时也极大地增强了他们肩负"救世之弊"的社会责任感。这构成了百家争鸣现象出现的关键文化背景。根据西汉学者刘歆的观点，在那个气势磅礴的先秦时期，诸子百家争鸣中最为显著的学派包括儒家、墨家、道家、名家、法家、阴阳家、农家、纵横家、杂家及小说家，共十家。这些学派的学问广泛包容，尤其在哲学、伦理学及社会政治思想方面表现得尤为突出。

在这一时期，中华传统文化的其他领域同样取得了显著的成就。在文学领域，《诗经》和《楚辞》成了杰出的代表作，而诸子百家的散文被后世尊为典范。史学方面，孔子整理的古史文献集《尚书》及根据鲁国史记编撰的《春秋》尤为著名。《春秋三传》和《国语》也是这一时期的史学杰作。在教育领域，孔子实现了教育思想与教学方法的重大突破，他探索并确立了一系列遵循认知规律的教育原则，如"有教无类"的普及教育理念，"知之为知之，不知为不知"的求实态度，"学而时习之"的复习巩固方法，"温故而知新"的深化理解途径，以及"因材施教"的个性化教学策略。科技方面，天文学和医学领域取得了显著的发展，如对哈雷彗星的记录、十九年七闰的历法方法、《甘石星经》的编撰，以及著名医生医缓、医和、扁鹊等人的涌现。

总之，春秋战国时期作为中华传统文化的形成期，其成就之辉煌可与古希腊罗马文化相媲美。

三、发展期

战国之后，中华传统文化步入了一个从秦朝直至晚清的长久发展历程。在这个过程中，中华传统文化先是逐渐迈向成熟并达到繁荣的顶峰，随后又逐渐走向衰微。

公元前221年，秦始皇嬴政建立了中国历史上第一个统一的中央集权的封建国家——秦朝。然而，秦朝的统治并未持久，由于其严苛的统治政策，最终被"农民起义"推翻，刘邦随后建立了汉朝，开启了大汉王朝的时代。汉朝继承了秦朝的制度，为中国随后两千多年的历史发展奠定了基础。汉武帝推行"罢黜百家，独尊儒术"的举措，确立了儒学的官方学术地位，从而开启了文化上的经学时代。此后，各类学术思想均不同程度地受到了经学的影响，有的还被整合进经学体系之中。

在哲学领域，中国经历了多个重要的发展阶段，包括汉代的天人之学、魏晋的玄学、隋唐时期中国化的佛学、宋明的理学，以及明清之际儒学内部的自我批判之学，每个阶段都涌现出众多高潮与杰出思想家。在这漫长的哲学发展历程中，董仲舒的天人感应学说与朱熹的理气性命学说无疑是两座巍峨的高峰，它们各自代表了汉代与宋代哲学思想的巅峰成就。

在宗教领域，中国古代的宗教观念相对淡薄，直至西汉时期，国内尚未形成统一的宗教体系。然而，到了西汉末年，佛教开始传入中国；随后在东汉中期，道教应运而生。此后，佛教与道教各自经历了不同的发展轨迹。特别是在南北朝时期，佛教达到了鼎盛；而在唐朝，道教获得了极高的尊崇，与儒家思想并列，形成了儒、佛、道三教并存的局面。到了宋朝，随着理学的兴起，佛教逐渐被排除在官方意识形态之外，仅在民间流传，并开始与其他两大宗教体系相互融合。

在史学领域，司马迁的《史记》开创了中国纪传体通史的先河，而班固的《汉书》奠定了皇朝断代史编撰的基础。进入魏晋南北朝时期，私人修史之风蔚为壮观。隋唐五代时期，官方修史工作取得了显著成就。到了宋元时期，史学发展达到了鼎盛，不仅在通史编纂、当代史编撰和历史文献学方面取得了卓越成就，还在民族史、学术史和史学批评等领域取得了显著成果。清代的学术风气以考据学为主，乾嘉时期更是这一学风的黄金时代。

在文学、艺术、科技等领域，我国也取得了显著成就。从汉赋、唐诗、宋词、元曲到明清小说，每个时期都孕育了世界级的文学巨匠，他们的杰作传颂千古，经久不衰；书法和绘画艺术同样达到了巅峰；众多科学技术成就在当时领先全球，为人类文明进步作出了卓越的贡献。

然而，在这一辉煌时期，中华传统文化虽然达到了前所未有的顶峰，但其背后却悄然孕育着衰败的种子。这一危机的根源不仅在于日益加剧的文化专制政策，更深层次的原因在于明清统治者的"闭关锁国"政策，这一政策违背了文化自身的发展规律。当明清统治者沉醉于华夏文明的优越感之中时，西方世界正经历着一场影响深远的"工业革命"。这个古老的农业大国——中国，逐渐成为西方列强的商品市场和原料产地。因此，1840年爆发的第一次鸦片战争最终导致西方列强利用其先进的坚船利炮，将中国推向了衰落与耻辱的深渊。中华传统文化的发展也随之进入了一个衰落、转型与重生并存的历史时期。

中华传统文化的基本精神

一、中华传统文化的基本精神

中华传统文化的诞生植根于一系列独特的自然条件和社会历史背景之中，这些条件包括得天独厚的地理环境、以小农经济为主导的经济模式，以及以家族制度、中央集权制和"家国一体"为特点的社会结构。这些因素相互交织、相互影响，共同构成了一个稳固的整体系统。在这个系统框架下，中华传统文化逐渐形成了自己独特的风格和发展路径。中华传统文化的丰富多样性使其基本精神体现为一个包含多个要素的思想体系。就其主要内容而言，可以概括为以下几个方面。

（一）以人为本

人文主义，又称人本主义，其核心理念在于以人为本，这一思想一直被视为中华传统文化的一大显著特征，同时也是中国文化精神的核心组成部分。中华传统文化着重探讨人与社会、人与人之间的关系，以及人自身的道德修养问题。总体来看，中华传统文化深深植根于伦理本位，特别是儒家所倡导的"以人为本"的思想，在封建社会中获得了广泛认可，并得到了创造性发展。具体包括"以人为尊""以民为贵""以仁为本"三大方面，体现为一种人文精神，构成了中华传统文化的一大特色。

(二)儒道互补

总体上看,中华传统文化思想以儒道互补为主体框架,这种框架也在相当程度上体现了中华民族的某些特征。

审视中国文化思想的发展历程,春秋战国时期无疑是一个思想多元、百家争鸣的黄金时代,其中,儒家与道家的思想影响尤为显著。汉代初期,黄老之学备受推崇,但随着汉武帝采纳董仲舒"罢黜百家,独尊儒术"的政策,儒学从众多学派中脱颖而出,成为官方哲学。自此之后,儒学在中华传统文化思想中的核心地位几乎未曾撼动。自汉末时期起,随着本土道教逐渐兴盛及佛教文化的传入,儒、道、佛三种思想开始形成相互对峙而又相互依存的三足鼎立局面,并逐渐走向融合。魏晋时期的玄学,其本质便是儒家与道家思想的交汇融合;而宋明理学是儒、道、佛三种思想相互渗透、相互融合的产物。

从儒家和道家思想对中华传统文化的影响来看,儒家学说对中华传统文化及其社会生活产生了广泛且深远影响。这种影响尤其体现在中国传统政治文化、伦理道德观念、文化教育体系、风俗习惯及国民精神等多个层面。而道家及其道教思想在中国传统哲学思考、文学创作、艺术表现、科技发展、宗教信仰、医药实践及体育竞技等多个领域,发挥了相当广泛的推动作用。

儒家与道家的思想虽然各有特色,但它们之间也存在许多相似和相通之处。两者相辅相成,相得益彰,在中华传统文化的多个方面得到了体现。例如,中国传统哲学中的"阴阳"观念,强调对立统一;古典美学中崇尚以善为美、以和为美的审美理念;古代文学中"文以载道"的理念和对自然的推崇;传统士大夫阶层"穷则独善其身,达则兼济天下"的人生观;以及民族性格中刚柔并济的特质,等等。这些都深刻地展示了儒道互补在中国文化精神中的具体表现。

(三)持中贵和

中华传统文化重和谐统一。中华传统文化展现出一种"静态平衡"的特质,它强调自然间的和谐共存、人与自然界的和谐相融、人与社会环境的和谐共处、人与人之间的和睦相处,以及人自身身心健康的和谐统一,这些共同体现了"普遍和谐"的核心理念。其中,"以和为贵"的和合精神在中华传统文化中尤为突出,这一精神最为经典地体现在"天人合一"的哲学传统之中。唐君毅先生曾深刻指出:"中国文化精神之本原,吾人即可为中国思想,真为本质上之天人合一之思想。"在中国古代思想家的眼中,天与人、天道与人道、天性与人性之间存在着相通、相类之处,因此它们能够达到和谐统一的境界。在人与自然的关系中,中华传统文化比较重视人与自然的和谐统一。尽管中国古代思想中也有"明于天人之分""制天命而用之"的思想,但这种思想不占主导地位。无论是儒家和道家,都主张天人合一,反对天人对立。以儒家为代表的中华传统文化中"以和为贵"的思想观念主要侧重于人与社会及人与人之间的和谐统一，这从孔子的"礼之用，和为贵"到孟子所说的"天时不如地利，地利不如人和"，《中庸》中所说的"致中和，天地位焉，万物育焉"，《道德经》中所说的"人法地，地法天，天法道，道法自然"等思想中，可得到明确印证。还有儒、道、佛三家都赞成的"中庸"之道，更成了中华文化的普遍观念，是实现和谐的根本途径。

"持中贵和"不仅是中华传统文化中一个举足轻重的思想观念，而且深刻塑造了中华民族的群体心态，并在多个文化领域内得到了鲜明的体现。如"极高明而道中庸""执其两端，用其中于民"等表述，都深刻反映了由农业自然经济和宗法社会所培育出的群体心态。历经历史的长期积淀，和谐精神逐渐内化为中华民族普遍的社会心理习惯。例如，在政治上体现为"大一统"的观念，在经济上表现为"不患寡而患不均"的思想，在文化上有"天下一家"的情怀，在个人修养方面倡导"中行"人格，在艺术上追求"物我相忘"的意境，在文学上偏好"大团圆"的结局，在美学上以"以和为美"作为审美追求。这些文化现象不胜枚举。

"持中贵和"的思想，作为中华传统文化基本精神的重要内容，对保持社会稳定和发展，对统一的多民族国家的巩固，无疑都有着积极作用。

（四）实践理性

实践理性作为一种思想方法和价值取向，主要表现为重视现实、实践、事实和效果。它是中华传统文化心理结构的核心特征，源远流长，并在先秦时期的儒家、道家、法家、墨家等学派中以理论形式展现，尤其是受到儒家的人文精神和明末清初经世致用思潮的深刻影响。作为思考方式，实践理性强调客观事实与历史经验的考量，并且重视直觉和整体性思维的运用。在价值导向上，它倡导亲身实践和实际应用的行动哲学，特别强调道德功利主义的重要性。实践理性对中华传统文化精神和民族精神产生了深刻影响，并在实际运用中展现了双重效应，其中，积极效应占据了主导地位。它所提倡的学以致用、亲身实践的准则，对中国历代志士仁人的人生观和价值观产生了深远影响。然而，实践理性也有其局限性，如可能忽视理论的抽象性、过于追求速效，这容易导致实用主义的倾向，这一点人们应当保持警觉。

龙——中国文化奋发精神的象征

二、为什么要学习中华传统文化

每一个中国人，可以说都生活在中华传统文化的深厚底蕴之中。然而，由于历史上的政治运动、物质利益的诱惑，以及西方文化的广泛影响，我们逐渐遗忘了中华传统文化中许多宝贵的部分。现如今，许多人言必称西方，对自己的文化遗产却显得漠然，甚至"遗忘"。我们曾是礼仪之邦，讲究诚信与节操，但当前社会的造假、欺诈和见利忘义现象却日益猖獗。许多中华传统文化的精华被视为"四旧"而被抛弃，传统文明的影子似乎已经不复存在。因此，我们必须认识到加强中华优秀传统文化教育的必要性和紧迫性。

毛泽东在几十年前就指出："今天的中国是历史的中国的一个发展。我们是马克思主义的历史主义者，我们不应当割断历史。从孔夫子到孙中山，我们应当给以总结，承继这一份珍贵的遗产。""清理古代文化的发展过程，剔除其封建性的糟粕，吸收其民主性的精华，是发展民族新文化提高民族自信心的必要条件"。

2014年2月24日，习近平总书记在中共中央政治局第十三次集体学习时的讲话中说："中华文化源远流长，积淀着中华民族最深层的精神追求，代表着中华民族独特的精神标识，为中华民族生生不息、发展壮大提供了丰厚滋养。中华传统美德是中华文化精髓，蕴含着丰富的思想道德资源。不忘本来才能开辟未来，善于继承才能更好创新。对历史文化特别是先人传承下来的价值理念和道德规范，要坚持古为今用、推陈出新，有鉴别地加以对待，有扬弃地予以继承，努力用中华民族创造的一切精神财富来以文化人、以文育人。"

2017年1月，中共中央办公厅、国务院办公厅印发了《关于实施中华优秀传统文化传承发展工程的意见》，指出：坚持辩证唯物主义和历史唯物主义，秉持客观、科学、礼敬的态度，取其精华、去其糟粕，扬弃继承、转化创新，不复古泥古，不简单否定，不断赋予新的时代内涵和现代表达形式，不断补充、拓展、完善，使中华民族最基本的文化基因与当代文化相适应、与现代社会相协调。

对于青少年群体而言，接受中华优秀传统文化的教育具有极其重要的意义。强化中华优秀传统文化教育，不仅是培育并践行社会主义核心价值观的核心环节，而且是落实立德树人这一根本任务的重要支撑。随着现代传播技术的迅猛发展，全球范围内的文化交流、融合与碰撞日益频繁，社会思想观念也随之变得更加多元与活跃。在此背景下，青少年学生的思想意识愈发自主，价值追求趋向多样化，个性特征也日益鲜明。然而，社会上存在的一些不良思想倾向和道德失范行为，对青少年学生的健康成长构成了严峻的挑战。因此，加强中华优秀传统文化教育，对于引导青少年学生坚定民族文化自信和价值观自信，以及主动践行社会主义核心价值观，具有极其关键且紧迫的作用。

那么，学习中华优秀传统文化对现代青年立德树人能够有哪些重要的帮助呢？

能帮助现代青年培养"天下兴亡，匹夫有责"的家国情怀。将国家视为共同的家园，强调家国紧密相连、国家利益高于个人和家庭利益，这些构成了中华传统文化的核心价值观。这种"国家兴亡，人人有责"的信念与情感，在维护国家统一、增进民族团结，以及推动中华民族的发展进程中，起到了举足轻重的作用。在当今时代，每位青少年都应深刻认识到，中国梦是每一个公民的梦想，国家的繁荣昌盛是个人最大的荣耀，而国家的衰落是个人难以承受的耻辱。因此，我们应当增强对国家的认同感，培养深厚的爱国情怀，树立坚定的民族自信心，并共同树立为实现中华民族伟大复兴的中国梦而不懈奋斗的理想。青少年要继承并发扬"国家兴亡，人人有责"的精神，努力成为充满自信、自尊自爱、自强不息的中国人。

能帮助现代青年建立"仁爱共济、立己达人"的人际关系道德规范。"仁爱共济、立己达人"是中华传统文化，特别是儒家学说中极为关键的价值观念和道德准则。儒家思想以"仁"为核心理念，以"义"为行为准则。孔子的哲学思想强调从自我做起，认为当每个人都尽力完善自我时，整个社会自然就能达到和谐美好的状态。在为人处世中，每个人都应设身处地为他人着想，如何做到这一点呢？那就是要将心比心，做到"推己及人"。孔子的经典名言如"己所不欲，勿施于人"和"己欲立而立人，己欲达而达人"，正是这种"立己达人"的人生哲学和人际交往道德规范的真实写照。这些观念在当今社会依然具有深远意义。青少年若要成为具备高素质、讲文明、有爱心的中国人，就必须深入学习和借鉴中华传统文化中"仁爱共济，立己达人"的道德精髓。

能帮助现代青年形成"正心笃志、崇德弘毅"的人格修养。在中华传统文化中，尤其是儒家思想，人格修养占据着举足轻重的地位。谈及人格修养，首要之处在于"正心"，即培养并端正个人的品性。这里的"正"，意指正直无邪。对于青年而言，人格修养还离不开"笃志"，它要求人们专心致志、全神贯注，无论是为人处世还是求学求知，都应从小树立远大志向，并坚持不懈、持之以恒，方能取得最终的成功。因此，人们应当着重开展以"正心笃志、崇德弘毅"为核心的人格修养教育，引导青少年学会明辨是非、遵守法律法规、保持坚韧不拔与豁达开朗的心态，积极向上、奋发有为。同时，要鼓励他们自觉传承和弘扬中华民族的优秀道德思想，养成良好的道德品质和行为习惯，努力成为知荣辱、守诚信、勇于创新的中国人。

三、如何学习中华传统文化

今天我们应当如何学习中华传统文化呢？

第一，要取其精华，弃其糟粕。中华传统文化在漫长的岁月里是在封建社会的背景下发展和演变的，中华传统文化中包含了一些封建文化的糟粕。历代的封建统治者为了稳固他们的政权，不断借助并改造中华传统文化，使之成为加强统治的工具，对民众进行文化上的束缚与控制。这一过程中，儒家文化作为中华传统文化的核心部分，被融入了诸多服务于封建统治的理论。因此，我们需要仔细地加以辨识。例如，"饿死事小，失节事大"是封建时代的糟粕，我们不仅不应学习和传承，更应该批判和摒弃。

第二，要以立德树人为根本目标，用文化来育人。教育的核心使命在于培养德才兼备的人才，而中华传统文化尤其强调这一目标。本质上，中华传统文化，即关于"立德树人"的文化，这与近现代西方侧重于知识与技能的教育理念存在显著差异。在当下，我们倡导学习中华传统文化，必须针对当前教育面临的主要挑战和核心矛盾，推进文化育人，将如何培养人的教育置于核心地位。我们应从中华传统文化的丰富宝藏中提炼精华，使之与当代青年的实际情况相结合，进行深入学习。同时，要将德育与学生的成长紧密融合，将德育、育人与学习中华传统文化三者相辅相成。这样，既能让学生深刻体验到中华传统文化的深邃与博大，又能帮助他们解决成长过程中的实际问题。

第三，要寓教于乐，在体验中学。文化学习具有其独特的特性和内在规律。它不应局限于枯燥的理论灌输，而应追求寓教于乐，通过亲身体验来实现学习的目的。文化并非孤立的学科，它贯穿于各领域知识之中，包括精神文化、行为文化、器物文化、技艺文化、艺术文化及地域文化等各个方面。文化是人们日常活动、行为和知识的内在组成部分。我们的宗旨在于，通过提供真实且富有深度的体验，启迪学生领悟其中的文化精髓及积极向上的价值取向，进而全面提升他们的综合素养。因此，对中华传统文化的学习，不应仅限于书本知识和课堂讲解，而应更多地融入社会实践、各类活动及日常生活的真实体验之中。

第四，要立志传承、创新中华优秀传统文化。学习中华传统文化的宗旨在于继承和发扬中国优秀的文化遗产。继承不仅是为了保存，更是为了在新的时代背景下对这些文化进行创新和发展。中华传统文化融合了独特的优势与特色，同时也存在一些局限和不足。自近代以来，众多中国仁人志士致力于构建新的文化体系，虽取得了一定进展，但与时代的需求相比，仍存在较大的差距。在当今全球化的中国社会，改革开放使我们与世界紧密相连，但同时也带来了新的挑战和忧虑。作为中国人，我们应当坚守自己的文化根基，不能舍弃那些优秀的传统文化遗产。然而，我们也不能墨守成规，满足于过去的成就。正确的做法是在继承中寻求创新，在创新中继续传承。这一使命，无疑落在了当代青年的肩上。

中华传统文化必将在与时代精神的结合中散发夺目的光芒，推动中华民族常胜不败，实现伟大的复兴。

文化践行

一、课程实践

1. 主题：弘扬中华优秀传统文化。

形式：讲座。

材料：随着社会的发展，中华传统文化的价值逐渐被人们所忽视，许多传统的价值观念也在逐渐淡化。为了保护和传承优秀传统文化，提高人们对传统文化的认知与关注度，学校开展学习传统文化活动，邀请专家学者和文化界知名人士举办讲座，激发人们对传统文化的兴趣，增强文化自觉和文化自信，为推动全面建成小康社会奠定文化基础。

2. 主题：弘扬中华优秀传统文化。

形式：展览体验。

材料：组织传统文化艺术品展览，展示中国传统艺术的博大精深，让人们能够近距离接触传统文化的经典之作。同时，我们还将设置互动体验区，让人们亲身体验传统文化的魅力，比如制作传统手工艺品、体验传统戏曲表演等。

3. 主题：弘扬中华优秀传统文化。

形式：比赛。

材料：组织传统文化知识竞赛和技能比赛，激发人们学习传统文化的积极性。同时，还将开展传统文化培训班，邀请专家传授传统文化知识和技艺，提升人们对传统文化的了解和掌握。

二、各抒己见

传统文化是一个民族各种思想文化与观念形态的历史沉淀，一脉相承，具有一定的延续性，理应在各个时期都得到重视，但为什么当前我们要突出强调"弘扬中华优秀传统文化"，请问这一现象出现的原因是什么？

三、测一测

（一）填空题

1. _____是指人们在千百年的生产生活实践中选择和沉淀下来的经验和观念，是一种反映人类生存发展的基本规律，具有广泛适应性的行为模式。

2. 中华传统文化具有_____、_____、_____。

3. 中华传统文化的基本精神包括_____、_____、_____、_____。

（二）简答题

1. 中华传统文化的基本内容包括哪些？
2. 简述中华传统文化发展历程。

第二章　中国传统思想文化

本章提要

中国传统思想文化浩如烟海，蓄积深厚，是中华传统文化长期发展的思想基础和内在动力，也是推动和指导中华民族文化不断前进的思想武器。它经历了一个长期复杂的发展历程，不同历史时期有不同的思想学术流派、思潮和思想家及其主要观点，系统地阐述中国不同历史时期学术与思想的渊源、发展和基本精神，勾勒出中国传统思想文化的发展脉络图，清晰呈现了中国传统思想文化的核心价值、基本特征及其对中华传统文化的深刻影响。

孔子与儒家

一、孔子生平介绍

孔子，名丘，字仲尼，生于春秋末期（图2-1）。少家不幸，自小发愤为学，博学多能。孔子是中国古代最伟大的思想家和教育家，儒家学说的代表人物。青年时做过小官，先后做过吹鼓手、仓库和牧场管理员、小司空（掌管工程）及司寇（掌管刑法），不得志。他曾拜老子为师；五十多岁后周游列国，宣传自己的政治主张。中年后收徒讲学，"弟子三千，贤人七十二"（《史记·孔子世家》），为后来儒家学派的形成和儒学理论体系的出现奠定了基础。后归鲁国，晚年修编上古时代的文化典籍，如《诗》《书》《礼》《易》，专门编修鲁国的史书《春秋》，致力于教育。其思想观点集中在《论语》这本书中。

图2-1　孔子

二、"百家争鸣"和儒家思想的形成

(一) 孔子和早期儒学

孔子在《论语·颜渊》中说:"克己复礼为仁。"即克制自己,按照礼的要求去做,这就是仁。孔子所主张的"仁",本质是一种人与人的亲善关系,也就是以仁爱之心调和社会人际关系。孔子说:"人者仁也""夫仁者,己欲立而立人,己欲达而达人。"即仁爱之人,自己要立足,就要让别人也能立足;自己做到通达事理首先要使别人也通达事理。孔子还说:"己所不欲,勿施于人。"即自己不愿承受的事也不要强加给别人。孔子首创私人讲学,主张"有教无类",打破了贵族垄断文化教育的局面。孔子被后人尊称为"万世师表"和"至圣"。

【知识链接】

【名句诵读】

温故而知新,可以为师矣。	——《论语·为政》
学而不思则罔,思而不学则殆。	——《论语·为政》
君子坦荡荡,小人长戚戚。	——《论语·述而》
三人行,必有我师焉。	——《论语·述而》
岁寒,然后知松柏之后凋也。	——《论语·子罕》
欲速则不达,见小利则大事不成。	——《论语·子路》
工欲善其事,必先利其器。	——《论语·卫灵公》
人无远虑,必有近忧。	——《论语·卫灵公》
朽木不可雕也。	——《论语·公冶长》
见贤思齐焉,见不贤而内自省也。	——《论语·里仁》
己所不欲,勿施于人。	——《论语·颜渊》
质胜文则野,文胜质则史。文质彬彬,然后君子。	——《论语·雍也》
知之者不如好之者,好之者不如乐之者。	——《论语·雍也》

(二) 战国时期,孟子和荀子是儒家的两位代表人物

孟子(公元前372—公元前289年),名柯,字子舆,山东邹城人。战国时期著名思想家,儒家代表人物。孟子因对儒家学说的发展起到了很大作用,被认为是仅次于孔子的一代儒家宗师,后世将其与孔子并称为"孔孟"。孟子主张"仁政",进一步提出"民为贵,社稷次之,君为轻"的民本思想,在伦理观上主张"性本善",要施行仁政来恢复和扩充人的善性。

荀子（公元前313—公元前238年）名况，字卿，战国时期赵国人。著名思想家、教育家，早年游学于齐国，曾三次担任齐国稷下学宫的祭酒。他打破"儒者不入秦"的先例，曾到秦国进行过实地考察。经过孟子、荀子的改造和发展，儒学体系更加完整，儒家思想更能适应社会的需要。战国后期，儒学发展成为诸子百家中的蔚然大宗。

【知识链接】

【名句诵读】

民为贵，社稷次之，君为轻。——《孟子·尽心下》
穷则独善其身，达则兼济天下。——《孟子·尽心上》
劳心者治人，劳力者治于人。——《孟子·滕文公上》
孔子成《春秋》，而乱臣贼子惧。——《孟子·滕文公下》
老吾老，以及人之老；幼吾幼，以及人之幼。——《孟子·梁惠王上》
天时不如地利，地利不如人和。——《孟子·公孙丑下》
人之忌，在好为人师。——《孟子·离娄上》
尽信书，则不如无书。——《孟子·尽心下》
我善养吾浩然之气。——《孟子·公孙丑上》
富贵不能淫，贫贱不能移，威武不能屈。此之谓大丈夫。——《孟子·滕文公下》
恻隐之心，仁之端也；羞恶之心，义之端也；辞让之心，礼之端也；是非之心，智之端也。——《孟子·公孙丑上》

三、"罢黜百家，独尊儒术"

（一）从"无为"到"有为"

汉初，为了恢复生产和安定人心，统治者吸取道家"无为而治"的思想，采取与民休息的政策。历经六十余载的休养生息政策，汉朝的经济逐渐复苏并日益强盛。然而，与此同时，诸侯国的权势不断扩张，土地兼并问题越来越严重，加之匈奴的侵扰，这些因素共同构成了对西汉王朝稳定的严重威胁。为了进一步强化中央集权，确保国家统一的发展态势，积极有效的政治理念成了那个时代迫切的需求。

（二）"罢黜百家，独尊儒术"的提出

董仲舒是汉代儒家学派的重要代表人物。他汲取了道家、法家及阴阳五行家等诸家思想中的部分观点，将其融入儒家思想之中，并进行了创新性的改造，从而构建了一个全新的儒学理论体系。董仲舒为适应汉武帝加强中央集权的需要，提出"春秋大一统"和"罢

黜百家，独尊儒术"的主张。他认为大一统是天地的常理、国家的需要，要维护政治的统一，必须实行思想上的统一。他提出不在儒家六经范围之内的各家学术都应罢黜。

董仲舒把它发展为"三纲"，利用神权论证它的绝对统治和服从的关系，而把"仁、义、礼、智、信"五常作为调整这种关系的基本原则。所谓"三纲"，即君为臣纲，父为子纲，夫为妻纲。"妻""子""臣"完全是为了配合"夫""父""君"的存在而存在的，后人称为"三纲五常"。它有助于加强君主权力，维护统治秩序。董仲舒的理论主张，对于扭转内外松弛的局面极为有利，汉武帝采纳了他的建议并付诸实践。

（三）儒学成为正统

汉武帝提拔儒学家参与国家重大事务的决策。儒家思想随之成为政府选拔官员、授予爵位的准则。自汉武帝时期开始，儒家经典被确立为国家法定的教科书。公元前136年，汉武帝正式将《诗经》《尚书》《礼记》《周易》《春秋》定为"五经"，并设立专门研究和传播这些经典的教职人员，称为"博士"。公元前124年，根据董仲舒的建议，汉武帝创立太学，规定太学的学生为博士弟子，全部由儒家五经博士负责教学，学成并通过考试者可获得政府职位。太学的成立颠覆了贵族官僚世袭制的传统格局，显著提升了儒学在社会中的地位。汉武帝进一步下令在各郡县设立学校，初步构建了地方教育体系。随后，儒家思想逐渐成为历代统治者所尊崇的正统意识形态，演变为中华传统文化的核心，其影响深远。

四、宋明理学

（一）三教合一

自汉武帝时代起，儒学便在统治阶层的积极倡导下步入鼎盛时期。魏晋南北朝时期，儒学吸纳了佛教与道教的精髓，实现了新的发展；与此同时，佛教也融合了儒学的理念，逐渐中国化；道教在儒学的影响下，提出了"尊儒崇道"的双重立场。隋朝时，儒学家们提出了"三教合归儒"的理念，即"三教合一"，强调以儒学为核心，同时兼采佛教与道教的理论精华。唐朝初期，统治者实行了三教并立的政策，即尊道、礼佛、崇儒。然而，随着佛教与道教的兴盛，它们开始挑战儒学的正统地位。面对这一形势，儒学大家韩愈率先挺身而出，倡导儒学复兴，以捍卫其学术尊严。

（二）程朱"理学"

北宋时，儒家学者展开了复兴儒学、抨击佛道的活动，同时又融合佛道思想来解释儒家义理，形成了以理为核心的新儒学体系——"理学"。其中，北宋程颢、程颐兄弟二人都曾就学于周敦颐，同为宋明理学的奠基者。"二程"主张，天理是宇宙间一切事物的根源，世间万物皆源自唯一的天理，他们坚信理在物先，这是理学思想的核心所在。"二程"进一步将天理与伦理道德紧密相连，认为人与人之间的道德关系，即天理的体现。朱熹在继承周敦颐及"二程"思想的基础上，广泛吸纳佛教与道教的思想精髓，构建了一个博大精深的哲学体系，堪称宋代理学的集大成者。他的成就被后世所赞誉，其思想也被尊崇为官方学说。这一体系的核心范畴是"理"，又称"道""太极"。朱熹是理学的集大成者，中国封建时代儒家的主要代表人物之一。他主张动静观、格物致知论和心理理欲论。在元、明、清三个朝代，朱熹的学术思想被封建统治阶级奉为官方哲学，这标志着封建社会意识形态的进一步成熟和完善。他编纂的《四书章句集注》一书，成为后世科举考试所依据的重要教科书。此外，朱熹的学术思想还远播至日本、朝鲜及欧洲等地；特别是在日本和朝鲜，他的思想甚至发展成了专门的"朱子学"学派。

【知识链接】

程门立雪

程颢、程颐兄弟俩是宋代理学大家。有个叫杨时的官员，为了丰富自己的学问，毅然放弃了高官厚禄，跑到河南颍昌拜程颢为师，虚心求教。后来程颢死，他又跑到洛阳去拜程颢的弟弟程颐为师。一日，他和朋友游酢一块儿到程家去拜见程颐，但是正遇上程老先生闭目养神，这时候外面开始下雪。这两人求师心切，便恭恭敬敬侍立一旁不肯离去。等程颐睁开眼睛时，门外的雪已经积了一尺多厚了，两个人仍然站在那里。这个故事就叫"程门立雪"，后来成了尊师重道的典范。

（三）陆王心学

在南宋时期，理学家陆九渊将"心"视为宇宙万物的根本，主张"心"即"理"，认为天地间的一切皆存于心中。他提出，心即理，天下万物之理不外乎吾心，格物只需反省内求就可以。这一理论体系被后人称为"心学"。进入明朝中期，封建专制统治面临危机。王阳明认为社会动荡的根源在于人心的败坏，唯有整顿人心，方能挽救统治的颓势。王阳明因此成为心学的集大成者，其学派也被称为"陆王心学"。王阳明在思想上深受佛教影响，尤其吸收了"心外无佛，即心是佛"的观点，主张"心外无物""心外无理"。在认识论领域，他提出了"致良知"和"知行合一"的理论。王阳明主张良知是人类与生俱来的美德，然而它常常受到私欲的侵蚀。因此，他强调必须通过加强道德修养，摒弃私欲，以恢复良知的纯净本质。他提出的知行合一理念，强调知识与行动都应源自内心，并应以良知来指导实际行动。尽管王阳明提出的"知行合一"理论未能以科学严谨的方法明确阐述认识与实践之间的具体联系，但在明朝中叶以后，陆王心学逐渐获得了广泛传播。

历经数百年的发展与演变，宋明理学对中国社会的政治结构、文化教育体系及伦理道德规范产生了深刻且持久的影响。

五、明清之际活跃的儒家思想

（一）李贽的离经叛道

在明朝晚期，中国社会内部的矛盾达到了前所未有的激烈程度。当时的理学家们——自诩为儒家正统的道学家们，将儒家经典奉为不可亵渎的神圣教义，而一些伪装成圣贤的道德败坏者利用这一点作为自己的遮蔽。为了提升自己的地位，他们将孔子尊为"维护天道，确立地纪"的神圣人物。李贽目睹了官场的腐败和道学家的虚伪，逐渐形成了他那离经叛道、不受拘束的性格。他自诩为异端，挑战了孔子作为天生圣人的传统观念，以及儒家经典作为不可侵犯的理论。李贽反对将孔子的教义作为判断是非的唯一标准，主张根据时代的变迁来调整是非观念。他批判了道学家空洞且虚伪的教条，主张正视并尊重人们合理的私欲，认为满足穿衣、饮食等基本物质需求是"人伦物理"不可或缺的一部分，强调人们不能脱离这些基本的物质生活去空泛地谈论仁义道德。李贽的这一思想，在一定程度上映射出了资本主义萌芽时期的社会实际需求。

（二）黄宗羲对君主专制的抨击

黄宗羲作为明清时期的一位杰出思想家，深刻洞察了明朝灭亡的历史教训，揭示了封建专制体系的腐败本质。黄宗羲主张"天下为主，君为客"的民主思想，并提出以"天下之法"取代皇帝的"一家之法"，旨在限制君主的权力，保障人民的基本权益。他的政治理念不仅批判了封建君主专制，而且对后续的反专制斗争产生了深远的正面影响。

（三）顾炎武提倡经世致用

著名思想家顾炎武，生活在明末清初的动荡时期。顾炎武注重对现实情况的深入理解，从而孕育出经世致用的思想。面对社会危机的不断加深，他选择放弃科举之路，转而寻求拯救国家于危难的方法。他倡导在实践中寻求真知，致力于解决国家和民众生活中的实际问题。通过亲身的实地考察，他完成了《天下郡国利病书》，详细记录了地理环境、资源特产，以及民众生活的利与弊，其内容具有极高的实用价值。顾炎武以其崇尚实际、追求实用的学术风格和坚持不懈的学术探索，开创了朴实学风的先河。

（四）王夫之的唯物思想

与黄宗羲、顾炎武生活在同一时代的王夫之，继承并进一步发展了前代思想家的唯物主义思想。王夫之主张世界本质上是由物质构成的，并且物质世界始终处于不断地变化之中。在认识论范畴内,他主张通过详尽的考察与深入研究,可以实现对所有事物的认知。此外,王夫之还明确指出,静止状态是相对的,而运动是绝对的,这一观点充分展现了他朴素的辩证法思维。王夫之的唯物主义思想,对近代人们的思维方式产生了深远影响,具有里程碑式的意义。

【知识链接】

儒家思想的现代意义

（1）儒家思想对中华传统文化产生了深远影响,数千年的封建社会中,"四书"与"五经"一直是传授的核心内容。传统的责任感、节制观念及忠孝思想,都是儒家思想与封建统治相结合的产物,因此,儒家思想至今仍然是包括当代在内的主流思想体系。

（2）儒学在中国历经数千年,至今仍然对中国的政治、经济等多个方面产生着巨大的潜在影响。

（3）在现代企业管理中,也融入了不少儒家思想的精髓。

老子与庄子

儒学在中华传统文化中的地位及其影响

一、老子的哲学

（一）老子生平简介

老子,根据《史记》的记载,姓李,名耳,谥曰聃,字伯阳,楚国苦县（今涡阳县）人（图2-2）。约生活于公元前571年至公元前471年之间,曾做过周朝的守藏史。老子是中国古代思想家、哲学家、文学家和史学家,是道家学派创始人和主要代表人物,与庄子并称"老庄"。后被道教尊为始祖,称"太上老君",在唐朝,被追认为李姓始祖,被列为世界文化名人。老子以博学而闻名,孔子曾入周向他问礼。老子的成就主要体现在《老子》里,又名《道德经》或《德道经》,和《易经》《论语》一起被认为是对中国人影响最深远的三部思想巨著。

图 2-2　老子

老子与孔子在中华传统文化的塑造与演进历程中扮演了至关重要的角色。老子强调天道，孔子则侧重人道，他们各自执掌一端，分别开创了道家与儒家的学派。儒家注重"道德"建设，而道家展现了"智能"的追求；儒家反映了宗法制度下的思想文化，道家则对这种宗法思想文化持怀疑、否定和批判的态度。儒、道两家虽相互对立，却也相互借鉴与补充，共同构成了中华传统文化的独特特征，并为中国文化的拓展与演进注入了源源不断的活力。

鲁迅曾说过："中国的根柢全在道教。"（《鲁迅全集》第11卷）英国研究中国科学技术史的专家李约瑟博士也说过："中国如果没有道教就像大树没有根一样。"道家思想深深扎根于中华沃土。道家思想在社会上层具有深远影响，在普通民众中拥有坚实的基础。它不仅塑造了我们中华民族的思想观念、思维方式、价值取向和宗教信仰，还孕育了我国科学技术、文学艺术、医药学和养生学的诞生与发展。道家思想内容博大精深，影响广泛，其精华主要体现在以下几个方面："道"被视为宇宙的根本原理，其理念"道法自然"彰显了顺应自然的智慧；它倡导对立统一、相互转化的辩证思维；提倡"无为而无不为"的处世哲学及"逍遥游"的自由观念。天道观历经历史的考验，被证明是绝对真理的体现；其思维方式结合了经验、理性、直觉和洞察力，为科学家和研究者提供了探索自然和宇宙奥秘的独特视角；追求自然、超脱的人生哲学则有助于人们观察社会、体验生活、安顿身心。可以说，只要人类社会存在，道家学说中的这些思想精髓就会持续闪耀，照亮人类的过去、现在和未来。

自老子的《道德经》问世以来，道家思想经历了2 500余年的演变与发展，构筑起一套较为完备的理论体系。其核心流派包括黄老之学（涵盖《荀子》《管子》及稷下学派）、庄子学派、韩非对老子思想的阐释（解老），以及魏晋时期的玄学等。自汉代起，关于《老子》的注解作品层出不穷，历代史志均有记载。据不完全统计，《老子》一书已被翻译成30多种语言版本，流传于世界各地。道家学说不仅是中国人民智慧的结晶和文化传承，也是全人类共同的精神财富。

【知识链接】

【名句诵读】

治大国，若烹小鲜。　　　　　　　　　　　　　　　　——《道德经》

祸兮福之所倚，福兮祸之所伏。　　　　　　　　　　　——《道德经》

大直若屈，大巧若拙，大辩若讷。　　　　　　　　　　——《道德经》

天之道，损有余而补不足。　　　　　　　　　　　　　——《道德经》

知人者智，自知者明。　　　　　　　　　　　　　　　——《道德经》

道可道，非常道。名可名，非常名。　　　　　　　　　——《道德经》

夫唯不争,故天下莫能与之争。 ——《道德经》
道生一,一生二,二生三,三生万物。 ——《道德经》
生而不有,为而不恃,长而不宰,是谓玄德。 ——《道德经》
合抱之木,生于毫末;九层之台,起于累土;千里之行,始于足下。 ——《道德经》
天下皆知美之为美,斯恶已。皆知善之为善,斯不善已。 ——《道德经》
天地不仁,以万物为刍狗;圣人不仁,以百姓为刍狗。 ——《道德经》
上善若水。水善利万物而不争,处众人之所恶,故几于道。 ——《道德经》

(二)老子的思想述评

老子著述名《老子》,又名《道德经》,全书约 5 000 字,反映了老子的思想。《老子》一书,围绕"道"这一中心概念,阐明宇宙的起源、世界的存在的形式、事物发展变化规律,以及人类社会的种种矛盾和解决的方法,包含着真理的粒子,闪烁着智慧的光辉,充满辩证的逻辑力量,言约义丰,富有诗意。《老子》是道家学说的源头,后世发展道家学说主要是根据《老子》展开的。

1. 关于宇宙产生和发展的总源头

老子之所以成为道家学说的始祖,是因为他创立了"道"的理论,并以这个理论,构成了博大精深的哲学体系。在《老子》一书中,"道"有多种含义,但作为哲学概念,它首先指的是关于宇宙产生和发展的总根源。

老子提出,在天地万物形成之前,便已存在一个无形、无象、无声、无名的"道"。尽管它无法被看见、听见、触摸或明确感知,但它确实存在。这三者难以用常规方式理解,因此它们合而为一。这个"道"是一个自给自足、和谐统一的原始状态,是物质世界的起源,构成了宇宙万物不可分割的基本元素。它寂静而空旷,独立而不变,循环运行而永不停息,被视为天地之母、万物之源,是宇宙生成和演化的根本。老子还进一步阐述:"故道大,天大,地大,人亦大。域中有四大,而人居其一焉。"这意味着,除道、天、地外,人也是宇宙中的四大之一(这里的"道"指的是自然)。

在先秦时期,普遍观念认为自然界的主宰和命运的决定者是神或上帝。然而,老子凭借其非凡的想象力和勇气,对天命和鬼神的概念提出了质疑。他将"道"视为宇宙万物的起源,"道生一,一生二,二生三,三生万物",主张天地并非神或上帝,而是宇宙空间的一部分。老子进一步将人从"天"的概念中独立出来,赋予了人自主性。这一观点使他的学说闪耀着哲学的光芒。2 500 年前,老子在探讨宇宙的起源和发展时,其思想与现代唯物主义有着惊人的相似之处。这无疑是道家学说历经时间考验,依然充满活力的关键因素。

2. 关于老子的思维方式

老子是中华辩证思想的奠基人,老子辩证思维的特点之一,是讲对立面的相互依存,他对自然现象和社会现象的认识几乎都是从对立观点说明的。例如，大小，多少，高低，远近，厚薄，重轻，静躁，白黑，寒热，朴嚣，歙张，壮老，雌雄，实华，正反，同异，美丑，善恶，强弱，祸福，生死，荣辱，愚智，吉凶，兴废，进退，主客，是非，巧拙，辩讷，公私，难易，真伪，贫富，贱贵……

他的这些见解源于对自然和社会两大领域的深入观察，因此广泛涵盖了数学、物理、天文、地理、生物、经济、政治、军事、外交、道德、修身、审美、语言等多个领域。老子不仅洞察到了这种相辅相成、相互依存的关系是所有事物普遍存在的常态，正如他所言："有无相生，难易相成，长短相形，高下相盈，音声相和，前后相随，恒也。"；他还进一步发展了《周易》中的阴阳交感理念，提出了"万物负阴而抱阳"的观点，认为宇宙间的一切事物内部都存在着两种对立的因素，它们既相互排斥又相互依存。通过这样的阐述，老子将春秋战国时期随着人类认识的不断深化，在某些思想家那里已经形成的对立统一观念，从理论上系统且明确地提出。

老子的辩证思维具有一个显著特点，即强调对立面之间的相互转化。例如，他提出"曲则全，枉则直，洼则盈，敝则新，少则得，多则惑""物壮则老""甚爱必大费，多藏必厚亡""夫轻诺必寡信，多易必多难""大直若屈，大巧若拙，大辩若讷"……老子还阐述道："祸兮福之倚，福兮祸所伏。孰知其极？其无正邪？正复为奇，善复为妖。"他认为，祸与福、正与邪、善与恶，由于内在的对立因素，都可能向相反的方向转变。因此，他指出"反者道之动"，将事物的相互转化视为一条基本规律。

在当代西方哲学中，科学思维被普遍认为包含四个基本要素：首先是经验（Experience）思维；其次是理性（Reason）思维；再次是直觉（Intuition）思维；最后是洞察（Inspiration）思维。这四个要素相互交织，共同构成了人类思维的复杂结构，为人类思想的多样性提供了丰富的图景。然而，老子的思维模式同样涵盖了这四个要素。

《老子》一书中蕴含着丰富的经验智慧，如五音、五声、五色、五味的论述，均是基于经验的探讨。"千里之行，始于足下"，以及"天下之至柔，驰骋天下之至坚"，这些至理名言也是经验的结晶。

《老子》一书中也体现了理性思维，"不出户，知天下；不窥牖，见天道"，老子认为无须亲历每一件事，便能洞悉世间大事与自然法则，这正是运用了理性思维。

在《老子》一书中，直觉思维同样占据一席之地。"有物混成，先天地生，寂兮廖兮，独立而不改，周行而不殆，可以为天下母。吾不知其名，字之曰道，强为之名曰大。"这便是老子的直觉体现，它植根于老子的理性思维之中，代表了理性思维暂时无法触及的深刻洞察。

《老子》不仅是一部哲学巨著，它还蕴含着深刻的洞察力。老子曾言："道生之，德畜之，物形之，势成之，是以万物莫不尊道而贵德。"这句话体现了其对宇宙万物运行规律的洞察。《老子》被誉为智者的宝典，它不仅促进了中华传统文化的演进，也为后世科学家提供了多维度探索的灵感。

3. "天人合一"思想和"无为而无不为"的人生哲理

人类文化主要分为东方文化体系和西方文化体系两大体系。西方文化起源于古希腊和古罗马文明，尽管经历了历史的断层，但通过"文艺复兴"和"工业革命"，最终形成了以欧洲和美国为代表的文化。东方文化则以中国为核心，融合了印度、韩国和日本的文化元素。西方文化强调对自然的认识、分析和征服，导致了人与自然的对立关系。相比之下，"天人合一"是东方文化的精髓，它传达了人与自然都是宇宙中的一部分，应当和谐共存的理念。老子是"天人合一"思想的先驱，他提出的"道大，天大，地大，人亦大"不仅在认识宇宙本原方面具有跨时代的意义，还蕴含了自然、天、地、人和谐统一的深刻内涵。老子的名言"人法地，地法天，天法道，道法自然"更是其"天人合一"思想的集中体现。他主张人应顺应地的规律，地应顺应天的规律，天应顺应道的规律，而道顺应其自然的状态（这里的"自然"指的是事物本真的状态，即自然而然）。所谓"道法自然"，并非意味着"自然"凌驾于"道""天""地""人"之上，而是强调"道""天""地""人"都应遵循其自然的状态。老子认为遵循"道法自然"的原则，天、地、人可以和谐变化，使宇宙达到和谐，大道得以顺畅运行，实现天人之间的协调，六畜兴旺，万木长青，即"夫物芸芸，各复归其"。老子提出的"道"的理论，认为"道"在运行中创造了天地万物，并进一步指出"道"的本质是自然的。由"道"所创生的天地万物也遵循自然的原则，从而清晰地阐述了人类社会与自然界和谐统一的理念，在人类认识史上具有独特的地位。

老子言："天下之至柔，驰骋天下之至坚。"水能穿越峡谷，横跨平原，以柔克刚，以弱胜强。从水的特性中，我们领悟到深刻的生存智慧：柔和的力量能够战胜刚硬，弱小可以超越强大。因此，我们应当效仿水的柔弱，铭记"不言"的教导和"无为"的益处，这些是世间极为珍贵的智慧（不言之教，无为之益，天下希及之）。

老子言："江海之所以能为百谷王者，以其善下之。"（江海之所以能容百川，是因为它居于最低的位置）由此，我们可以领悟到一个深刻的人生哲理：圣人之所以能真正赢得百姓的信服，是因为他对待百姓谦恭和顺（是以圣人欲上民，必以言下之）。

老子言："人之生也柔弱，其死也坚强。万物草木之生也柔脆，其死也枯槁。"他从生命的柔软与僵硬，草木的柔脆与干枯中，洞察出深刻的生存智慧。他提出，坚强往往导致消亡，而柔弱却能持续存在。因此，依赖武力终将导致失败，正如强壮的树干终将折断一样。这表明，强大是短暂的，而柔弱却能永恒（故坚强者死之徒，柔弱者生之徒。是以兵强则灭，木强则折。强大处下，柔弱处上）。

老子言："夫物芸芸，各复归其根。归根曰静。静曰复命。"意指世间万物虽繁盛多姿，终将返归其本源，而本源的本质是静谧与虚无。从这一自然法则中，我们可以领悟到人生的重要智慧：只有回归本真，保持内心的宁静与空明，才能顺应自然之道，摒弃纷扰与争斗（致虚极，守静笃）。

老子曾言："天之道，利而不害。"这启示我们自然法则在于滋养万物，而非伤害它们。由此，我们可以领悟到人生的根本原则：在人际交往中，应以助人为本，避免与他人发生无谓的竞争（圣人之道，为而不争）。

综上所述，老子所倡导的人生处世哲学强调"柔弱""虚静""不争"，即"自然无为"的原则。这里的"无为"并非指什么都不做，而是指不强行干预，不显露锋芒，不给他人造成困扰。遵循这一原则，方能以不争之姿，成就大事，正如老子所言："无为而无不为。"

老子及其道家哲学也被誉为"君人南面之术"。老子将"道法自然"的原则应用于个人生活的同时，进一步将其扩展至治理国家的层面，提出了"无为而治"的理念。

老子提出的"自然无为"的生活哲学和"无为而治"的治国理念，将个人的精神存在与宇宙的精神本质相融合，为人们的生活提供了无限和永恒的支撑。这一理念不仅是老子"道法自然"思想的拓展，而且是其"天人合一"思想的核心组成部分。

【知识链接】

《道德经》的成书背景是什么

老子，我国春秋战国时期杰出的哲学家，其著作《道德经》不仅代表了当时我国哲学的巅峰成就，而且是中华传统文化的宝贵遗产，更是世界文明史上的一颗璀璨明珠。尽管《道德经》仅有5 000字，但其深邃的思想内容却涵盖了众多领域。该书的写作基础和背景主要包括以下三个方面。

一是，老子以其沉静的思考和对知识的渴望，奠定了他深厚的知识基础。自幼聪慧的老子，总是展现出一种不达目的誓不罢休的探索精神。他常常仰望日月星辰，低头沉思宇宙的奥秘，以至于夜不能寐。周朝的守藏室，作为典籍的收藏之地，汇聚了天下各类文献，书籍堆积如山，无所不包。老子如饥似渴地广泛阅读，逐渐达到了极高的境界，他通晓了礼乐的起源，明晰了道德的真谛，三年后，他被提拔为守藏史。他的学识已经闻名遐迩。

二是，超然的环境和明智的境界为他提供了记录和评议时事的条件。老子生活在春秋战国末期，亲历了时代的严酷动乱与变迁，目睹了百姓所承受的艰难困苦，深刻感受到民众的疾苦与不满，国家与民众的命运都处于危机边缘。身处朝廷的他，洞察时弊，凭借超脱的环境，远见卓识的才能，卓尔不群的境界，以及旷古的智慧与气魄，他关注民生，关心世事，提出了治国安民的一系列主张。这些主张充分展现了这位伟大哲人旷达深邃的思想，以及他心系国家与民众命运的意志和智慧。

三是共同的志向铸就了流传千古的巨著《道德经》。据史料记载，函谷关的守关将领尹喜自幼酷爱天文、热衷于阅读古籍，拥有深厚的修养。他早有耳闻老子的盛名，当目睹老子骑着青牛悠然而至时，便立即拜见并邀请至官邸，恭敬地行弟子之礼。尹喜恳请老子将其所学著书立说，以惠及后世。尹喜的诚意和学养深深打动了老子。两人共同的语言和追求触动了老子的心弦，于是老子凭借自己的生活智慧和对王朝兴衰、百姓祸福的深刻洞察，追根溯源，撰写了上、下两篇，共计5 000字的著作。上篇名为《道经》，下篇名为《德经》，合称为《道德经》。

二、庄子的哲学

（一）庄子生平简介

庄子是老子思想的继承者，是先秦道家学说的主要代表人物。庄子的生平事迹《史记·庄子列传》有这样的记述：

庄子者，蒙人也（今安徽蒙城县，一说是河南省商丘市），名周。周尝为蒙漆园吏，与梁惠王、齐宣王同时，其学无所不窥，然其要本归于老子之言。故其著书十余万言，大抵率寓言也。作《渔父》《盗跖》《胠箧》，以诋訾孔子之徒，以明老子之术。《畏累虚》（即畏垒山，庚桑楚所居之地）《亢桑子》（即庚桑楚）之属，皆空语无事实，然善属书离辞（离辞即丽辞），指事类情，用剽剥（攻击）儒、墨，虽当世宿学不能自解免也。其言洸洋（汪洋）自恣以适己（自由放任，以适己意），故自王公大人不能器之。

楚威王闻庄周贤，使使厚币迎之（迎，聘请），许以为相。庄周笑谓楚使者曰："千金，重利；卿相，尊位也。子独不见郊祭之牺牛乎？养食之数岁，衣以文绣，以入大庙。当是之时，虽欲为孤豚，岂可得乎？子亟去，无污我！我宁游戏污渎（小池）之中自快，无为有国者所羁，终身不仕，以快吾志焉。"

从以上记述中我们可以看出，庄子具有"以明老子之术"的思想倾向，自由放任，"终身不仕"的人格个性，"大抵率寓言""指事类情"的文章风格。

（二）庄子思想述评

庄子之学"本归于老子之言"又"别为一宗"，在"道"的宇宙论和"自然"精神方面继承老子思想并向前发展，蕲于平等的"齐物论"和"逍遥游"的人生哲理则表现了庄周"别为一宗"的特色，两方面的有机结合反映了庄子的主要思想。

1."本归于老子之言"的道论

庄子多次明确地提出了具有物质性的"气"的概念，使道家学说的宇宙论进一步带上了鲜明的唯物主义色彩。

"天地者，形之大者也；阴阳者，气之大者也；道者为之公。"(《则阳》)"至阴肃肃，至阳赫赫。肃肃出乎天，赫赫发乎地。两者交通成和而物生焉"(《田子方》)(这是对老子"万物负阴而抱阳，冲气以为和"的发挥)。"天地者，万物之父母也。合则成体，散则成始"(《达生》)("合则成体，散则成始"是指"气")。"中国有人焉，非阴非阳，处于天地之间，直且为人，将反(返)于宗""夫春气发而百草生，正得秋而万宝(实)成"(《庚桑楚》)。

庄子论"气"可以这样归纳："气"是至微无形的物质，天地本始于气；万物由"气"以成，气聚则为有形之物，物散则复归于气；气有阴阳，故能聚散往来，聚而成物，散而成气；处于天地之间的人，也是由气发展变化而来的，故人之生死，亦"气"之聚散，聚则为生，散则为死。以上这些庄子在《知北游》中把它概括为"通天下一气耳"。庄子认为，"气"构成了自然界的基本要素，世间万物皆由气生成，并在消亡之际重归于气。万物的诞生与消逝，不过是气的凝聚与消散、往来循环的过程。同时，世间万物的变化皆遵循着各自的自然法则。从这一观点出发，我们可以看到，庄子在继承老子关于"道"作为宇宙本体、万物本原的学说时，其显著贡献在于用"气"的概念来补充、丰富并发展了老子的思想。如果说，在老子那里，道与气相结合的朴素唯物主义理论尚处于初步形成阶段，且表述上"惟恍惟惚"，不够清晰，那么庄子通过其权威性的阐释与发展，使这一理论的面貌变得更加清晰明确。

老子提出了"道法自然"的哲学思想，庄子则继承并发扬了这一思想。他将宇宙称为"形之大者"，并提出"通天下一气耳"，认为"处于天地之间"的人类也是由气所构成，通过"气"这一概念将天地与人紧密联系起来。庄子进一步强调"道法自然"，主张顺应自然规律行事，并以"庖丁解牛"的故事作为例证。庖丁为文惠君解牛，其技艺已达到极致。庖丁自述，他遵循自然规律，顺应事物的本性，因此对牛的肌理和结构了如指掌，能够顺着牛的纹理下刀，避免触及骨头，巧妙地在骨节间分解牛体。庄子通过这个故事阐释了顺应自然规律来处理人际关系和事务，才能达到游刃有余的境界。这种"依乎天理""因其固然"的理念，正是对老子"道法自然"思想的进一步深化和拓展。

2. "别为一宗"的"齐物论"

庄子深受老子思想的影响，堪称老子学说的忠实继承者。他的"齐物论"确乎别为一宗，也是其思想中最有特色的部分。

如前所述，老子被尊为中华辩证思维的开创者，他率先阐述了宇宙万物内部均蕴含两种相互依存且能相互转化的对立因素，即"万物负阴而抱阳，冲气以为和"的哲学观点。庄子则在此基础上进行了深入的继承，并以"彼出于是，是亦因彼"这一精炼的表述进行了概括。他进一步推演出了"物无非彼，物无非是"的论断，从而形成了万物等同的"齐物论"。庄子的哲学思想显著地体现出相对主义的特征，其核心内容涵盖"齐万物"（即万物等同）、"齐是非"（即是非无别）及"齐物我"（即物我合一）。

所谓"齐万物"，并非否认事物本身所固有的本质属性及其相互间本质上的差异，而是从超越时空、绝对存在的"道"的视角出发，认为万物的存在均具有暂时性，且万物间性质的差异只是相对的、微不足道的。万事万物"自其异者视之，肝胆楚越也；自其同者视之，万物皆一也"。他举例说："莛与楹，厉与西施，恢诡谲怪，道通为一。"就是说，草茎与屋柱，丑妇与美女，宽大、狡诈、奇怪、妖异，从道的角度都可通而为一。同样，"朝菌不知晦朔，蟪蛄不知春秋。"大鹏"背若泰山，翼若垂天之云，抟扶摇羊角而上者九万里"，而斥鴳"腾跃而上，不过数仞而下，翱翔蓬蒿之间"。就是说，生于早上，死于夜晚的菌芝不知夜旦，春生夏死、夏生秋死的寒蝉也不知以数百、千年为期的春秋，大鹏与小雀之体形的大小、飞翔的高度也相距甚远。但是，若以无限的瞬间为短暂，则以春秋计的冥灵、大椿与朝菌、蟪蛄同寿；若以无外为大，则大鹏、斥鴳相等。也就是说，在庄子看来："以物观之，自贵而相贱""以差观之，因其所大而大之，则万物莫不大；因其所小而小之，则万物莫不小"。（《庄子·秋水篇》）他认为观察事物的角度不同，采取的标准不同，会得出不同的结论。因此，贵和贱、大和小都是相对的。

所谓"齐是非"，是否认识的标准，认为是非原出于人们的"成心"，即成见、偏见，实际上并没有真正的是非，而是"彼亦一是非，此亦一是非。"因而他主张"和之以是非"。他举例说："毛嫱丽姬，人之所美也；鱼见之深入，鸟见之高飞，麋鹿见之决骤，四者孰知天下之正色哉？"反映了庄子的相对论观点，人们看问题，评判是非美丑是对立的、差异的，这种对立性、差异性又是统一的。

庄子认为，辩论也辨不出是非。"既使我与若辩矣，若胜我，我不若胜，若果是也？我果非也邪？我若胜，若不吾胜，我果是也？而（尔）果非也邪？其或是也？其或非也邪？其俱是也？其俱非也邪？我与若不能相知也。则人固受其黮暗，吾谁使正之？使同乎若者正之，既与若同矣，恶能正之？使同乎我者正之，既同乎我矣，恶能正之？使异乎我与若者正之，既异乎我与若矣，恶能正之？使同乎我与若者正之，既同乎我与若矣，恶能正之？然则我与若与人俱不能相知也，而待彼也邪？"这意味着，辩论本身并不能明确区分对错。无论辩论的哪一方获胜，都不能直接证明其观点的正确性。难道辩论双方中只有一方是对的，另一方是错的吗？还是说双方都有对有错？这是难以断定的。对错也无法由第三方来裁决。因为第三方无论支持哪一方的观点，本质上都是站在了某一方的立场上，因此无法公正地评判双方的是非。如果第三方的观点与辩论双方都不一致，那么这将形成一个新的立场，同样无法评判双方的是非。如果第三方的观点与辩论双方保持一致，那么由于观点相同，辩论和评判便失去了其存在的意义。最终结果只能是"是非难辨"。

在庄子的哲学中，不仅"是非莫辨"，而且辨别是非亦非必要之举。这是因为"劳神明为一而不知其同也"。因此，他讲述了一个"朝三暮四"的寓言，一位养猴人告诉他的猴子："早上给三个橡子，晚上给四个。"猴子听后愤怒。养猴人改口说："那就早上给四个，晚上给三个。"猴子便感到高兴。实际上橡子的数量并未改变，但猴子们的喜怒却因此而异。这不正说明人们费尽心思去计较是非，与猴子对"朝三暮四、朝四暮三"的执着是一样的吗？

所谓"齐物我"，是指在个体的主观认知中消除物体与自我之间的界限。在庄子的哲学观点中，既然人类只是天地万物之中的一个组成部分，那么人类就与"道"齐同，不存在彼此之间的界限。因此，他提出了"天地与我并生，而万物与我为一"的观点，意在表达人与万物间的和谐共生与统一。

相对主义不是辩证法，但辩证法却包含相对主义因素。庄子的相对主义同样含有辩证法思想。

3. "逍遥游"的自由观和人生哲理

在战国时期，一个思想家辈出、百家争鸣的时代，各学派不仅在哲学和政治领域展开了激烈的辩论，更在人性本质的问题上提出了各自的见解。儒家的孟子主张性善论，而法家持有性恶论（以韩非为代表），认为"利之所在，民归之"，主张人的本性是追求利益的，人际关系也建立在利益之上。与此同时，庄子继承并发展了老子的"见素抱朴"思想，认为人性本是自然、纯真、朴实的，情感和仁义并非人的本性，他提倡保持本性不受外界影响，追求人格的独立和精神上的自我超越。

庄子深刻地揭示并批判了封建等级制度和专制统治下的扭曲、病态和丑陋现象，对社会现实中的"物欲横流""人为物化"表现出了极度的厌恶。他对社会的黑暗面有着比同代任何思想家都要深刻和清晰的洞察。为了逃避社会现实对人性的扭曲和压迫，庄子在生活中选择了不与统治者同流合污，不与世俗之人为伍。他那"宁游戏污渎之中自快，无为有国者所羁"的态度，那对"舐痔结驷"之徒的无比蔑视和深恶痛绝，就是立足于自然之性的个体对于以礼规划和制约人性的宗法社会的否定和抗议，是庄子"任其性命之情"的人性理论在人生实践上的运用。

庄子追求人格独立和精神自由、超越，集中且明确地表现在著名的《逍遥游》中。他曾提出，在那个等级、宗法、专制的社会现实中，"天下莫不以物易其性"或"殉利"或"殉名"（《骈拇》），其结果是"人为物役"，失去了独立自主的个体人格和精神自由。《逍遥游》的主旨在于说明，一个人只有破除功、名、利、禄、权、势、尊、位的束缚，才能恢复自然的"本性"，获得人格的独立和精神上的自由；而追求人与无限、永恒的自然合为一体，"乘天地之正，而御六气之辩，以游无穷"便是"逍遥游"的最高境界。

庄子认为，只有"独与天地精神来往，而不敖倪于万物，不遣是非，以与世俗处……上与造物者游，而下与外死生、无终始者为友。"（《天下》）才是一种绝对自由的精神境界。如何才能从苦闷、浑浊的现实中求得解脱，达到绝对的"逍遥游"呢？庄子认为，人之所以不自由有两个原因，一是"有待"，即外在物质条件的束缚；二是"有己"，即自由肉体及精神的束缚。他在《逍遥游》中说，大鹏展翅飞翔，要靠大风和长翼的帮助，人行千里，要带够三个月的粮食，这种需要依靠的生活，不能说是自由的。传说中的列子能巧妙地乘风飞行，并能飞半月之久，这与一般人相比算是自由的了；但是列子也是有风才能飞，如果没有风，也就不能有这样的自由了，而且，他所去的地方也仍然是有限的。在庄子看来，即使是列子这样也不能算是自由的，因为列子也是要依靠一定的条件（"有待"）；他认为真正的自由应该是不依赖于任何条件（"无待"）的。庄子认为要得到绝对的自由不仅要消除一切外界条件的约束，而且要摆脱自身肉体的束缚。他理想的绝对自由的人是"至人无己，神人无功，圣人无名"。他认为"至人"不感到自己存在，"神人"没有任何作为，"圣人"不计较毁誉，因而在精神上是绝对自由的。

庄子主张，要达到绝对的"逍遥"自由，必须效仿真人，实现"无待"与"无己"。他阐述道："若夫乘天地之正，而御六气之辩（变），以游无穷者，彼且恶乎待哉？"（《逍遥游》）意指顺应天地的正道，驾驭"六气"（阴、阳、风、雨、晦、明）的变幻，不受任何条件束缚，这便是"逍遥游"。庄子进一步指出，要实现"无待"与"无己"，关键在于"心斋"和"坐忘"。通过"心斋""坐忘"的修炼，人可以从精神上超越自然和社会的限制，消除物我之间的对立，忘却社会与自我。庄子提出："至人无己，神人无功，圣人无名。"（《逍遥游》）意味着只有摒弃功名利禄、权势地位，成为至人、神人、圣人，才能回归自然的"本性"。从而"游乎天地之一气"，获得人格的独立和精神上的自由，与永恒的大自然融为一体，如同大鹏神鸟，扶摇直上九万里，背负云气，承载苍天，超然独立，飘逸远行，翱翔于太虚之中，使有限的人生获得无限的深远意义。

庄子提倡"顺其自然的本性"，追求一种"天性释放"的生活哲学。他的《逍遥游》中所体现的自由观念和人生观，在当时的历史背景下不仅象征着在宗法、等级、专制制度下个人意识的觉醒，并且具有深远的认识价值。此外，它有助于人们拓宽心胸和视野，打破精神束缚，从而摆脱传统思想和世俗观念的桎梏。庄子的思想不仅对后世产生了积极且深远的影响，而且对于现代人寻求心灵的安宁和生活的意义具有极高的价值。

【知识链接】

【名句诵读】逍遥游（节选）

庄子

北冥有鱼，其名为鲲。鲲之大，不知其几千里也；化而为鸟，其名为鹏。鹏之背，不知其几千里也；怒而飞，其翼若垂天之云。是鸟也，海运则将徙于南冥。南冥者，天池也。《齐谐》者,志怪者也。《谐》之言曰:"鹏之徙于南冥也,水击三千里,抟扶摇而上者九万里,去以六月息者也。"野马也,尘埃也,生物之以息相吹也。天之苍苍,其正色邪?其远而无所至极邪?其视下也,亦若是则已矣。且夫水之积也不厚,则其负大舟也无力。覆杯水于坳堂之上,则芥为之舟;置杯焉则胶,水浅而舟大也。风之积也不厚,则其负大翼也无力。故九万里,则风斯在下矣,而后乃今培风;背负青天,而莫之夭阏者,而后乃今将图南。蜩与学鸠笑之曰:"我决起而飞,抢榆枋而止,时则不至,而控于地而已矣,奚以之九万里而南为?"适莽苍者,三餐而反,腹犹果然;适百里者,宿舂粮;适千里者,三月聚粮。之二虫又何知!

小知不及大知,小年不及大年。奚以知其然也?朝菌不知晦朔,蟪蛄不知春秋,此小年也。楚之南有冥灵者,以五百岁为春,五百岁为秋;上古有大椿者,以八千岁为春,八千岁为秋,此大年也。而彭祖乃今以久特闻,众人匹之,不亦悲乎!

汤之问棘也是已:"穷发之北,有冥海者,天池也。有鱼焉,其广数千里,未有知其修者,其名为鲲。有鸟焉,其名为鹏,背若泰山,翼若垂天之云,抟扶摇羊角而上者九万里,绝云气,负青天,然后图南,且适南冥也。斥鷃笑之曰:'彼且奚适也!我腾跃而上,不过数仞而下,翱翔蓬蒿之间,此亦飞之至也。而彼且奚适也!'"此小大之辩也。

故夫知效一官,行比一乡,德合一君,而征一国者,其自视也,亦若此矣。而宋荣子犹然笑之。且举世誉之而不加劝,举世非之而不加沮,定乎内外之分,辩乎荣辱之境,斯已矣。彼其于世,未数数然也。虽然,犹有未树也。夫列子御风而行,泠然善也,旬有五日而后反。彼于致福者,未数数然也。此虽免乎行,犹有所待者也。若夫乘天地之正,而御六气之辩,以游无穷者,彼且恶乎待哉?故曰:至人无己,神人无功,圣人无名。

三、道家思想与中华传统文化

综上所述,在老子和庄子的学说中,始终贯穿着一个"无为而无不为"的思想。这一思想内涵十分丰富,概括起来,主要有以下几个方面。

第一,从天道自然到"无违"自然。道家的无为哲学深植于其形而上学的原则之中,展现了无为与自然主义的和谐统一。如前所述,道家形而上学主张,作为万物本源的"道",其本质是"无",而这种"无"的本质在道的功能与行为中体现为"无为"。因此,"无为"是道的"德"的显现,是道的一种"上德"。老子曾言:"道常无为而无不为。""天之道,不争而善胜,不言而善应,不召而自来。"庄子亦云:"天无为以之清,地无为以之宁。故两无为相合,万物皆化生。"这里的"无为",也即"无违",意味着顺应自然、依循自然规律而不强加干预。在道家的视角中,不仅"道"本身"无为",天地万物在其本性上也是"无为"的，人类自然也应遵循这一原则。因此，基于"天人合一"的本体论和"天人同构"的方法论，既然天道自然无为，那么人道也应模仿天道，保持恒常的无为状态，顺应自然，这便是"人法地，地法天，天法道，道法自然"的逻辑推演。

第二，"无为"是一种"君道"。道家的无为主义本质上首先是一种安邦治国的政治策略，它为统治者提供了一种政权建设和社会管理的统治术，即治国之道。历史上，人们常将道家学说誉为"君人南面之术"，从上述角度而言，这是恰当的。然而，"无为"作为一种治国之道，其核心并非为统治者提供一种权谋之术，而是对统治者不当行为和现实政治中强制干预政策的反动，主张顺应自然，放任无为。老子提出："圣人不行而知，不见而明，不为而成。""天下神器，不可为也。"庄子亦言："故君子不得已而临莅天下，莫若无为。无为也，而后安其性命之情。""玄古之君天下，无为也，……无为而万物化。"魏晋时期的玄学家们进一步明确提出了"率性而动""纯任自然"的"无为论"。君王治理国家，其"上德"便是效法和顺应自然，实现"无为而治"。只要君王"无为"，人民便能"自化""自正""自朴"。老子强调"天地不仁，以万物为刍狗；圣人不仁，以百姓为刍狗"，意在表明"天地"和"圣人"应无为而任自然，甚至不应施加所谓的"仁恩"，因为谁能确保那不是假借仁义之名，行不义之事呢？因此，"圣人无常心，以百姓心为心"，圣人没有个人的私心私利，而是以天下百姓的意愿和利益为自己的意愿和利益，若能如此，难道不正是真正伟大的政治家吗？道家倡导统治者应无心无为，旨在限制他们的私心妄为，放开百姓，赋予他们自由和自主，让他们能够自主选择自己的道路。

第三，"无为而无不为"。道家的无为主义常被误解为消极出世的虚无主义，然而，道家思想的核心实际上是积极入世的，尤其是其政治哲学中的无为主义，只是其方法显得与众不同。老子的辩证法强调"柔弱胜刚强"，认为"弱"是道的运用，而"无为"正是这种"弱之道"的具体实践。由于"天下之至柔，驰骋天下之至坚""守柔曰强"，因此"道常无为而无不为"。表面上看似守弱处静，无所作为，实际上却是遵循万物本性，顺应自然之道，知足知止，这本身就是一种作为，也能够达到无所不为的境界。因此，道家并非要废除所有作为，他们依然强调"治"和"无不为"，提倡"君无为而臣有为"。所以，道家的无为主义所倡导的"无为"，实际上是指向"善为""无为"不过是真正善于作为的人用以实现"无不为"这一最终目标的最有效手段。

综上所述，道家的"无为"并非单纯的消极不作为。在面对黑暗的现实和"礼崩乐坏"的时代背景下，道家同样怀有救世之心。它批判儒家的道德理想主义和墨家的行动主义，反对任何形式的具体社会改革和方案，而是提倡一条不同的道路——通过超越的态度，追求回归自然状态的"无为主义"。

道家的"无为主义"，因其对自然的崇尚和对超越的追求，蕴含了一种深刻的社会批判精神。这种批判精神主要针对两个方面：一方面，它直接抨击了当时社会的黑暗面和统治者的专横跋扈；另一方面，它批评了儒家等学派所宣扬的仁义道德，指责这些道德观念对人性的压抑，以及对不公正社会结构的美化。道家"无为主义"所体现的这种社会批判精神，不仅很珍贵，也构成了其思想特色中一个鲜明的标志。

墨子与墨家

一、墨子生平简介

墨子，名翟（dí），春秋末期战国初期宋国人，是战国时期著名的思想家、教育家、科学家、军事家、墨家学派创始人和主要代表人物，如图2-3所示。

二、墨家学说的主要内容

墨家学说，又称墨子思想，是中国古代哲学、伦理学、政治学、逻辑学、军事学、工程学等领域的综合体现，由墨子所创立。墨家学说主张兼爱、非攻、节葬、节用、非乐、非命、尚贤、尚同、天志、明鬼等思想，这些思想构成了墨家学说的主要内容。

图2-3 墨子

（一）兼爱非攻

兼爱非攻是墨家学说的核心思想之一。墨子主张人人平等，无分贵贱，互相爱护，互相关心，反对以大欺小、以强凌弱的侵略战争。他认为战争是最大的不义，主张"兼相爱，交相利"，强调人人平等互利，以达到社会和谐的目的。

（二）节葬节用

墨子主张节葬节用，反对浪费和奢侈。他认为厚葬久丧浪费了社会资源，而且对于死者也没有实际意义。因此，墨子主张薄葬短丧，以节约社会资源，同时反对浪费和奢侈，提倡节俭的生活方式。

（三）非乐非命

《墨子·非乐》是中国春秋战国时期著名思想家墨子的著作，这本书主要讲述了墨子从穷苦百姓角度出发，认为上位者不应该天天歌舞升平，而不顾及穷苦百姓的生死。

《墨子·非乐》原文共有三篇，而如今保存下来的只有第三十二篇《非乐上》，第三十三篇和第三十四篇则在宋朝前期就已经失传。非乐，顾名思义，就是禁止音乐，反对从事音乐活动。墨子出身农民，之后也如普通百姓一样，过着清苦的生活。

墨子反对音乐和命运，他认为音乐和命运都是奢侈品，对于社会和人民没有实际意义。他认为音乐会扰乱人心，导致人们产生不良行为，而命运也是不可靠的，因为命运的好坏不是人力所能控制的。因此，墨子主张人们应该注重实用和现实，而非追求虚无缥缈的音乐和命运。所有事情都应以利国利民为宗旨，而音乐的盛行占去了统治者们管理天下的时间。而因为想要音乐创造的器材也使百姓们加大了负担，占据了他们生产的时间。因此这种没有意义的活动理应禁止。墨子认为，百姓最重要的事情就是吃饱穿暖，而音乐不仅不能改变他们的现状，不能填饱肚子也不能让他们不再寒冷，最重要的是音乐并不能阻止战争的发生，反而因为统治者贪图享乐，耽误了国家的管理，最终受苦受难的还是普通的穷苦百姓。墨子的这种思想是处在"兼爱"的基础上，《非乐》这篇文章充分地体现了他的主张思想，在当时那样战争不断的社会起了非常重要的作用。

（四）尚贤尚同

墨子主张尚贤尚同，认为人才是治理国家最重要的资源。他反对贵族世袭制，主张以才干和品德为标准来选拔人才。同时，墨子也主张天下大同，即人人平等、无分贵贱，实现社会的和谐与稳定。

（五）天志明鬼

墨子主张天志明鬼，认为上天有意志，能够观察和惩恶扬善。他认为鬼神的存在是有意义的，可以用来规范人们的行为和思想。同时，墨子也强调人们应该相信自己的良心和道德，以实现社会的公正和和谐。

综上所述，墨家学说包含了许多具有现实意义的思想和主张，如兼爱非攻、节葬节用、非乐非命、尚贤尚同、天志明鬼等。这些思想对于中国古代哲学、伦理学、政治学等领域都产生了深远影响，也为现代社会提供了一些启示和思考。

【知识链接】

【名句诵读】

归国宝，不若献贤而进士。　　　　　　　　　　　　　　——《墨子·亲士》
官无常贵而民无终贱。有能则举之，无能则下之。　　　——《墨子·尚贤上》
俭节则昌，淫佚则亡。　　　　　　　　　　　　　　　——《墨子·辞过》
治天下之国，若治一家，使天下之民，若使一夫。　　　——《墨子·尚同下》
一目之视也，不若二目之视也；一耳之听也，不若二耳之听也；一手之操也，不若二手之强也。　　　　　　　　　　　　　　　　　　　　　　——《墨子·尚同下》

若使天下兼相爱，国与国不相攻，家与家不相乱，盗贼无有，君臣父子皆能孝慈，若此则天下治。
——《墨子·兼爱》

镜于水，见面之容；镜于人，则知吉与凶。　　　　——《墨子·非攻中》

爱人不外已，已在所爱之中。已在所爱，爱加于已。伦列之爱已，爱人也。
——《墨子·大取》

良马难乘，然可以任重致远。　　　　　　　　　　——《墨子·亲士》

孙子与兵家

一、孙子生平介绍

孙子即孙武（约公元前545至公元前470年），字长卿，汉族，中国春秋时期齐国乐安（今山东广饶）人，是吴国将领（图2-4），著名军事家、政治家。曾率领吴国军队大破楚国军队，占领了楚国的国都郢城，几灭亡楚国。其著有巨作《孙子兵法》十三篇，为后世兵法家所推崇，被誉为"兵学圣典"，置于《武经七书》之首，被译为英文、法文、德文、日文，成为国际间最著名的兵学典范之书。今在山东省、江苏省苏州市等地，尚有祀奉孙武的庙宇，多谓之兵圣庙。

图2-4　孙子

二、兵家的主要军事思想

兵家是中国古代的一个思想流派，是以兵法为主要内容的悠久学派。兵家的军事思想具有独特的特点，其体现了中国古代智慧和思想的深度。

（一）战争的目的和原则

兵家的军事思想认为，战争的目的在于通过消灭或战胜敌人来保卫自己的国家、领土或安全。在战争中，兵家十分重视战争的目的和规律，主张根据情况采取不同的战术和战略。在采取具体的行动前，必须明确战争的目的和原则，尽可能地避免战争造成的损失和伤害。

兵家认为，战争必须基于正确的判断和分析。只有在充分了解敌情之后，才能采取相应的措施，从而获得战争的胜利。另外，兵家认为，战争的总体原则是"以虚实制人"，即通过制定正确的战略来给敌人营造一种虚假的景象，从而使敌人在防御时疏忽大意，为我方创造条件，实现战略目标。

（二）谋略和策略

兵家的军事思想强调谋略和策略的重要性。谋略是指在战争中制造出一种假象或故意迷惑对手的策略，而策略是具体制订用于战争的各种计划、成本、资源等内容的思路和方法。

兵家在整理自身战术方面也大有可为。他们将保密和隐蔽作为第一要素，并推崇几个击败敌人的策略：误导、瓦解、假装、疲劳、弱化等。至今关于这些思想还有"兵法"等著作被许多国家的军事单位广泛奉行。

（三）兵器和装备

兵家的军事思路对兵器和装备的要求非常高。它们认为，战争机器应该具有时代特点和精神，并且必须与现代科学技术相结合。兵家主张通过使用现代化的武器和战争装备，尽可能减少战争的伤害和无辜的牺牲者。

兵家的军事思想也非常重视军事指挥和系统。他们认为，指挥官应该依靠自身的知识和能力，正确地面对局势，并且在战争中发挥重要作用。此外，兵家还强调战争的自我管理和控制，认为战争必须遵循规律，保持秩序。

（四）人力和组织

兵家的军事思想非常重视人力和组织的重要性。他们认为在战争中人是最重要的资产应该充分发挥每个士兵的潜力和能力。另外也认为每个知识分子都应该具备以上思想，并发挥自己的组织和领导能力在战争中发挥其潜力。

兵家认为一个成功的军队必须具有高水平的组织和管理体系。强调战争时刻需要有高级军官指挥，他们需要具备高水平的信息技术能力，并且深刻了解当地民众和文化背景，才能在复杂多变的环境下制定正确的战略和计划。

兵家的军事思想在中国古代的战争中发挥了巨大的作用。今天，这种思想仍然继续发挥着重要的影响，为现代战争的思考提供了重要的借鉴。在实践中，我们也应该学习和遵循兵家的军事思想努力保卫我们的国家和人民。

【知识链接】

【孙子经典语录】

兵者，诡道也。故能而示之不能，用而示之不用，近而示之远，远而示之近；利而诱之，乱而取之，实而备之，强而避之，怒而扰之，卑而骄之，佚而劳之，亲而离之。攻其无备，出其不意。此兵家之胜，不可先传也。

——《孙子兵法·始计篇》

知彼知己者,百战不殆;不知彼而知己,一胜一负;不知彼,不知己,每战必殆。

——《孙子兵法·谋攻篇》

其疾如风,其徐如林,侵掠如火,不动如山,难知如阴,动如雷震。

——《孙子兵法·军争篇》

故上兵伐谋,其次伐交,其次伐兵,其下攻城。攻城之法为不得已。

——《孙子兵法·谋攻篇》

夫兵形象水,水之形,避高而趋下,兵之形,避实而击虚。水因地而制流,兵因敌而制胜。故兵无常势,水无常形,能因敌变化而取胜者,谓之神。

——《孙子兵法·虚实篇》

兵家文化的影响及未来

韩非与法家思想

一、韩非子生平简介

韩非子,又称韩非,战国末期韩国人。他是韩王室宗族,韩王歇的儿子。师从荀子,是中国古代著名的思想家、哲学家、政论家,法家思想的集大成者,后世称"韩子"或"韩非子",是中国古代著名法家思想的代表人物。

二、法家思想的基本观点

(一)法治至上

韩非子强调法律的重要性,认为只有以法律为准绳,才能维护社会秩序和国家稳定。他主张制定明确的法律规定,并以严明的法律制度来约束社会行为。

(二)重视威严与惩罚

韩非子认为,为了维护法律的威严,必须采取严厉的惩罚措施,对违法犯罪行为给予严肃打击,并通过公开示众等方式起到警示作用。

(三)强调统一权力

韩非子主张集权式的统治,认为权力应该集中在一个人或一小群人手中,以保证国家政权的稳定和效能。

(四)重视法治建设

韩非子提出了"三德并行"和"三才"理论,强调政府官员应同时具备品德高尚、

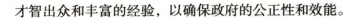

才智出众和丰富的经验，以确保政府的公正性和效能。

（五）推崇实用主义

韩非子注重实际问题的解决，他主张根据实际情况灵活运用法律，以适应社会和国家的发展需求。

三、法家思想的理论支撑

韩非子的法家思想得到了一定理论支撑，其中包括以下几个方面。

（一）人性本恶论

韩非子认为人性本恶，主张通过法律来制约人的邪恶行为，以达到维护社会秩序的目的。

（二）刑不上大夫论

韩非子认为任何人犯罪都应受到法律的制裁，即使是国君或贵族也不能置身于法律之外。

（三）政治利益原则

韩非子主张政治行为应以实现国家利益为出发点和归宿，强调政府应根据实际需要来制定政策和法律。

（四）功利主义思想

韩非子的法家思想强调功利主义，即追求行为的效果和结果，而不是纠结于行为本身是否符合道德标准。

（五）技术统治观念

韩非子主张政府应充分运用科技和技术手段来提高治理效能，强调技术在治理中的重要性。

四、法家思想的现实应用背景

韩非子的法家思想对中国历史及政治思想产生了深远影响，不仅为中国古代政权的建立和治理提供了理论基础，而且对后世的社会政治理论产生了积极作用。

（一）秦始皇统一中国

韩非子的法家思想在秦始皇统一中国过程中起到了重要的作用。秦始皇通过韩非子的建言，实行严密的法律制度，为统一中国提供了有力保障。

（二）后世政治制度的借鉴

韩非子的法家思想对后世中国政治制度的构建和发展产生了深远影响。中国历史上的中央集权制度与法治思想的传统，直接源于韩非子的法家思想。

（三）治国理政的启示

韩非子的法家思想体现了在治国理政中注重实用主义和技术手段的重要性。这为后世政治家提供了一种以问题解决为导向的思维模式。

五、批评与反思

韩非子的法家思想在古代的实践中取得了一定的成就，但也受到了一些批评。有人认为韩非子的思想过于强调权力和压制，忽视了人性与道德的因素，容易导致专制主义的倾向。

然而，无论如何评价韩非子的法家思想，我们都应该认识到其对中国历史及政治思想产生了重要的影响。在当代社会，法治与权力制衡仍然是建设和谐社会的基本条件，注重实际问题的解决和技术手段的运用也依然具有现实意义。

综上所述，韩非子的法家思想主张以法治为基础，通过强化法律制度和权力集中来实现社会秩序和国家治理。他的思想在中国历史及政治思想发展中具有重要地位，对中国古代政权的建立和治理产生了深远影响。同时，韩非子的思想也提供了一种以实用主义和技术手段为导向的治国思路，对当代社会政治理论仍然具有启示意义。

文化践行

一、课程实践

1. 主题：传承孔子教育思想。

形式：主题班会。

材料：孔子是我国古代伟大的教育家，其教育思想至今仍具有深远影响。为了更好地传承和弘扬孔子的教育思想，提高教育教学质量，班级组织学生开展"传承孔子教育思想"主题班会，引导学生了解孔子教育思想，培养学生的道德品质。

2. 主题：走进孔庙，传承经典。

形式：参观孔庙。

材料：孔庙位于我国山东省曲阜市，是纪念我国古代伟大的思想家、教育家孔子而建。孔子是我国古代伟大的教育家、儒家学派的创始人，其思想对中国乃至世界产生了深远影响。随着时代的发展，大学生社会实践已经成为高校教育的重要组成部分，旨在培养学生的社会责任感、实践能力和创新精神。为了让学生更好地了解中华民族优秀传统文化，增强文化自信，组织以"走进孔庙，传承经典"为主题的社会实践活动。让学生深入了解孔子及其思想，感受儒家文化的魅力。培养学生的文化自信，增强民族自豪感。

二、各抒己见

1. 庄子的"无为"政治思想承传于老子，"无为而无不为"。庄子和老子都主张无为而治，老子所讲的"无为"主要是一个政治概念，引申为一种治国之术，主张统治者不妄为，不扰民，清静自然。到了庄子，"无为"思想则以自然性和超自然性为主要特色，"无为"思想渐渐脱去它的治世之义，演绎为一种无为适性的隐逸思想。

2. 阅读下面的文言文。

材料一：

故古者圣王之为政，列德而尚贤。虽在农与工肆之人，有能则举之。高予之爵，重予之禄，任之以事，断予之令。曰："爵位不高，则民弗敬；蓄禄不厚，则民不信；政令不断，则民不畏。"举三者授之贤者，非为贤赐也，欲其事之成。故当是时，以德就列，以官服事，以劳殿赏，量功而分禄。故官无常贵，而民无终贱。有能则举之，无能则下之。举公义，辟私怨，此若言之谓也。故古者尧举舜于服泽之阳，授之政，天下平。禹举益于阴方之中，授之政，九州成。汤举伊尹于庖厨之中，授之政，其谋得。文王举闳夭、泰颠于置罔之中，授之政，西土服。故当是时，虽在于厚禄尊位之臣，莫不敬惧而施；虽在农与工肆之人，莫不竞劝而尚意。

（节选自《墨子·尚贤上》）

材料二：

澹台子羽，君子之容也，仲尼几而取之，与处久而行不称其貌。宰予之辞，雅而文也，仲尼几而取之，与处久而智不充其辩。故孔子曰："以容取人乎，失之子羽；以言取人乎，失之宰予。"故以仲尼之智而有失实之声。今之新辩滥乎宰予，而世主之听眩乎仲尼，为悦其言，因任其身，则焉得无失乎？是以魏任孟卯之辩，而有华下之患；赵任马服之辩，而有长平之祸。此二者，任辩之失也。夫视锻锡而察青黄，区冶不能以必剑；水击鹄雁，陆断驹马，则臧获不疑钝利。发齿吻形容，伯乐不能以必马；授车就驾，而观其末涂，则臧获不疑驽良。观容服，听辞言，仲尼不能以必士；试之官职，课其功伐，则庸人不疑于愚智。故明主之吏，宰相必起于州部，猛将必发于卒伍。夫有功者必赏，则爵禄厚而愈劝；迁官袭级，则官职大而愈治。夫爵禄大而官职治，王之道也。

（节选自《韩非子·显学》）

材料一和材料二都谈到了选拔人才，墨子和韩非子的观点有什么不同？请结合文本简要概括。

三、测一测

（一）填空题

1. 战国时期，_____和_____是儒家的两位代表人物。
2. 朱熹编著的_____，成为后世科举考试依据的教科书。
3. _____是老子思想的继承者，是先秦道家学说的主要代表人物。
4. 韩非子的法家思想主要有_____、_____、_____、_____、_____。

（二）选择题

1. 孔子认为作为社会性的人要"仁者爱人"，要"克己复礼"，其思想本质被历代统治者所重视。这一本质是（　　）。

    A. 追求天下为公　　B. 崇尚等级秩序　　C. 主见"仁政"　　D. 主见"德治"

2. 家中的老人时常教化后代说："为人处世不可有贪心，衣能遮体，食能果腹，足矣""遇事要冷静，做到以静制动"。明显，老人继承了传统文化中的（　　）。

    A. 道家思想　　B. 儒家思想　　C. 墨家思想　　D. 法家思想

3. 中国古民居中常见到"耕读传家""一等人忠臣孝子，两件事耕田读书"等匾额或门联。古代这些家庭所读所传的应当是（　　）。

    A. 老庄之学　　B. 孔孟之道　　C. 墨家学说　　D. 耕作技术

4. 下列两则材料是一位先秦思想家在评价两位政治人物时表达的观点，这位思想家可归类为（　　）。

齐桓公致力联系诸侯，设法合作维系传统封建秩序，是个执守正道而不行诈谋的国君。	晋文公虽帮助周王定乱，却僭越礼制，像仿行天子的礼仪，是个内行诈谋却装作遵循正道的国君。

　　A. 墨家　　B. 法家　　C. 道家　　D. 儒家

第三章 中国传统宗教

本章提要

正如世界上许多地区和民族的文化发展历史所展示的，宗教在中国同样拥有悠久的历史背景。远古时期，我国便出现了自然崇拜、动物崇拜、鬼神崇拜及祖先神灵崇拜等原始宗教形态。这种古老的宗教形式，在远古时代极为流行，它作为一种宗法性宗教，对后来的儒教、道教、佛教等宗教形态产生了直接或间接的影响。正如不了解基督教就难以全面理解西方文化一样，要深入探究中国文化，对中国古代宗教的了解是不可或缺的。中国古代宗教构成了中华传统文化的核心部分，它不仅对中国古代的政治和经济产生了深远影响，而且深刻塑造了中国古代的文学与艺术。因此，研究中国古代宗教，将有助于我们更全面、更深刻地理解中华传统文化。

佛教传入与中外文化的融合

中国传统宗教中，儒教和道教都是本土宗教，只有佛教是由国外传入的。佛教与基督教、伊斯兰教并称世界三大宗教，佛教传入中国后，对中华传统文化产生了极为广泛的影响。

一、佛教的起源及流传

佛教发源于公元前6世纪至公元前5世纪的古印度，创立者是释迦牟尼。释迦牟尼姓乔达摩，名悉达多，是古印度迦毗罗卫国净饭王的太子。相传太子见世间苦难深重，有感于人之生老病死、祸福无常，遂产生修道之念。但经过多年苦修，形体枯槁，却未见道。后在伽耶山菩提树下，静思49天后，终觉悟成佛。世人尊称为"佛陀"，圣号"释迦牟尼"。释迦牟尼成道时说："奇哉，奇哉！大地众生皆有如来智慧德相，以妄想执着，不能证得。"意即天下众生皆具佛性，皆可成佛。

原始佛教的基本教义是"诸行无常，诸法无我，一切皆苦，涅槃寂静"，即世间一切事物都是变化无常的，一切事物中都没有永恒的自我，众生世界有许多的痛苦。因而佛教即要通过修成正道，以摆脱生死轮回，消除苦因苦果，达到最终的解脱。后来，佛教在传播的过程中，逐步形成了大乘和小乘两大派系，其中大乘派系旨在帮助众生到达涅槃境界的彼岸，而小乘派系只是寻求自我的解脱。

佛教传入中国的年代尚无定论，但一般认为是在东汉时期。相传汉明帝夜梦金人，遂派遣使者前往西域广求佛法，并迎请僧人摄摩腾、竺法兰等至洛阳。随后在洛阳建立了第一座寺庙——白马寺，并于此寺翻译出使者求回的42章佛经，即《四十二章经》。

佛教的基本教义主要有四谛说、缘起论、三法印说、因果报应论、六道轮回论等内容，这些内容基本上体现出佛教作为一种宗教对社会人生诸多问题的看法、态度和对理想境界的追求。

（一）四谛说

四谛说是佛教的核心教义，它包括了四种至关重要的真理。具体内容如下：苦谛，它揭示了人生的本质，即痛苦；集谛，它阐述了由于众生对真理的无知，从而陷入了生死轮回的苦难之中；灭谛，它描绘了消除所有痛苦，达到涅槃这一终极理想状态的愿景；道谛，它为众生指明了消除痛苦、实现解脱的正确方法和修行路径。

（二）缘起论

缘起论是佛教关于宇宙万物起源、发展及其变化原因的深入阐释。它旨在揭示世界、社会、人生，以及种种事物现象的根本性起源与缘由。

（三）三法印说

三法印说是三种印证佛学理论的标准，即诸行无常意味着世间万物皆在永不停息的变化之中，无一能永恒不变；诸法无我揭示了所有现象皆由因缘和合而生，不存在独立且恒常不变的实体；涅槃寂静是指唯有超脱尘世的束缚，超越生死轮回的桎梏，方能达到真正的解脱与宁静。唯有契合这些佛法印证的教义，方能被认定为真正的佛学智慧。

（四）因果报应论

因果报应论是佛教的劝世理论。其核心内容在于：一切事物皆有因果，没有因就不会有果；善行将带来善果，恶行则导致恶果。因此，唯有摒弃恶行、追求善行、积累德行并修行，才能达到理想的彼岸。

（五）六道轮回论

六道轮回论是佛教对因果报应的分类。不同的善行与恶行将导致不同的果报，具体包括地狱道、饿鬼道、畜生道、人道、阿修罗道（一种兼具神、鬼、人特征的存在）及天道。佛教教义认为唯有皈依佛门方能超脱六道轮回。

【知识链接】

相传东汉时期的明帝，夜梦金人，即梦到了佛，于是派人到天竺寻访佛法。后来天竺僧人用白马驮着佛经来到洛阳，随后就在洛阳城外修建白马寺，藏经译经，这是中国最早正式建立的佛教寺院（图3-1）。同一时期，在中国的新疆一带，也有佛教从印度传入，从此开始了佛教入华与佛教华化，开始了以佛教文化交流为中心的中外文化大融合的时期。

图 3-1　河南省洛阳市白马寺

河南省洛阳市白马寺为中国第一古刹，是佛教传入中国后兴建的第一座寺院，创建于公元68年，至今已有近两千年的历史。

二、佛教在中国的传播与发展

佛教在中国传播过程中，逐渐分化成了三个独具特色的体系。在汉族聚居的广大地区，广泛流传的佛教被称为汉传佛教；在中国西南边疆的某些少数民族地区，流行的佛教则被称为南传佛教；而在青海、西藏等地区，盛行的是藏传佛教。其中，汉传佛教与藏传佛教同属大乘佛教的范畴，而南传佛教归属于小乘佛教。

值得关注的是，文化的每一次重组都是对传统的继承与创新相结合的产物。佛教作为一种外来文化，在与中华传统文化融合的过程中，已经深深融入了大量中国元素。换言之，佛教在中国的传播历程，实际上也是中国文化对其进行改造与重塑的过程。从这个角度来看，佛教之所以能够成为中国文化的重要组成部分，正是基于中华传统文化对其进行的改造与重构这一前提。例如，汉人就把佛教当成神仙方术的一种来看待，用道家守一的修行方法来解释佛教静坐观心的禅定方法，有些僧人也凭借某种方术来扩大佛教影响；魏晋时期的般若学就是依附中国的玄学而流行的；佛教原本没有禁吃荤腥的戒律，禁吃荤腥的戒律是南北朝时期的梁武帝规定的，并形成具有中国色彩的小乘戒与大乘戒；中国佛教还改变了印度佛教"三衣一钵，日中一食，树下一宿"的丛林清规，制定了著名的《百丈清规》，规定僧侣在修道的同时，必须参加劳动，自力更生，"一日不作，一日不食"，将农耕理念植入佛门清规。

佛教在中国本土化的一个显著标志便是禅宗的蓬勃发展。禅宗源自印度佛教的"禅那"修行理念，意指通过"静虑"或"思维修"来达到心灵的宁静与洞察，这是佛教修行的核心组成部分，与佛教"戒、定、慧"三学中的"定学"与"慧学"相呼应。唐代中国僧人慧能被尊为禅宗教义的开创者。慧能巧妙地将中国儒家的人性论观念、道家的清静无为思想与印度大乘佛教的空宗"一切皆空"及有宗"佛性本有"的教义相融合，从而创立了一个具有鲜明中国特色的佛教宗派——禅宗。禅宗打破了印度佛教中佛国权威和佛陀至上的传统观念，模糊了极乐世界与现实世界、彼岸与世俗的界限，呈现出显著的泛神论色彩。自中唐时期起，禅宗成为中国佛教的主流，对社会各阶层产生了深远影响。

佛教在中国的发展可分为以下几个阶段。

（一）汉代佛教

自汉代至三国时期，佛教的发展较为缓慢，未引起广泛关注。这一时期，佛教的传播主要通过佛经的翻译、阐释和介绍进行，翻译的重点是禅宗经典和《般若经》。佛教主要分为两大派系：一派以安世高为代表，主张小乘禅学；另一派以支谶、支谦为代表，倡导大乘般若学，即空宗学说。前者更注重宗教修行，强调静坐和专注念诵；后者则侧重于教义的探讨和传播，强调现实世界的虚幻性。

在东汉时期，佛教常被视为与黄老学说相似的宗教，而禅学被视为求道成仙的一种方术。佛教在这一时期的发展，是在与道教和方术思想的融合中逐渐推进的。

（二）隋唐佛教

隋唐时期标志着佛教的鼎盛与本土化。翻译成汉语的佛教经典数量庞大，内容丰富。政治的统一、经济的增长，以及文化交流的深入，共同推动了佛教在中国的空前繁荣，并催生了众多新的宗派，如天台宗、法相宗、华严宗、禅宗、三论宗、净土宗、律宗和密宗等。每个宗派都拥有自己独特的教义和修行体系，代代相传，严格遵循。

唐朝的统治者采纳了儒、佛、道三教并重的政策。在唐朝的二十位皇帝中，除唐武宗外，其余均信仰佛教。这种普遍的信仰态势，不仅促进了佛教的繁荣发展，也推动了儒、佛、道三教的相互融合。封建统治者智慧地运用儒学来治理国家政务，借佛学以安抚民众心灵，凭道教来倡导养生保健，这些不同的功能在稳固其统治方面起到了相辅相成的作用。在唐宋交替之际，由于封建统治者的推崇备至，儒、佛、道三教之间的相互影响越来越深刻，三教融合的思想倾向也越来越显著。最终，佛教与中国本土文化实现了深度交融，成为中国文化中不可或缺的重要组成部分，并与中国人的精神世界紧密相连，为宋明理学的形成提供了坚实的理论基础。

佛教与中华传统文化的交融过程，从其历史演进的角度来看，是通过吸纳儒家与道家的思想精髓，逐步发展出了具有鲜明中国特色的佛教宗派，如天台宗、华严宗及禅宗等。就思想理论层面而言，这些宗派提出了一系列与印度佛教有所区别的理论观点，这些观点深刻融合了儒家与道家的思想智慧。

【知识链接】

中国佛教的主要宗派

隋唐时期形成的中国佛教八大宗派对后世影响较大的是天台宗、华严宗、唯识宗、净土宗和禅宗。

（1）天台宗。天台宗的创立可追溯至隋朝初期，其创始人是智顗大师，而其思想渊源则可进一步追溯至南北朝时期的慧文和慧思两位高僧。智顗大师（538—597年），本姓陈，以浙江天台为基地，开创了中国佛教史上第一个宗派——天台宗。该宗派以《妙法莲华经》为其根本经典，因此又称法华宗。

天台宗的核心教义主张"诸法实相"，具体体现在两个主要观点上：首先是"三谛圆融"，其次是"一念三千"。"三谛"指的是空谛、假谛、中谛。所有事物和现象都是由众多条件聚合而成，本质上不存在永恒不变的实体，因此被视为"空"；然而，在条件具备时，这些事物和现象又显得"宛然而有"，故称"假"；无论是"空"还是"假"，都是事物本性的自然流露，我们不应固执的偏执于任何一端，而应超越两端，认识到事物既非"空"也非"假"，即"中"。这三者相互联系，融为一体。"一念三千"中的"一念"与作为时间单位的"一念"有所区别，指的是"心足具一念"；"三千"则代表三千性相。该宗派认为，在一念之中就蕴含了宇宙间所有的现象和事物，从而进一步提出了"性具善恶"的理论，认为既然众生在一念之中无所不包，那么一切善或恶、杂染或清净，都可以视为人本具有的天然本性。

天台宗在修行方法上提倡止观并重、定慧双修，旨在融合当时南方偏重义理与北方偏重禅定的两种修行倾向。

（2）华严宗。华严宗以阐扬《华严经》而得名，其学术创造者为唐代高僧贤首大师（法藏），故又称贤首宗。贤首（643—712年），俗姓康，原籍西域康居，生于长安。十七岁投于智俨门下，武则天曾召他入长生殿讲经，并授予他三品官衔。

华严宗确立了"五教十宗"的判教体系，其核心教义在于阐释法界缘起的原理。"法"代表了维持和承载，"界"则指代种类和种族。该宗派认为，宇宙间的一切事物均源自"自性清净心",这一本源和起因深植于所有事物之中,成为它们共同的本质。在"自性清净心"的影响下,所有事物相互依存,形成因果循环。一即全,全即一,它们构成了一个不可分割的整体,存在于无尽的相互联系之中。华严宗进一步运用理事、体用、本末、性相、一多等概念范畴,来阐述世界本质与具体现象之间这种相互渗透、相互依存的关系。

华严宗的哲学阐述方式,对中国宋明理学哲学体系的构建产生了深远的影响。

(3)法相宗。法相宗又称慈恩宗。因创宗者玄奘大师及其弟子窥基长期住在长安的大慈恩寺,故有慈恩宗之称。

玄奘(约600—664年),俗姓陈,因其精通经、律、论三藏,被誉为"三藏法师"(图3-2)。窥基(632—682年),俗姓尉迟,是尉迟敬德的侄子,十七岁被诏命成为玄奘的弟子。玄奘主要致力于翻译工作,个人著作不多,而窥基则继承并发展了玄奘的思想,撰写了众多著作,推广唯识宗学说,被誉为"百部疏主"。实际上,法相宗是由窥基创立并使之壮大的。

该宗派致力于推广印度唯识学,专注于翻译和理论阐述。在宇宙构成的法相论方面,法相宗继承了"三性说",通过"遍计所执性""依他起性"和"圆成实性"来阐释佛教中关于缘起无自性的诸法实相论。

图3-2 玄奘

(4)净土宗。净土宗是一门专注于往生至阿弥陀佛净土的修行法门。北魏时期的昙鸾(476—542年)与唐代的善导(613—681年)是该宗派的重要传播者。后世学者普遍认为东晋时期的庐山慧远是该宗派的奠基人。他依据往生西方净土者皆在莲花中化生的信仰,将此宗派命名为白莲社,因此净土宗又称莲宗。

净土宗将《阿弥陀经》《无量寿经》《观无量寿经》及《往生论》奉为其核心经典。该宗派的教义主张,修行者通过念佛的实践作为外在条件,结合内心的虔诚信仰,以及阿弥陀佛的宏愿作为外在助缘,内外相辅相成,从而得以往生至西方极乐世界。

净土宗的修行实践主要体现为念佛法门。自庐山慧远大师起,普遍采用观想念佛和实相念佛的方法。然而,到了集净土宗思想之大成的善导大师时期,他开始特别强调称名念佛,即我们通常所说的"口念佛号"。善导大师认为,对于身处尘世的普通信众而言,专心致志地称念"阿弥陀佛"的名号是通往极乐世界最直接和最简便的途径。而其他方法则被视为"杂行",仅具有辅助功能。

该宗理论明显带有依赖他力救赎的特征,加之其方法简便易行,对信仰者没有特殊要求,因此在社会上广泛流传。直至近现代,它在民间仍具有巨大的吸引力。

(5)禅宗。禅宗作为隋唐时期由中国佛教徒在中国本土创立的一个宗派,具有鲜明的中国特色。

"禅"这一术语源自梵文"禅那"的音译,意为"静虑",意味着在宁静中沉思。这一概念最初是印度佛教中的一种修行方式。在中国,人们通常将"禅"与"定"合称为"禅定",它包括静坐、调节呼吸、舌尖轻触上颚及心灵的专注,目的是使思维达到高度集中。通过这种修行,人们能够达到一种境界,即使面对苦难也能保持无忧无虑、享受快乐而不至于过度欣喜、无欲无求地进行思想意识的修炼。

禅宗的起源可追溯至南梁时期,当时天竺僧人菩提达摩来华传教。经过慧可、僧璨、道信等人的不懈努力,至五祖弘忍时期,禅宗已初具雏形。然而,这一时期禅宗尚未形成独立的宗派体系,亦未以"禅宗"自居。禅宗作为独立宗派的正式确立,应始于唐中叶(即公元7世纪下半叶),以慧能被尊为六祖为标志,这标志着禅宗的正式诞生。

(三)宋元佛教

宋代时期的统治阶级为加强国内的统治,一反后周的灭佛政策,给佛教以适当保护。宋太祖建国后,即废止毁佛之令,诏度出家童行8 000人,并遣使西行求法。宋太祖开宝四年,又敕令张从信等至益州(今成都)开雕大藏经,称《开宝藏》,这是中国全藏刻版印刷的开始。后来又陆续完成《崇宁藏》《毗卢藏》《圆觉藏》和《资福藏》等,对后世刊刻藏经影响深远。

宋太祖之后的宋代统治者对佛教的政策基本未发生改变,宋太宗时,就度童行达17万人。宋太宗还诏立太平兴国寺为先皇帝寺,并设立译经院,使中断200多年的官刻译经得以复兴。

宋代佛教的复兴,还表现在宗派的复兴上。宋代得以复兴的宗派主要有天台宗、华严宗、净土宗、律宗。而禅宗以"不立文字,教外别传"的特殊教法,幸免于唐末五代战乱。宋代禅宗得以盛行,其对当时所兴起的理学产生了极大的影响,对华严宗的复兴也起到了积极作用。当时著名的禅宗大师主要有圆悟克勤(图3-3)、契嵩、慧南等。

图3-3 圆悟克勤

（四）明清佛教

宋元之后至清代数百年间，佛教虽绵延不绝，但也因国运不兴而不及北宋时期兴盛。直至清代盛世时期，佛教才又有了较大的复兴。

明初时期，由于太祖皇帝原为皇觉寺僧人，宰相宋濂也出身于寺院，故对佛教特别推崇。太祖皇帝颁布了一连串新的佛教政策，力图复兴佛教。成祖永乐帝也力护佛教，甚至任命高僧道衍为宰相，人称"黑衣宰相"。

明中后期，佛教各宗派势力逐渐衰微，但其间由于儒家士大夫研究佛教的人日益增加，其中著名人物包括宋濂、李贽、袁宏道、王宇泰、屠隆等，都对佛学有相当的理解，并著有许多有关佛学的著作，以致佛教又开始逐渐恢复。

清代统治者信奉喇嘛教，并在西藏任命达赖治理前藏，在蒙古各地赐封喇嘛的尊号，还将皇宫中的雍和宫改为喇嘛寺。到了康熙、乾隆等盛世时期，佛教得以逐步恢复。如清代时期佛教的译经和印经事业，都有一定的发展。

清代佛教在译经方面，主要是国内各族文字的互译。如雍正初年北京黄寺土观呼图克图第一世奉命将藏文藏经《丹珠尔》部分译为蒙文，乾隆六年到十四年（1741—1749）又将其全部译为蒙文。乾隆三十八年至五十五年（1773—1790）又将藏文大藏经译为满文。清末印经事业也十分发达，属于官方开雕的有《龙藏》，民间的有《百衲藏》《频伽藏》等。

佛教的基本礼仪有哪些

清代佛教高僧众多，如华严宗的续法大师，禅宗的道忞，净土宗的实贤大师。另外，还有众多杰出的居士，如宋世隆、毕紫岚、周安士、彭际清、龚自珍、魏源等。

道教的兴起与多种文化的融合

一、道家思想的起源

宗教是一种意识形态，是对神灵、上帝等超自然、超社会力量的信仰。在我国，佛教、道教、天主教、基督教、伊斯兰教（回教）等五大宗教广为流传，其中道教是唯一源自我国本土的宗教。

道教的起源可追溯至古代的神仙方术、道家、儒家、佛教、墨家及阴阳五行家等哲学流派。作为其核心信仰，"道"被视为宇宙的根本原理，而老子被尊为道教的创始人。道教神化了老子和庄子，崇尚神仙信仰，追求长生不老，并将悟得"道"作为精神追求的最高境界。

道家学说构成了道教思想的核心来源。从某种程度上来说，道教的产生和形成过程，也是道家学说逐步宗教化的过程。

在春秋末期，以老子为创始人的道家学派，以《道德经》为理论核心，经历了战国中期的分化。其中一派以庄子为代表，另一派则专注于社会政治，强调"君人南面之术"。到了战国晚期，黄老之学在齐国稷下学宫得到了充分的发展。荀子，这位长期在稷下游学并三次担任"祭酒"的思想家，成为整合中国文化的杰出代表之一。在汉代初期，黄老学派达到了其发展的巅峰，与"文景之治"时期的繁荣景象相得益彰。然而，进入西汉中期，随着汉武帝实施"罢黜百家，独尊儒术"的政策，黄老学派逐渐失去了其主流地位。黄老学派的一个分支开始将黄帝和老子神化，并开始进行礼拜和祠祀活动，最终与神仙家的思想融合，形成了早期道教的"黄老道"。道家主张"清静无为，恬淡寡欲"的生活哲学，而神仙家追求长生不老、肉体成仙的终极目标。这种差异使道家哲学与道教之间建立了深刻的联系。

道教的早期发展主要分为两大流派：其一为于吉和张角所创的"太平道"，其名源于其信仰的经典《太平经》；另一派则是张陵所创立的"五斗米道"。在东汉末年的汉喜平年间，张角自称为"黄天"，借助"太平道"组织并动员群众，提出了"苍天已死，黄天当立，岁在甲子，天下大吉"的口号，并领导了著名的"黄巾起义"。与此同时，张陵在汉中及巴蜀地区创立了"五斗米道"，他们以《老子想尔注》为主要经典，并正式尊老子为教主，尊称其为"太上老君"（"一散形为气，聚形为太上老君，常治昆仑，或言虚无，或言自然，或言无名，皆同一耳"《老子想尔注》），道教之名由此开始流传。张陵之子张衡与张鲁（统称为"三张"）继承并推广了这一宗教教派，在汉中和川东地区产生了广泛且深远的影响。他们创建了一个政教合一的政权体系，设立"祭酒"职位和"义舍"机构，并实行"置义米肉，县於义舍，行路者量腹取足"的政策，这使"民夷便乐之"（《三国志·张鲁传》）。"三张"在巴汉地区雄踞近三十年。最终，张鲁向曹操投降并被封为侯爵，"五斗米道"因此获得了官方的保护，并得以进一步发展。

道教在隋唐时期达到鼎盛。从汉代到唐代，数百年间战乱不断，百姓生活困苦。道教顺应了人们对平安的渴望，并且得到了朝廷的青睐，从而逐渐发展壮大。东晋时期的葛洪从神仙方术的角度对道教进行了拓展，创立了以炼丹为主的道教丹鼎派系。陆修静和陶弘景则从符箓的角度发展了天师道，创立了重视符箓和炼丹的天师道，历史上称之为"南天师道"。在南北朝时期，北魏的寇谦之对"五斗米道"进行了革新，从而创立了"北天师道"。步入唐朝，由于皇室尊老子为李氏一族的始祖，道教因此备受官方推崇，一度跃居儒、释、道三教之首，其发展也达到了前所未有的高度。时至宋代，统治者依然对道教持提倡态度。进入元代，南北天师道实现了合并，形成了"正一道"。与此同时，道教内部又兴起了另一重要支派——全真道。"全真道"反对"正一道"过分倚重符箓与禁咒的做法，转而强调内心的修炼，以及对本性的深刻体悟。

自明中叶以来，道教逐渐失去了民众的广泛支持，开始走向衰落。在清朝时期，官方推崇佛教并抑制道教的发展，乾隆皇帝更是将正一真人张遇隆的官阶从二品降至五品，从而限制了天师的权力，并取消了天师对三山（龙虎山、合皂山、茅山）的统驭地位。到了道光年间，天师朝觐的礼仪也被废除，道教从此失去了官方的青睐，重新回归为民间的信仰。

二、道教的主要信仰

道教的基本教义可一言蔽之为尊道贵德，羽化登仙。

"道"构成了道教的核心信仰。在这一宗教体系中，"道"被视为宇宙的本源，是天地万物的始基，五行因之而形成，万物因之而诞生，它是一切存在的源泉，全能的创造力量。道化育生气，生气进而化育出世间万物。道教进一步将"道"神化，赋予其灵性和人格，称为"三清神"。道教对道家"道生一，一生二，二生三，三生万物"的宇宙生成论进行了阐释，将其解读为洪元、混元、太初三个神秘的时期。

"德"同样是道教的核心信仰之一。所谓德，即意味着与道合一。道在我身即为德，若能领悟道之精髓，则可长生不老，最终羽化成仙。德行有多种表现，但其核心可归纳为三点：首先是"慈爱"，其次是"节俭"，最后是"不争先"。这些构成了道教的基本教义。道教倡导信徒应如父母般慈爱子女，摒弃奢侈之念，保持心灵的纯净与欲望的寡淡，淡泊名利，不逞强好胜，不追求霸权。唯有如此，方有望成为"真人"或升华为神仙。

道教追求的理想境界是长生不老，最终羽化成仙。为了实现这一崇高目标，道教信徒们探索并实践了多种修炼方法。

首先，我们来探讨内养功的修炼方法。这种方法通过特定的修炼途径，利用人体内部的"精气神"作为炼丹的基本素材，将身体视为炼丹的熔炉，通过修炼内丹，逐渐凝聚成圣胎，以此达到延年益寿的目的。具体来说，修炼内养功包含以下几个关键步骤：内观、守静、守一、存思、服气及行气。内观，即指向内心深处审视自己，让心灵变得清澈透明，无杂念干扰。守静、守一和存思，则是要求将思维凝聚于一处，使身心达到高度的宁静与专注。而服气与行气，则是通过呼吸吐纳的方式，吸取自然界的真气，用以清除体内的病气，从而达到养生的效果。

其次是外养功的修炼。这一方法主要是通过采集各种矿物、动植物等天然药材，并利用丹鼎进行精心炼制，最终制成丹药。人们深信，通过服用这些精心炼制的丹药，可以达到延年益寿，甚至追求长生不老的效果。

三、道教的主要派别

道教在发展中，形成众多教派，其主要教派为正一道、全真道和大道教。

正一道是融合了天师道与上清、灵宝两派之后形成的道教派别。在元朝杨宗正德八年，即公元1034年，第38代张天师张与材被正式册封为正一教主。他主管三山符箓，这一任命使正一道成为道教中符箓派的总称。该派以《正一经》作为其立宗的经典，正一道的戒律相对宽松，允许道士拥有家室而不必常居宫观，其影响力主要集中在南方地区。

全真道由王重阳（1112—1170年）创立于金世宗大定七年（1167年），其教义以道家的《道德经》和儒家的《孝经》作为核心经典。该教派反对正一道过分依赖符箓的做法，主张儒、释、道三教的平等与融合，强调以孝顺为首要美德，提倡正心诚意、少思寡欲、清静无为作为修行的根本。王重阳的弟子丘处机受到元世祖忽必烈的器重，使全真道在当时达到鼎盛。然而，由于全真道推崇《老子化胡经》，遭到了佛教界的批评和攻击。尽管如此，全真道的影响主要集中在北方地区。

大道教由刘德仁在金元时期创立，以《道德经》为其教义核心。该教派主张自给自足，重视修炼内丹，倡导简朴的生活和减少无谓的欲望。其影响力主要集中在北方地区。

综上所述，中国道教的形成与发展历程，实质上是道家思想逐渐宗教化的过程，同时也是一个道教不断吸收并融合儒家、佛教、墨家等其他学派某些元素的过程。原本，道家学说与道教在文化体系上是两个不同的领域，其中道家代表了一种哲学思想，而道教是一种宗教信仰。然而，由于两者之间存在着深刻的内在联系，自汉魏时期以来，人们在谈论道家时，往往是指道家思想与道教信仰的综合。

道教有哪些主要经典

佛教、道教与中华传统文化

一、佛教与中华传统文化

佛教对中华传统文化的影响极为深远。古代的中国人生活在相对封闭的地理环境中，尽管疆域辽阔，东临大海，西接雪山高原，西南被高山丛林所环绕，北面则是无边的沙漠戈壁。但无论是北方的匈奴、胡人，南方的山越、夷人，还是西边深眉隆鼻的中亚民族，其文明发展程度均不及中原华夏民族。因此，古代中国人自视为居于世界中心，持有汉民族文化优于周边四夷的正统观念，这种观念难以被动摇。由于缺乏与异质文化的交流碰撞，汉民族文化在先秦诸子百家争鸣的繁荣之后，开始显现出衰退的迹象。直到佛教的传入，中国文化才首次遭遇了强大的冲击。值得称道的是，印度佛教为中国文化注入了新的活力，同时对中国以儒、道为主导的传统思想产生了刺激，促使中华传统文化在两千年的历史长河中不断地更新迭代，持续向前发展。

（一）佛教与传统哲学

中国哲学史是一部唯物主义与唯心主义、无神论与有神论相互交锋的历史篇章。然而，自佛教传入中国后，这两种认识论及思想体系之间的斗争变得错综复杂。佛教哲学的一个核心观点是否认客观现实世界的真实性，而构想出一个与现实世界截然不同的"西方极乐世界"。佛教各宗派从各自的角度出发，运用不同的论据来证明客观世界的虚幻性，并竭力论证主观精神世界的绝对性，因此，佛教哲学被归类为唯心主义的思想体系。值得注意的是，禅宗提出了"佛向性中作，莫向身外求"的主张，这一观点更进一步地否定了佛教所构想的"西方极乐世界"，转而只承认主观精神世界的绝对存在。

如此，禅宗引领了佛教哲学由客观唯心主义向主观唯心主义的转型。在这一过程中，儒、佛、道三家既相互排斥又相互影响，既斗争又融合，最终在唯心主义的思想框架内实现了和谐统一。自宋代以来，唯心主义思想大多从佛教哲学中汲取了丰富的营养。例如，程颐与朱熹的"程朱理学"就借鉴了华严宗的某些哲学理论。而陆九渊和王守仁的陆王心学，则吸纳了禅宗的某些思想精髓。与此同时，无神论和唯物主义思想也在对佛教哲学的批判中逐渐成长和发展，至明清时期的王夫之，达到了一个较为成熟的理论高度。佛教哲学与中国哲学相互影响、吸取，又相互挑战、斗争，彼此错综，交参互涵。佛教哲学在与中国哲学相互激荡中日益民族化、中国化，从而成为中国的一种宗教哲学。

（二）佛教与中国文学

佛教对中国文学的影响是显而易见的。它为中国文学注入了新的文体、意境及表达方式，从而在形式和内容上都带来了深远的变化。从题材上看，关于佛教的诗文数量众多。以《全唐诗》为例，其中与佛教相关的诗篇比比皆是，这些诗篇赞美佛寺的风光，歌颂僧侣与俗世的友谊。自唐宋以来，许多高僧的社会地位显著，文人墨客纷纷为他们撰写传记，留下了许多蕴含佛理的散文。从艺术风格来看，佛教追求自我解脱，主张远离尘世，而禅宗更是提倡在心中寻求佛性，这促使文学界形成了一种追求清淡悠远的艺术流派。在美学上，他们追求"韵外之致"和"言外之意"。唐代诗人王维对佛教的信仰极为深厚，这种虔诚的信仰在他的诗作中得到了鲜明的体现。同样，唐代的白居易、宋代的苏轼等其他流派的文学家，他们的世界观和创作实践也在不同程度上受到了佛教思想的熏陶。在诗歌理论上，唐宋时期以后，人们开始主张"以禅论诗"，强调诗歌创作应追求超越物象的束缚，达到意境的空灵与深远，认为"说禅作诗，本无差别"。从创作队伍的角度来看，中国文学史上涌现出了众多被称为"诗僧"的和尚诗人。其中，唐代的寒山、皎然、齐己、贯休等就是著名的代表，他们的诗集至今仍然流传于世。

佛教的佛经蕴含着极高的文学价值，尤其是其中丰富的幻想与夸张手法，对中国文学产生了深远影响。在大乘佛教的经典中，展现出了一种上天下地、无拘无束的幻想力，这种幻想力深深渗透到了中国的评书、戏曲及文学创作之中，从而催生了如《西游记》《封神演义》等充满神怪色彩的小说。特别是《西游记》，它基于唐僧西天取经的佛教故事，将神怪小说的幻想性与夸张性发挥到了极致，成了一部广为人知的经典作品。同样，在其他中国古典文学的杰作中，也能清晰地看到佛教思想的烙印。

（三）佛教与艺术

中国古代艺术历史悠久，自佛教传入中国后，其独特的艺术形式为中国的艺术领域带来了新鲜的刺激与深远影响，这在绘画和雕塑领域表现得尤为突出。随着佛教的传播，来自印度及西域的石窟艺术也一同传入中国。古印度的佛教艺术，以犍陀罗（现今位于巴基斯坦的白沙瓦地区）和阿旃陀（其石窟艺术遗址位于现今印度的德干高原）的石窟艺术为代表，这些作品创作于公元前三世纪至前一世纪之间。犍陀罗艺术以精湛的雕塑技艺著称，而阿旃陀艺术以其壁画艺术闻名遐迩。在中国，石窟艺术的兴起同样引人注目，云冈、龙门、敦煌三大石窟成为中国石窟艺术的杰出代表。这些石窟的建造，需要在山体上开凿洞穴并雕刻佛像，工程浩大，耗费了大量的人力、物力和财力，给当时的老百姓带来了不小的负担。然而，正是历代艺术家和工匠们的智慧与辛勤付出，才使中国大地上涌现出如此辉煌灿烂的石窟与石刻艺术杰作，这些作品不仅在中国艺术史上占有重要地位，而且成为具有世界历史意义的艺术宝藏。

【知识链接】

《莫高窟》

自北魏时期起，大规模的凿窟建洞活动逐渐兴起，至唐代达到石窟壁画的鼎盛时期。特别是敦煌莫高窟（图3-4），以其庞大的壁画数量和丰富的内容，成为这一艺术形式的杰出代表。这些壁画不仅涵盖了宗教主题，还生动地反映了当时的生产劳动和社会生活场景，艺术价值极高。其中，色彩缤纷、形态各异的飞天神女像特别引人注目。在盛唐时期，壁画艺术的成就达到了巅峰，学者经常赞誉敦煌壁画为"墙壁上的图书馆"。此外，唐朝的陵墓建筑融合了前朝的建筑风格，形成了具有独特理念的陵寝形式。墓葬中广泛采用壁画装饰，场面壮观，内容丰富，色彩绚丽，形象栩栩如生，充分体现了设计的精妙和工艺的精湛。

在隋唐时期，敦煌莫高窟的壁画题材变得更加多样化，场面壮观，色彩斑斓。无论是人物塑造、艺术风格，还是色彩运用，都达到了前所未有的水准。壁画创作中，净土经变画的出现尤为频繁，包括西方净土变、东方药师变、维摩诘经变、法华经变等。例如，初唐时期220窟的经变壁画展现了盛大的歌舞场景，众多的人物和精细的建筑描绘，共同营造出一个"净土世界"。除经变画外，壁画中还包含了说法图、佛教史迹图、供养人像等多种元素。自盛唐以来，经变画的内容日益丰富，直接取材于现实的供养人像尺寸逐渐增大，占据了洞窟和甬道的显著位置。

图 3-4　敦煌《莫高窟》壁画

（四）佛教与中国民风习俗

佛教在中国民间的深远影响，主要体现在因果报应、轮回转世、修行成佛等教义上。这些教诲对人们的心灵产生了深远影响，逐渐演化成了对庙神的崇拜及超度亡灵的信仰民俗。由于深信灵魂不朽、尊崇佛法的力量及对鬼神的敬畏，人们在传统节日或遇到重大事件如迁居、开业等时刻，都会前往佛寺烧香拜佛、供奉果品、许愿还愿及祈求福祉。受轮回转世观念的影响，民间普遍保留了人去世后请僧侣诵经、祈求超度的传统习俗。在某些地方，还会举办水陆法会（也称水陆道场或水陆斋仪），以此悼念逝去的灵魂。

二、道家与中华传统文化

道教,这一源自中国本土的宗教,几乎与佛教同时在中国历史的长河中崭露头角。在其漫长的发展历程中,道教与儒教、佛教之间既存在相互竞争的关系,也有相互融合的一面,它们共同构建了中国数千年来丰富多彩的文化景观。道教的思想体系和宗教实践对中华传统文化的众多领域,如医药学、科学技术、哲学思考、政治理念、文学创作、艺术表现及民俗风情等,都施加了极为深远且重大的影响。因此鲁迅甚至说过:"中国根柢全在道教……以此读史,有许多问题可迎刃而解。"(《鲁迅书信·致许寿裳》)

(一)医药、科技方面

道教是中华传统文化中一个至关重要的组成部分,它在中国文化史上的影响尤为显著,首先便体现在对医药与科技领域的深远贡献上。审视中国古代科技史的发展脉络,我们不难发现,医学与道教炼丹术之间存在着紧密的联系。虽然炼丹术的目的在今天看来或许显得荒诞不经,但其实践过程实际上可视作是中国古代科学实验的一种形式。外丹术的演进,促进了古代化学与医药学的发展,体现了炼丹术在科学领域的贡献。众多道教炼丹家,如葛洪、陶弘景、孙思邈,均是知名的医学专家。特别是孙思邈,他在医药学方面的造诣深厚,被后人尊称为"药王"。孙思邈深信人的生命价值无比珍贵,堪比千金,因此他所著的医书被命名为《千金方》。他的"内服硫黄法"更是早期火药发明的先驱。葛洪《抱朴子内篇》的《金丹》《仙药》《黄白》三卷详细地记载了炼丹过程、药物的制作方法,被视为中国最早的"丹书",在世界上也享有盛名。他还著有《肘后救卒方》,是最早记载一些传染病如天花、恙虫病症候及诊治的书籍。陶弘景在道教理论、医药学、冶金、天文、地理、生物学、数学等领域均有显著贡献,是南北朝时期又一位杰出的炼丹术士和医学家。他的著作《本草经集注》对中国医药学的发展产生了深远影响。

另外,道教气功养生术是道教神仙信仰体系下的产物,也是道教修炼道术的一个重要组成部分。这一修炼理论与实践蕴含着诸多合理元素。在全球范围内,道教气功与印度的瑜伽术、佛教的禅定共同被誉为世界三大气功流派。

(二)思想、政治方面

道教对中国文化的影响不仅体现在思想和政治领域。它融合了先秦时期众多哲学流派的思想精华,并在对这些经典文献的注解和阐释方面做出了重要贡献。例如,陈抟对《周易》的深入研究,进而推演出《无极图》,这一成就直接奠定了宋、明时期易学研究的基础和框架,对宋明理学中的《太极图》及先天理念等思想产生了深远影响。南宋以后,道教思想主张调和儒、释、道,"儒门释户道相通,三教从来一祖风"(《重阳全真集》)的思想，对三者的交流融合，显然起了积极的推动与促进作用。同时，道教所倡导的"外示儒术，内用黄老"也经常成为众多封建士大夫"儒表道里"的理想人格追求。

在政治领域，道教扮演着多重角色。一方面，它常常成为下层民众的组织形式，许多农民起义的背后都有着道教的影子，例如，东汉末年道教两大派别发动的起义便是例证。另一方面，道教也常被视为社会改良思潮的象征。例如，东汉时期的《太平经》便是一部倡导消除社会弊端、缓和阶级矛盾的经典，其主旨在于"辅佐帝王，共图太平"，因此得名。在金朝末年，道士丘处机领导道教，被尊为"大宗师"。他曾向成吉思汗进言，倡导不嗜杀戮、清静无为的治国之道，因此备受成吉思汗的礼遇。

(三) 文学、艺术等其他方面

在文学和艺术领域，道教的神仙观念及追求成仙的修行理念，对中国古代的文艺创作产生了深远影响，为文学作品中的创造性想象提供了丰富的灵感。道教的神仙观念直接催生了魏晋时期游仙文学的兴起与流行。被誉为"诗仙"的李白，创作了大量描绘梦游仙境、与列仙神交的自由奔放的诗篇，在这些作品中，道教思想的影响显而易见。在戏剧和小说领域，道教故事是极为常见的题材。其中，以道教为背景的神魔小说，《封神演义》最为著名。而那些以神仙故事为主题的戏剧被称为"道剧"。元代杂剧作家马致远，是道剧流派中的佼佼者。他改编的《八仙庆寿》在民间广泛流传，深受大众喜爱。

道教的影响也在其他艺术领域内有所展现，其中道教音乐就是一个很好的例子，它极大地丰富了中国音乐艺术的内涵。道教的步虚声，是对《楚辞·九歌》音乐的继承和发展，清静幽远。东晋时期的画家顾恺之，被誉为文人佛、道画的奠基人。他将佛教和道教所强调的意念巧妙地融入其画作之中，注重表现画中人物的神韵。顾恺之的道教画作，尤以云龙为主题，这与道教中老子关于龙的描述相契合，自他之后，云龙成为中国画中的一大特色。道教的符箓，其形象灵感来源于云的流动，而书法大师王羲之，世代信奉"五斗米道"，相传他的行书风格受到了符箓艺术的启发。此外，道教的宫观、殿堂的绘画、雕塑及建筑，都展现了极高的艺术造诣和独特的艺术风格。

(四) 道教与民风民俗

道教在社会的普及程度广泛，不仅受到上层士大夫的青睐，而且在下层民众中广为流传。在组织结构上，道教可以分为上层的神仙道教和下层的符水道教两大派系。神仙道教主要追求长生不老和修炼成仙，其活动主要集中在皇帝和士大夫之间；而符水道教专注于通过符咒和法术来治病驱邪，满足了下层劳苦大众的需求。随着时间的推移，道教中的诸多宗教仪式逐渐融入了民间，形成了世代沿袭的风俗习惯。例如，在丧葬仪式中，人们会邀请道士前来诵经祈福，以期超度逝者的亡灵；而在春节期间，道观成为举办庙会的场所，民众在此祈神求福、参与游艺活动，并进行各种商业交易，形成了一个集多种功能于一体的节日庆典。此外，道教中那些"驱邪扶正""乐善好施"的神仙形象及其传奇故事，以及如《太上感应篇》之类的劝善书籍，都对中华民族的道德观念、民风民俗及生活习惯产生了深远而隐蔽的影响，起到了引导社会风气、改变旧俗的作用。

文化践行

一、课程实践

1. 主题：探访古寺，传承文化。

形式：社会考察。

材料：寺庙作为我国传统文化的重要组成部分，承载着丰富的历史、文化和宗教内涵。为了让学生深入了解我国佛教文化，增强对传统文化的认同感和自豪感，组织学生开展以"探访古寺，传承文化"为主题的社会实践活动。让学生深入了解我国佛教文化，感受佛教文化的独特魅力。

2. 主题：佛教对本地民俗的影响。

形式：社会考察。

材料：考察本地的佛教寺庙和庙会活动，了解当地人对佛教的认知和态度，特别是到寺庙烧香祈福的人们的动机和心理，分析宗教文化对当地社会的影响。

二、各抒己见

1. 净土一门，自庐山慧远开始，一直都是中国佛教的一门显学。且自唐宋以后，净与禅成为整个中国佛教的二分天下。中国人的思想是特别着重现实性的，净土是倾向在未来的理想世界，以中国文化的基本精神来看，它似乎不易在中国发展，然而它却普遍地在中国展开了。弥陀信仰产生于印度，在印度却未成宗，但印度是一个富于理想性的民族，一个理想性的民族何以弥陀信仰到了世亲以后，便不见怎样盛行，反在一个着重现实性的民族——中国，却特别盛行呢？

2. 佛教的善恶观对你个人的思想和生活有何影响？用你身边的实例说明为什么"从善如登，从恶如崩"。

三、测一测

（一）填空题

1. 中国传统宗教中，_____和_____都是本土宗教，只有佛教是由国外传入的。

2. 佛教的基本教义主要有_____、_____、_____、_____、_____等内容。

3. 隋唐时期形成的中国佛教八大宗派对后世影响较大的是_____、_____、_____、_____和_____。

4. 道教在发展中，形成众多教派，其主要教派为_____、_____和_____。

(二) 简答题

1. 佛教在中国的发展可分为哪几个阶段？
2. 佛教对中国文学的影响有哪些？
3. 道家对中华传统文化的影响有哪些？

第四章　中国古代文学

本章提要

中国古代文学是传统文化的主要载体，中国古代文学深刻生动地体现了中国文化的基本精神，是中国古代文明的重要组成部分。在数千年的历史长河中，中国文学高峰迭起，异彩纷呈。从文学的源头《诗经》开始，无名诗人就开始歌唱农耕、渔猎生活。屈原用楚地的歌谣创造了一种新体抒情诗。《诗经》和"楚辞"是中国文学的辉煌起点，分别开创了现实主义和浪漫主义的先河。诗歌发展到唐朝极盛，到宋以词抒情则别开生面。在散文领域，作家秉承现实精神，关怀社会、关注民生，史传文学丰厚绵长，说理散文形象而富于情感色彩。小说深受史传文学的影响，历史演义、英雄传奇、神话传说等题材都有累积型的特点，反映现实的小说则以写实见长。这些作品以浓烈的情感和强烈的社会责任感染了一代代国人，成为我们丰厚的精神文化食粮。

先秦诗歌

先秦时期的诗歌，特指秦朝完成统一大业之前的诗歌作品，涵盖了《诗经》"楚辞"及春秋战国时期的众多民间歌谣和部分原始社会歌谣。先秦诗歌不仅是中国传统诗歌的源头，其中《诗经》更是中国现实主义诗歌的起源，而"楚辞"被视为中国浪漫主义诗歌的开端。

一、《诗经》

《诗经》乃我国首部以四言诗为主体的诗歌汇编，它不仅构筑了我国现实主义诗歌的基石，而且对我国文学与文化的发展产生了广泛且深刻的影响。四言诗这一形式的诞生，标志着中国文学史开启了辉煌的新篇章，预示着从原始歌谣向古典诗歌时代的跨越性转变。四言诗的汇编无疑是中国诗歌史、文学史、文化史上一件具有划时代意义的大事。

(一)《诗经》的编集及流传

《诗经》辑录了春秋中叶以前的诗歌 305 篇，另有六篇笙诗，有目无辞，先秦时代称其为"诗"或"诗三百"，西汉初成为官学，被尊为经，始称《诗经》，后世也称为"三百篇"。《诗经》是周代乐官在王室官员采集民间诗歌和贵族献上诗作的基础上，经过搜集、整理和编选而成的一部合乐诗集。本书依据地域和音乐风格的差异，将内容划分为风、雅、颂三大类别。所谓的"风"，也称为"国风"，代表了各诸侯国具有地方特色的乐歌，涵盖了周南、召南、邶、鄘、卫、王、郑、齐、魏、唐、秦、陈、桧、曹、豳等十五个地区采集上来的土风歌谣，共计 160 篇。这些"风"诗大多源自民间，也有少数出自贵族之手，创作地域主要集中在黄河流域，并扩展至长江和汉水流域。"雅"指的是周王朝京都地区的乐歌，进一步细分为大雅和小雅。大雅包含 31 篇，多为朝会宴享时的乐章；小雅则有 74 篇，多为个人抒情之作。"颂"指的是王室宗庙祭祀或重大典礼时所用的乐歌，分为周颂、鲁颂和商颂，共计 40 篇。颂歌多为颂扬功德之作，主要产生于王都，作者多为社会上层人士。

《诗经》在春秋时期便已广泛传播开来。当时的士大夫在外交场合，常采用"断章取义"的方法来"赋《诗》言志"，以此表达个人心志。儒家、墨家等学派也将其视为重要的教学资料，用以传授学问和教义。至汉初时期，出现了齐、鲁、韩、毛四家对《诗经》的不同解说体系。其中，齐、鲁、韩三家被称为"今文诗"，并在西汉时被设立为官方的经学课程。然而，随着时间的推移，这三家诗逐渐消亡：《齐诗》亡于三国时，《鲁诗》亡于西晋，《韩诗》亡于宋。《毛诗》为毛亨、毛苌所传，属"古文诗"，东汉时立于学官，训诂多用《尔雅》，事实多本《左传》，后由东汉著名经学家郑玄作《笺》、唐孔颖达作《正义》，历代研习者甚多，故得以流传至今。

(二)《诗经》的思想内容

《诗经》涵盖了广泛的思想内容，包括婚恋情感、农业生产、征战行役、赞美颂扬、讽刺怨怼及周民族的史诗等多个方面，展现出其丰富多样的文化内涵。

（1）婚恋诗。《诗经》是较早且大量涉及该题材的文学作品，占据了全书约三分之一的内容，并且也是全书之中最为出色和精彩的部分。《诗经》中的婚恋诗篇，无论是描绘男子对女子的倾慕，还是女子对男子的爱恋，又或是表达追求、倾诉思念、叙述幽会、寄托怀念，又或是描绘爱情、婚姻的悲剧，都无不丰富多样、生动活泼、情感真挚、感人至深。其中，情歌的描写尤为丰富。《周南·关雎》借助河洲上雌雄关鸠和谐鸣叫的意象，描绘了一位男子对一位美丽女子的深情单恋，情感炽烈且毫无保留。无论是清醒时分还是在梦境之中，他都对她念念不忘，甚至不惜借助巫术和幻想，与自己倾慕的女子在精神上相拥相依。《邶风·静女》表现了对爱情的大胆追求和对情人的热切思念，洋溢着一派热烈欢快的情调。《秦风·蒹葭》细腻描绘了主人公对"水边那位佳人"的深情追求和无尽思念，体现了其对爱情的执着与渴望。

还有一些恋歌展现了青年男女对礼法束缚的抗争及其内心的伤痛。《郑风·将仲子》中的女主人公，压抑着心中炽热的情感，恳请她深爱的"仲子"不要跳墙折枝来秘密相会，以免被父母、兄长或邻里发现，这深刻地揭示了她内心的矛盾与挣扎。

在婚恋题材的诗歌中，也不乏描绘婚姻与家庭不幸的"弃妇诗"，这些诗作深刻揭示了当时的社会问题。例如，《邶风·日月》《邶风·谷风》《秦风·晨风》等诗作均属于此类。其中，《卫风·氓》堪称典范，该诗通过弃妇之口，详细叙述了她从恋爱时的甜蜜，步入婚姻的神圣殿堂，到婚后遭受虐待，直至最终被无情遗弃的悲惨经历。在这首诗中，弃妇倾尽心力，表达了她内心的愤愤不平、深沉悲伤、强烈愤懑与不懈抗争。在诗的最后，这位弃妇毅然决然地选择了与负心人断绝关系，她的性格也从多情、忍耐蜕变为清醒、刚毅和果断。这首诗是我国文学史上较早关注人物性格转变的篇章之一。

【知识链接】

秦风·蒹葭

蒹葭苍苍，白露为霜。所谓伊人，在水一方。
溯洄从之，道阻且长。溯游从之，宛在水中央。
蒹葭萋萋，白露未晞。所谓伊人，在水之湄。
溯洄从之，道阻且跻。溯游从之，宛在水中坻。
蒹葭采采，白露未已。所谓伊人，在水之涘。
溯洄从之，道阻且右。溯游从之，宛在水中沚。

（2）农事诗。由于周民族的始祖以农立国，故周代很重农事，因而与农业生产有关的农事诗在《诗经》中表现很突出，风、雅、颂各部分中均有。在《周颂》中，如《臣工》《载芟》《良耜》《噫嘻》等篇章，主要以颂扬农业成就为核心，赞美土地的广袤、农人的众多及收成的丰饶，同时表达了对丰收年景的热切期盼。《小雅》中的《甫田》《楚茨》等，极力渲染谷物收成的丰饶，颂扬农夫的勤劳与君主对农业的重视及对神灵的敬仰，这与《颂》中农事诗的基本思想不谋而合。《国风》中的农事诗以《周南·芣苢》和《豳风·七月》为代表。《芣苢》是一首描绘劳动场景的优美小诗，采用了重章叠句的结构，通过反复的吟唱，展现了语言的朴素和情感的真挚。这首诗的意境清新脱俗，情调欢快流畅，读来仿佛能听到田间妇女们在广阔的平原旷野上，于风和日丽的天气里相互应和地歌唱，余音缭绕，时而遥远，时而接近，忽而断续，体现了《诗经》中农事诗的自然美。《七月》是全面反映农奴终年劳动情景的诗篇，也是《国风》中最长的一首诗。

从春耕到寒冬凿冰，贯穿全篇的反复吟咏，描绘了男女奴隶一年四季的辛勤劳作。他们不仅要承担繁重的农业生产任务，还要为贵族奴隶主制衣、打猎、酿酒、修缮房屋、凿冰及服各种劳役。然而，尽管他们辛勤工作，却始终劳而无获，衣食无着，深刻揭示了奴隶们内心的痛苦与哀伤。这幅生动且真实的画面，展现了古代奴隶社会的生活图景。

（3）征役诗。这些诗歌与周王室的平定叛乱、抵御外族入侵及诸侯间频繁的兼并战争紧密相关，涵盖了西周早期至晚期，以及春秋时期的作品，尤其是春秋时期的诗歌更为丰富。战争给人民带来了繁重的兵役和劳役负担，因此，反映战争、劳役，以及由此引发的流离失所和苦难，成为《诗经》中征役诗篇的核心主题。《豳风·东山》不仅反映了战争的残酷和破坏性，而且表达了士兵对和平生活的向往和对家庭的眷恋。诗中通过士兵的视角，展现了战争后农村的荒凉和人民的悲惨境遇，以及士兵内心深处的无奈和哀愁。这种情感的表达，不仅加深了读者对战争影响的理解，而且体现了《诗经》在反映社会现实和人民情感方面的深刻性。《齐风·东方未明》写一个狂暴的官差，天不亮就把人抓走，弄得民居不宁；《小雅·何草不黄》控诉了兵役不息，征人劳瘁；《王风·君子于役》通过描绘山村农妇对长期征战未归的丈夫的思念，深刻揭示了征兵制度给普通百姓带来的深重苦难。这些诗篇，无论是以征夫的视角来叙述，还是以思妇的口吻来表达，都充满了真挚的情感和凄凉的音调，情节感人至深，令人悲痛。在《诗经》征役诗里，还有一类是表现爱国思想的作品。如《秦风·无衣》《鄘风·载驰》《小雅·采薇》等。《无衣》是秦国抵御西戎入侵的一首慷慨激昂的战歌，它生动地表现了秦国人民团结御侮、同仇敌忾地爱国精神。这些诗篇，或柔美且深沉，或激昂且热烈，尽管格调各异，却共同展现了雄壮的气魄和炽热的爱国情怀。

【知识链接】

小雅·采薇

采薇采薇，薇亦作止。曰归曰归，岁亦莫止。靡室靡家，猃狁之故。不遑启居，猃狁之故。

采薇采薇，薇亦柔止。曰归曰归，心亦忧止。忧心烈烈，载饥载渴。我戍未定，靡使归聘。

采薇采薇，薇亦刚止。曰归曰归，岁亦阳止。王事靡盬，不遑启处。忧心孔疚，我行不来！

彼尔维何？维常之华。彼路斯何？君子之车。戎车既驾，四牡业业。岂敢定居？一月三捷。

驾彼四牡，四牡骙骙。君子所依，小人所腓。四牡翼翼，象弭鱼服。岂不日戒？猃犹孔棘!

昔我往矣,杨柳依依。今我来思,雨雪霏霏。行道迟迟,载渴载饥。我心伤悲,莫知我哀!

(4)颂歌。《诗经》中,由公卿列士或乐官创作的庙堂及宫廷乐歌,大多属于此类。其中,《颂》的三个部分保存了最多此类作品,而《雅》诗中也不乏其例。一些颂歌赞颂帝王的天命,例如,《周颂·维天之命》中对天道的深邃和文王德行的纯美,以及其恩泽惠及子孙的赞美。另一些则歌颂战功,彰显王者的威严,如《商颂·殷武》颂扬殷高宗以武力征服荆楚,取得辉煌胜利的壮举,同时赞美殷武王顺应天命,使天下敬畏臣服的伟大成就。《大雅·江汉》赞颂了周宣王的重臣召虎(亦即召穆公)平定淮夷叛乱的显赫战功,他因此建立了卓越的功勋并获得了奖赏。这类文学作品通常讴歌战争的胜利,颂扬将领的功绩,其核心主题在于彰显帝王的威严与德行。此外,也有一些作品是歌颂宴饮和赞美贵宾的,它们实际上也是颂歌的一种形式。如《小雅·鹿鸣》《小雅·南有嘉鱼》等。这类诗歌直接描绘了王公贵族的放纵享乐生活,具有一定的史料价值。

(5)怨刺诗。这类怨刺诗主要收录于《雅》与《国风》之中,它们大多诞生于西周末年,那是一个朝政腐败、礼仪崩溃、统治者残暴且荒淫无度的时期,特别是厉王与幽王统治时期及其后的乱世,留下了鲜明的时代烙印。"二雅"中的怨刺诗,多为公卿列士为讽喻劝诫而作。有的诗作借古喻今,例如,《大雅·荡》劝诫厉王应以殷商之覆灭为鉴,《小雅·正月》则以"赫赫宗周,褒姒灭之"的历史教训来警醒当时的君王。更多的作品则是直接批判时弊,指责昏庸的君主。如《大雅·民劳》深刻揭露了统治阶层的残暴、欺诈、丑恶与昏聩,并对人民的苦难表达了深切的同情;而《大雅·板》与《大雅·荡》则直接斥责最高统治者违背常理、滥用政令、荒淫无道,将人民推向了苦难的深渊。此外,还有一些以斥责奸佞为主题的怨刺诗,如《小雅·巷伯》等,同样引人关注。这些怨刺诗勇于直面社会现实,大胆揭露社会矛盾,充分展现了诗人对国家命运的忧虑和对时局的深刻感伤。

《国风》中的怨刺诗多源自民间,它们更为直接地反映了底层民众的思想情感与愿望。这些诗篇在内容上更为深广,怨恨之情更为浓烈,讽刺手法也更为犀利,彰显出更为强烈的批判精神。例如,《魏风·硕鼠》一诗,直接将贵族统治者比作贪婪无度的大老鼠,深刻表达了奴隶们对剥削者的极度愤慨。《魏风·伐檀》以委婉曲折的反语和复沓的手法,辛辣地讽刺了那些不劳而获的剥削者。《国风》中的怨刺诗主要揭示并讽刺了统治阶层的种种无耻行径。如《邶风·新台》辛辣嘲讽了卫宣公光天化日之下劫夺儿媳宣姜的荒淫乱伦丑行;《秦风·黄鸟》控诉了秦国暴君对无辜良善的杀害。

(6)周民族的史诗。《诗经·大雅》中收录了五首珍贵的周族史诗,分别是《生民》《公刘》《绵》《皇矣》和《大明》。这些史诗以粗犷的笔触,较为完整地叙述了从周朝始祖后稷的诞生,到武王推翻商朝期间的传说与英雄事迹,详细描绘了周族的起源、艰苦创业、国家建立及逐渐兴盛的辉煌历史。由于远古时期流传下来的史诗极为稀少,因此这组诗作显得尤为宝贵。其中,《大明》生动地描绘了历史上著名的牧野之战。它不仅细致勾勒了军队的阵形和军容,还栩栩如生地描述了战车和战马。作品从宏观的视角鸟瞰整个战场,同时也不忘对局部进行细致的特写,成功地再现了这场大战宏伟壮观和震撼人心的场景,以及师尚父(姜太公)的鲜明形象。

【知识链接】

《诗经》的艺术成就和影响

《诗经》在中国文学史上具有举足轻重的地位,作为一部汇聚了众多作者创作的诗歌总集,它展现了多样的地域特色,内容丰富多彩,艺术风格也极具多样性。总体而言,其艺术成就主要体现在以下四大方面。

其一,其强烈的现实主义精神尤为显著。《诗经》全面且深刻地展现了我国西周时期长达数百年的社会生活画卷,内容真实可信、深刻广泛且多姿多彩。特别是其中的民歌部分,真实地反映了底层民众的劳动场景、日常生活、喜好与厌恶、苦难与期盼。这些诗歌不仅在主题和题材上广泛多样、真实深刻,而且凭借惊人的艺术概括力,精准地捕捉并揭示了当时社会生活中的一些本质矛盾。它们对当时生产、劳动、战争、徭役、爱情、婚姻、家庭、祭祀等的描述语言质朴、情感真挚,具有鲜明的民族特色和地域色彩。

其二,赋、比、兴的艺术表现手法。赋、比、兴这三种表现手法,是后来学者在研究《诗经》时归纳出的,它们构成了《诗经》艺术上最为鲜明的特色。其中,"赋"特指一种直接铺陈叙述事物的技巧。如《七月》,诗人按季节和物候变化,由春至冬记述了农奴一年的劳动过程,直陈其事。比,就是比喻或比拟,用形象的事物打比方,使被比喻的事物生动形象、真实感人。《诗经》中用比的地方很多,形式也多种多样。有明喻,如"一日不见,如三秋兮"(《王风·采葛》);有暗喻,如"我心非石,不可转也"(《邶风·柏舟》);有借喻,如"桑之未落,其叶沃若"(《卫风·氓》);有博喻,如"手如柔荑,肤如凝脂。领如蝤蛴。齿如瓠犀。螓首蛾眉"(《卫风·硕人》)。这些比喻紧密贴合诗篇中的情感、事件与景象,极为恰当。所谓"兴",即指借助外物激发情感,诗人先以他物作为开端,随后通过联想,引出其欲表达的思想与情感。兴句多在一首诗的开头。《诗经》中的"兴"手法大致可分为三种情况:首先,它用于协调韵律,例如,在《秦风·黄鸟》的开篇,"交交黄鸟,止于棘"便体现了这一点;其次,它用于创造意境和烘托气氛,如《秦风·蒹葭》中的"蒹葭苍苍,白露为霜"便营造了一种朦胧而深远的氛围；最后，它用于象征、联想和比拟，如《周南·桃夭》通过盛开的桃花来象征新娘的美丽。值得注意的是，在《诗经》中，这三种手法往往被巧妙地结合使用。

其三，《诗经》的显著特征之一是复沓的章法，又称重章叠句。这一手法体现在各章节中，词句大致相同，仅在关键处变换几个字，形成反复吟唱的效果。其目的在于深化诗歌主题，渲染特定的氛围，加强情感表达，并提升作品的音乐性和节奏感。在字词的具体变换上，诗人巧妙地运用了递增或递减等手法，使诗歌的表达既丰富又细腻。以《王风·采葛》为例，这首诗分为三章，每章仅通过替换"葛""萧""艾""月""秋""岁"这六个字，巧妙地利用采摘对象的更迭与时间的推移，细腻地勾勒出思念之情的逐步加深。

其四，丰富、生动、简练、形象的语言。《诗经》广泛运用了近三千个单字，涵盖了名词、动词、形容词等多种词性，以丰富且生动的方式精准描绘了世间万物及其变化。例如，关于动植物的名词多达373种，阅读它们能够使人增长见识、博学多识。此外，《诗经》还大量使用了动词、形容词及双声字、重叠字、叠韵字，通过细腻的笔触描绘景物、塑造形象、传递声音，使诗歌不仅形象生动，而且音韵和谐，极大地增强了诗歌语言的艺术感染力。

二、楚辞

（一）楚辞的含义及特点

"楚辞"这一名称，最初见于《史记》中的《酷吏列传》。其原本的含义是指楚地的言辞，但随着时间的推移，它逐渐固定为两种特定的含义：一是指一种诗歌体裁，二是指一部诗歌总集的名称。从诗歌体裁的角度来看，楚辞是在战国后期，由以屈原为代表的诗人，在汲取楚国民歌精髓的基础上，所开创的一种全新诗歌形式。而从总集的命名角度来看，楚辞是由西汉时期的学者刘向，在继承前人研究成果的基础上，精心辑录而成的一部具有"楚辞"风格的诗歌总集。该总集收录了战国时期楚国诗人屈原、宋玉的作品，以及汉代贾谊、淮南小山、庄忌、东方朔、王褒、刘向等人仿效"楚辞"风格的作品。今存最早的注本是东汉王逸的《楚辞章句》。

楚辞是中原文化与楚文化相互交融的结晶，展现出鲜明的特色。它采纳了楚国方言，并运用了楚地的独特声调，生动记载了楚国的地理风貌，细腻描绘了楚国的风土人情，因而深深烙印着楚国的地方特色。在构思上，楚辞独树一帜，想象丰富而奔放，善于借助比喻、夸张等修辞手法及神话故事来抒发情感，呈现出浓郁的浪漫主义风情。其句式长短错落，形式自由灵动，频繁巧妙地运用"兮"字，使语句流畅悠长，变化丰富多样，既有节奏鲜明的停顿，也有绵延不绝的延伸，委婉动人，情感充沛。相较于《诗经》，楚辞在表现形式上更为丰富，既能细腻地表达缠绵悱恻的情感，又增强了抑扬顿挫的音乐美感，文采斐然。

【知识链接】

屈原的生平、思想及创作

屈原（公元前343？—公元前278？），名平，字原，又名正则，字灵均。战国后期楚国丹阳（今湖北省秭归县）人，楚王宗室。他在少年时期接受了优质的教育，展现出了非凡的才华，并且在政治、历史、天文、地理、文学、艺术等多个领域拥有深厚的知识储备。年青时，曾任楚怀王左徒，"入则与王图议国事，以出号令；出则接遇宾客，应对诸侯"（《史记·屈原列传》），很受赏识重用。后怀王听信上官大夫靳尚等人的谗言，疏远了他，让他做三闾大夫，失去了政治地位。在被秦国欺骗后，怀王与齐国断绝了外交关系。然而，在经历军事失败和领土丧失的打击后，怀王重新起用了他，并派遣他出使齐国以修复两国关系。在怀王24年，楚国再次背离齐国，与秦国结盟。不久之后，屈原被流放至汉北。这一决策导致楚国先后遭受"合纵"联盟的攻击和秦国的夹击，国土再次沦丧。在这种危急情况下，屈原被重新召回，并在他的不懈努力下，齐楚联盟得以恢复。怀王去世后，顷襄王继位，屈原再次被流放至江南。在流亡期间，他"行吟泽畔，颜色憔悴"，但仍旧心系国家的安危，对百姓的苦难深感哀痛，创作了大量感人至深的诗篇。到了顷襄王二十一年（前278年），秦军攻破了郢都，屈原眼见楚国已无法挽救，悲愤交加，最终投汨罗江自尽，以身殉国。

屈原深谙诸子百家之学，对儒家、法家等众多学派的思想均有涉猎和吸收。他倡导仁义、强调民本、赞扬德政，对尧、舜、禹、汤、文、武等古代圣王充满敬仰，对民众的苦难抱有深厚的同情与关怀。屈原倡导法制的严格性和规范性，推崇秦穆公、齐桓公等历史人物的治国理念，主张选拔贤才、任用能人，强调依法治国，以实现社会变革。他毕生致力于国家的发展，怀揣着炽热的爱国爱民情感。在政治斗争的激流中，他坚韧不屈，始终如一地追求"美政"理想，彰显了历史发展方向。

屈原的作品，据王逸《楚辞章句》，有二十五篇，即《离骚》《九歌》（十一篇）、《九章》（九篇）、《天问》《远游》《卜居》《渔父》，与《汉书·艺文志》所载篇数相同。现代学者多认为《远游》《卜居》《渔父》不是屈原之作。

（二）《离骚》

《离骚》是屈原的巅峰之作，也是一篇流传千古的浪漫主义鸿篇巨制。此诗诞生于屈原政治生涯遭受重创之际，面对个人与国家的双重不幸，他深刻反思过往与思考未来，铸就了一篇崇高而哀婉的灵魂独白。全诗共计三百七十三句，其内容结构大致可划分为三个部分。开篇部分，屈原详尽叙述了自己的家族渊源、成长历程、德才兼备的资质，以及他欲为楚王开辟康庄大道的宏伟抱负与崇高理想。同时，他还回顾了自己在推行改革、革除弊政过程中，因坚守正义而屡遭诽谤与排挤的坎坷经历。通过理性的自我审视，屈原深刻意识到，自己所遭受的诽谤与谗言，实则源于其超凡脱俗的品格及与政敌在治国理念上的根本分歧。因此，他毅然决然地选择了坚守自己的道德底线与崇高理想，彰显了"九死未悔"的坚定信念与不屈精神。诗人在中间段落探索了对未来的道路选择。在党派势力日益壮大的背景下，诗人对过去的选择感到懊悔，考虑了两种可能：要么回归旧路，选择隐居以保持个人的纯洁；要么遵循女媭的建议，顺应世俗。经过向重华陈述并反思自己的过去斗争，诗人摒弃了这些想法（"览余初其犹未悔"）。因此，诗人通过不懈的追求和"三次求女"的尝试，试图在楚国重新获得楚王的信任。但所有努力均以失败告终。在追求未果之后，诗人转而求助于灵氛占卜和巫咸降神，寻求解答和出路。这反映了诗人内心的矛盾，既有离开国家的念头，也有对故土的深深眷恋。在翱翔于幻想之中的升腾远游里，诗人"忽临睨夫旧乡"，内心深处对故国的深情终究难以割舍，于是他毅然决定直面现实，誓以生命捍卫自己的理想。诗篇的前一部分主要沉浸在对过往岁月的回忆之中，侧重于抒发诗人在现实中的深切感受；而后两部分转向了对未来道路的勇敢探索，更多地融入了丰富的想象。诗人的思想经历了从退隐独善其身的初步想法，到随俗从流的无奈妥协，再到出国寻求志同道合之人的深刻转变，这一过程通过重华陈辞的庄重、上下求索的执着及远逝自疏的超脱三个层次分明的境界，生动展现了诗人神游天地的广阔胸怀与深邃思想。

《离骚》丰富的内容和深刻的思想，总的说来，可以概括为以下三个方面。

一是诗人对政治革新的渴望，以及对"举贤授能"与"修明法度"这一美好政治理想的追求。在向重华陈述言辞时，他深刻总结了古代帝王兴衰成败的原因，指出他们的成功之道在于"举贤才而授能兮，循绳墨而不颇"。这表明，选拔贤能之士并赋予他们权力，以及制定并执行公正的法度，正是诗人心中"美政"理想的核心内容。所谓"举贤授能"，就是选拔那些德才兼备的人才来治理国家，以此打破旧贵族对政治的垄断。诗人通过引用历史事例，强调了"举贤授能"的必要性，并大力宣扬这种做法，表明他坚决反对"世卿世禄"的旧制，主张从社会下层选拔优秀人才来治理国家。而"修明法度"，是将国家治理纳入法治轨道，这在战国时期，一个封建国家开始确立的重要时期，具有尤为深远的意义。

二是诗人坚持正义、坚决反对奸邪的高尚品格，以及那份至死不悔的斗争精神。"路漫漫其修远兮，吾将上下而求索。"为实现崇高理想而不懈奋斗、勇于探索，构成了《离骚》另一鲜明的思想特色。诗人的一生始终在理想与现实的激烈碰撞中前行。他矢志不渝地推进改革，不懈地强化自我修养，然而，这条道路却布满了缺乏理解与支持的荆棘。楚王对他不信任，且同僚们更是散布谣言，对他进行诽谤。面对如此严酷的政治环境，诗人并未屈服，而是持续地进行斗争。他既对同僚们进行了尖锐的批判，也对自己进行了深刻的剖析，克服了思想上的动摇，如归隐、随波逐流，甚至出国等念头。他将坚守高洁、坚持理想视为高于生命的追求，这种对黑暗的憎恶、对邪恶的深恶痛绝，以及为追求理想不惜牺牲自我的精神，正是诗人宝贵的思想品质。

三是诗人热爱国家、关心民生疾苦的强烈爱国激情。"岂余身之惮殃兮，恐皇舆之败绩。"诗人毕生坚守理想，与黑暗势力不懈斗争，其初衷是为了振兴楚国，这深刻地展现了其深厚的爱国情怀。然而，诗篇中爱国情感的表达更为显著之处，在于诗人对楚国故土的深切眷恋，至死不渝。诗篇中对诗人离国思想形成与破灭过程的描绘，清晰地阐释了这一点。

《离骚》的艺术成就突出地表现在以下几方面。

其一，该作品成功地刻画了抒情主人公屈原的鲜明自我形象。他秉持着高尚的情操与美好的品德，拒绝随波逐流，坚决不与世俗同流合污；他胸怀壮志，追求着崇高的理想，并为了这些理想的实现，秉持坚韧不拔的精神，不断地进行探索与追求。他对故国怀有深厚的情感，心系国家的兴衰存亡，矢志不渝地愿意为国家奉献自己的一切。他那高洁的人格，犹如日月般璀璨夺目，令人敬仰。

其二，继承并发扬了《诗经》中的比兴手法，将喻体与本体巧妙融合，创造出既优美又绮丽、既新颖又灿烂的艺术境界，甚至构建出一系列由艺术形象和艺术境界构成的象征体系。如"善鸟香草以配忠贞，恶禽臭物以比谗佞，灵修美人以媲于君，宓妃佚女以譬贤臣，虬龙鸾凤以托君子，飘风云霓以为小人"（王逸《楚辞章句·离骚经序》）。诗人通过细腻的观察，以小见大，以近托远，传达了深刻的情感。他们的作品借助生动的形象，引导读者联想到社会生活中的真善美与假恶丑。这不仅赋予了诗篇绚丽的文采，还营造了一种深远、引人深思的意境，开辟了以香草美人作为情感寄托和表达志向的新诗境。

其三，该作品广泛汲取了历史故事与神话传说的精髓，展现出诗人非凡的想象力和独到的构思，洋溢着浓厚的浪漫主义氛围。例如，在诗的第二、三部分，诗人描绘了自己南行拜访重华、在咸池饮马、向上叩问天帝之门、向下寻求隐士仙女、早晨从天津出发、傍晚便抵达西极的奇幻旅程，以及他驰骋于太空、遨游于仙境的壮丽场景。诗人尽情挥洒想象的笔墨，构建了一个既新奇又丰富多彩、令人向往的奇妙世界。

其四，鲜明的楚国地域特色。《离骚》中广泛融入了楚国的地名、物产名称、方言及日常口语等元素，为整首诗增添了浓郁的地方色彩和鲜明的民族特色。

其五，创新了诗体形式。《离骚》打破了《诗经》四言为主的传统模式，汲取了南方楚地民歌的韵律与句式精髓,采用了类似散文般的长句结构,以六言为主,同时巧妙将长短句交错使用,使诗体更为自由灵活,极大地拓宽了诗歌的表达空间。在结构上,它突破了《诗经》短小精悍的体制,拓展为长篇巨著,将幻想与现实巧妙交织、抒情与叙事完美融合,展现出一种恢弘磅礴的气势,生动且深刻地反映了丰富复杂的社会生活。

【知识链接】

《离骚》名句

路漫漫其修远兮,吾将上下而求索。
汨余若将不及兮,恐年岁之不吾与。
长太息以掩涕兮,哀民生之多艰。
日月忽其不淹兮,春与秋其代序。
惟草木之零落兮,恐美人之迟暮。
指九天以为正兮,夫惟灵修之故也。

(三)《九歌》《九章》及其他作品

《九歌》诞生于楚怀王统治时期,是屈原基于楚国民间广为流传的祭祀乐歌,精心加工创作而成的一组祭神之歌,共计十一篇。这组祭歌所祭祀的神灵,被细致地划分为天神、地祇与人鬼三大类。其中,天神包括尊贵的东皇太一、光辉的太阳神东君、缥缈的云神云中君、掌管寿命的大司命及主宰子嗣的小司命。关于这五位天神的五首歌曲,大多表达了人们对天神的崇敬与赞美,语言庄重且肃穆。地祇则涵盖了湘水的守护神湘君与湘夫人、河流之神河伯及山林之神山鬼,与这四位地祇相关的四首诗歌,均以缠绵悱恻的恋歌形式呈现。通过描绘神祇的恋爱生活,表达了对纯洁爱情的颂扬,其风格大多清新而凄美,情感深邃而幽远。关于人鬼的描述,唯独《国殇》一篇独树一帜,其情调与风格迥异于其他篇章。它取材于秦楚之间的战争,是对卫国战争中英勇牺牲的将士们的热情颂扬。整首诗歌激昂悲壮,刚健而质朴,具有强烈的感召力和鼓舞人心的力量。

经过屈原的精心加工,《九歌》在艺术层面实现了显著提升。它深度汲取了民歌中的浪漫元素,从而洋溢着鲜明的浪漫主义色彩。屈原凭借丰富且独特的想象力,创造了一系列生动传神的神灵形象,并构建了一个充满奇幻与神秘的境界。这些神灵大多源自神话世界,兼具神性与人性的双重特质。他们栖息于华丽的宫殿,驾驭着云龙,驾驭着鸾凤,他们的居所与常人迥异,然而他们的情感无论是威严冷酷、温柔妩媚,还是痴情寂寞却与人类无异。其次,在塑造艺术形象的过程中,《九歌》巧妙地将心理描绘与环境氛围的刻画融为一体，实现了情景交融的美妙境界。此外，《九歌》的语言清新脱俗，情韵悠长，既自然流畅又绚丽多彩。

《九章》均为政治抒情诗，共计九篇，其思想内涵大多与《离骚》相契合。这组诗歌并非创作于同一时间或地点。《橘颂》是屈原青年时期的佳作，诗中运用拟人化的手法，对橘树的特质与形象进行了象征性的描绘与颂扬。此诗寄托了诗人坚守节操、不随波逐流的高尚情怀，为后世咏物抒怀的诗歌创作树立了标杆。全诗情感高昂、积极乐观，毫无失意之悲愤，且主要采用四言句式，句尾常饰以"兮"字，这显然不是屈原晚期的作品。《抽思》则创作于他被放逐至汉北之时，而其余六首是他放逐江南后的产物。《抽思》与《哀郢》两部作品表达了诗人对故都郢的深切怀念及对国家和人民的忧虑。特别是《哀郢》，它创作于顷襄王二十一年，即秦将白起攻占郢都之后，诗中的忧伤情绪较之《抽思》更为深沉和痛切。而《涉江》《悲回风》《怀沙》描绘了诗人在流放期间的艰难与悲苦，反映了他因遭受诽谤而被放逐的苦闷及至死不渝的忠诚志向。

综观《九章》，这是一系列政治色彩浓厚、情感丰富的抒情诗作。其大部分篇章真实记录了屈原的斗争历程。这些诗篇在创作手法上，倾向于直接表达情感，现实主义胜过幻想，注重通过细腻的心理描绘来反映诗人的爱国情怀和崇高品质。其语言华丽且生动，情感激昂且奔放，结构起伏有序，情景交融，对后世产生了深远影响。

【知识链接】

《涉江》

屈原

余幼好此奇服兮，年既老而不衰。带长铗之陆离兮，冠切云之崔嵬。被明月兮佩宝璐。世混浊而莫余知兮，吾方高驰而不顾。驾青虬兮骖白螭，吾与重华游兮瑶之圃。登昆仑兮食玉英，与天地兮同寿，与日月兮同光。哀南夷之莫吾知兮，旦余济乎江湘。

乘鄂渚而反顾兮，欸秋冬之绪风。步余马兮山皋，邸余车兮方林。乘舲船余上沅兮，齐吴榜以击汰。船容与而不进兮，淹回水而疑滞。朝发枉渚兮，夕宿辰阳。苟余心其端直兮，虽僻远之何伤。

入溆浦余儃佪兮，迷不知吾所如。深林杳以冥冥兮，乃猿狖之所居。山峻高以蔽日兮，下幽晦以多雨。霰雪纷其无垠兮，云霏霏而承宇。哀吾生之无乐兮，幽独处乎山中。吾不能变心而从俗兮，固将愁苦而终穷。

接舆髡首兮，桑扈臝行。忠不必用兮，贤不必以。伍子逢殃兮，比干菹醢。

与前世而皆然兮，吾又何怨乎今之人！余将董道而不豫兮，固将重昏而终身！

乱曰：鸾鸟凤皇，日以远兮。燕雀乌鹊，巢堂坛兮。露申辛夷，死林薄兮。腥臊并御，芳不得薄兮。阴阳易位，时不当兮。怀信侘傺，忽乎吾将行兮！

两汉辞赋

一、赋体名称的来源

赋名篇章的起源可追溯至荀子。荀子创作了《礼》《知》《云》《蚕》《箴》五篇赋文，他是首位以"赋"命名篇章的作者。然而，从文体发展的角度来看，当时的"赋"尚处于萌芽阶段，尚未完全形成独立的文体特征。《文选》所收宋玉《风赋》《高唐赋》《神女赋》《登徒子好色赋》，文体特点如汉代赋，但学术界普遍认为这些作品至少是汉武帝以后的作品，不可能是生活在战国时楚襄王之际的"宋玉"作品。可以说，赋是汉代的一种新兴文体。

二、赋的基本特征

赋是中国特有的一种文学样式，它兼有散文和韵文的性质。其主要特点是铺陈写物，不歌而诵。侧重于写景，借景抒情。赋的本意是铺陈直叙，原指我国古代诗歌的一种表现手法。《文心雕龙·诠赋》云："赋者，铺也；铺采摛（chī）文，体物写志也。""铺采摛文"是赋的形式，而"体物写志也"是赋的内容。《汉书·艺文志》引刘向云："不歌而诵谓之赋，登高能赋，可以为大夫"，意思是赋为一种脱离音乐的诵读方式。

根据上述两点，我们可以总结出赋的基本特征：其内容主要侧重于叙述，频繁运用陈述、叙事和描绘的技巧，形式上介于诗歌与散文之间，不具备配乐歌唱的能力，而是更适合朗诵。

三、代表作家及作品

贾谊是汉初骚体赋最有代表性的作家。他的《吊屈原赋》是骚体赋的第一篇。汉文帝前元四年（前176），贾谊被贬为长沙王太傅，途经湘水，历屈原放逐所经之地，对这位竭诚尽忠以事其君的诗人的不幸遭遇深表伤悼，遂作《吊屈原赋》。

在这篇赋中，贾谊对屈原的生命遭遇产生了强烈的共鸣，也很自然地将自己的悲剧与屈原的悲剧归为同一类型。吊屈原的实质为自抒愤懑，即"借他人之酒杯，浇心中之块垒"。此赋将贾谊的愤慨怨愤之情表现得真切浓烈，体式与表现手法都取法于《离骚》，是典型的骚体赋，但其句式多变，明显散化，体现了由辞而赋的过渡痕迹。他的另一篇

《鵩鸟赋》开创了汉代辞赋表现命运主题的先河，是赋史上第一篇成熟的哲理赋，又是第一篇比较完整的以四言诗句为主的问答体赋。这篇赋是作者谪居长沙时所作，整篇叙述了作者由希望推求命运、吉凶到死生祸福任之自然的思想转变。表面上以道家思想为归旨，用齐死生等祸福来解脱，实际上是无法摆脱现实困境的悲哀，从而抒发了怀才不遇的抑郁不平心情。闻一多誉此赋为"哲学的诗"，马积高称它是"赋史上第一篇成熟的哲理赋"（《赋史》）。

汉代散体大赋是在汉代进入鼎盛时期，随着南北文化交汇而崛起的一种综合性文体，是汉赋的主体。它融合了先秦时期的《诗经》"楚辞"、散文及民间文学的元素，不受篇幅限制，具有广阔的时间和空间容量，句式多样，韵文与散文相结合，充满了韵律之美。惯用铺张的手法、富丽的辞藻描写事物，所描写的主要是京都、宫苑、山川等壮丽事物及声色犬马、畋猎驰逐等生活，篇幅较大，多采用主客问答体形式。散体赋作为汉代赋体文学的标志性文体，体现了汉代作家在继承前人文学遗产的基础上所进行的创新与成就。其代表性的作家包括枚乘及被誉为"汉赋四大家"的司马相如、扬雄、班固和张衡。

司马相如，字长卿，蜀郡成都人。曾为梁孝王门客，少名犬子，因慕蔺相如才改名为相如。

《汉书·艺文志》载"司马相如赋二十九篇"，其中《子虚赋》和《上林赋》两篇最负盛名，被认为是代表汉大赋的最高成就。这两篇赋由楚使子虚和齐国乌有先生、亡是公三人对话组织成篇的。《子虚赋》是子虚和乌有先生的对话。子虚盛言楚国云梦之大、物产之富、畋猎之盛、歌舞之乐，以此傲视齐国。乌有先生则批评子虚侈言淫乐，是显扬君恶，但自己又反而大肆夸耀齐地山川方物之美来傲视楚国。《上林赋》则叙述了亡是公听了子虚和乌有先生的话之后，以为齐楚之事，皆不足道，而极称天子上林的壮观广大非齐楚可比。作者用铺陈的形式、华丽的辞藻，描绘天子上林苑山水林木、奇禽异兽、离宫别馆、良石美玉，以及天子的校猎、游乐之事，最后归为天子意识到此太奢侈，转而体恤百姓、德被天下。据说武帝好辞赋，读《子虚赋》，赞赏说"朕独不得与此人同时哉！"后召相如，相如说《子虚赋》"乃诸侯之事，不足观，请为天子游猎赋"，成《上林赋》，武帝大悦，任为著作郎。后司马相如奉命出使巴蜀，对开发西南做出贡献。晚年任文园令，职掌文帝陵园，后人因此辑其作品为《司马文园集》。后因病免官，病卒于家中。

扬雄，字子云，蜀郡成都人，少而好学，博览群书。其口吃不善言谈，好辞赋，而善于模仿。40岁后，从蜀都来游京师，为汉成帝所召见，并随成帝游猎，写成《甘泉赋》《河东赋》《羽猎赋》和《长扬赋》。这四赋均为扬雄侍从汉成帝祭祀游猎所作。这四篇赋都是意在讽谏，旨在息畋猎、绝奢侈、惜民心、崇国防，讽谏意义比司马相如赋的目标更为明确。《甘泉赋》序中说:"孝成帝时,客有荐雄文似相如者,上方郊祠甘泉泰畤、汾阴后土,以求继嗣,召雄待诏承明之庭。正月,从上甘泉还,奏《甘泉赋》以风。"《长杨赋》序中说:"明年,上将大夸胡人以多禽兽。秋,命右扶风发民入南山。西自褒斜,东至弘农,南驱汉中,张罗罔罝罘,捕熊罴豪猪,虎豹狖玃,狐兔麋鹿,载以槛车,输长杨射熊馆。以网为周阹,纵禽兽其中,令胡人手搏之,自取其获,上亲临观焉。是时,农民不得收敛。雄从至射熊馆,还,上《长杨赋》,聊因笔墨之成文章,故藉翰林以为主人,子墨为客卿以风。"尽管如此,这样的讽谏仍然没有什么实际作用。

班固,集经学家、史学家与文学家三者于一身。班固《两都赋》乃为东汉建都洛阳造舆论所作。其文历数汉皇功德,专替朝廷说教,为天子喉舌,是一篇典型的汉颂。《两都赋》以征实与夸张相结合的手法,描绘长安的城市布局、建筑风貌、各色人物,在赋文学史上,具有开创的意义。

张衡是东汉中后期文学家、科学家,字平子,南阳西鄂人。通五经,贯六艺,今存《张河间集》,有赋13篇。张衡模仿班固《两都赋》作《二京赋》,精思十年乃成。张衡的《归田赋》突破旧的传统,开创了抒情小赋的先河。

汉赋发展的阶段及地位

魏晋散文

魏晋南北朝又是继战国"百家争鸣"以后,我国历史上又一个思想解放的时代。它是文学走上独立自觉的时代。在这一时期,散文摆脱了汉代作品中浓厚的经学色彩,突破了旧有的束缚,呈现出注重抒情和文采的创作趋势,同时为南朝骈文的成熟奠定了坚实的基础。经过南朝文人的努力,骈文的对偶、用事、辞采、声韵四个方面都已臻极致,为中国文学又创造出一种新的美文文体。这一时期的文学,可分为建安文学、正始文学、两晋文学、南北朝文学几个阶段。代表作家有曹氏父子、建安七子、阮籍、嵇康、陶渊明等人。

一、建安散文

建安散文在内容上不再是重复和敷衍经义,而是注重抒发情怀,言之有物,"气爽才丽""辞清志显"(刘勰《文心雕龙》)。这一时期的代表作家有曹操、曹丕、曹植、建安七子和蔡琰。他们在诗歌形式上普遍采用新兴的五言形式,确立了五言诗在文坛上的地位。在诗歌风格上,他们直接承袭了汉乐府民歌的现实主义精神,深刻反映了丰富的社会生活,展现了新时代的精神风貌,具有慷慨悲凉的独特风格,从而形成了"建安风骨"。建安年间,作为汉献帝的年号,见证了无数文学作品的诞生。这些作品深刻地映射出那个时代的社会动荡与苦难,并且传达了对国家统一的强烈渴望及对理想生活的憧憬。其诗歌风格激昂且充满悲壮,语言则显得刚健而明快。例如,曹操在《与荀彧书追伤郭嘉》中深情地追悼郭嘉,曹丕在《与吴质书》中回忆昔日的游历,而曹植在《求自试表》中展现了他那澎湃的豪情。孔融的《荐祢衡表》以其雄浑的文采,生动地展现了真情实感的流露,坦率地揭示了他的胸怀,真诚地传达了他的内心世界,这些内容通过文字得以淋漓尽致地展现。建安时期的散文,在形式上摒弃了传统经生的引经据典和枯燥说教,转而注重文采的锤炼,逐渐追求骈俪的风格。这一点在曹丕与曹植兄弟的作品中表现得尤为突出。他们的骈文技艺精湛,开创了南朝骈文的先河;文采斐然,堪称应用文字艺术的典范。自建安时期起,文章便沿着重视艺术特质的道路不断前行。曹操的主要作品多为具有强烈政治和应用性质的令、表等文体。其文风清峻、简洁、平易近人,这些特点均为曹操所独有。曹丕与曹植兄弟的文学作品,注重辞藻的华丽与对偶,引领了建安文坛的另一股风尚。

【知识链接】

曹丕(187—226年),字子桓,曹操之子。在中国文学史上,他占据着特殊的地位,文艺批评正是由他开创的,代表作品为《典论·论文》。他的诗歌风格质朴且平淡,情感韵味极佳,主题多聚焦于男女间的爱情及游子对家的思念。如七言诗《燕歌行》,诗人将思妇置于秋夜的背景下进行描绘,细腻且委婉地展现了她那缠绵悱恻的相思之情。其语言浅显而清丽,充分体现了曹丕诗歌的典型风格。

曹植(192—232年),字子建,曹操之子,曹丕之弟。他是建安时期最负盛名的文学家,《诗品》赞誉他为"建安之杰"。曹植的一生以曹丕称帝为界,明显地分为前后两期。曹植在幼年时期便展现出非凡的聪明才智,其智力远超同龄人,深得父亲曹操的赏识与宠爱。他几乎被立为太子,因此他的早期诗作主要反映了他"戮力上国,流惠下民,建永世之业,流金石之功"的宏伟志向。曹丕登基为帝后,鉴于曹植曾有争夺太子之位的历史,曹丕对他心存猜疑,不断施加压制与迫害。著名的《七步诗》便是这一历史事件的写照。曹植在经历了这般生活波折后,深刻体会到了人生的苦楚和命运的无常。为了寻求心灵的释怀,尽管在理智上他依然遵循儒家的教诲,但在情感上却不由自主地倾向于庄子的逍遥哲学。这一点在他的诗作《吁嗟篇》《怨歌行》《赠白马王彪》中表现得尤为明显,诗中流露出的虚无感、浪漫情怀及悲愤情绪,正是他内心世界的写照。《诗品》中赞誉他的诗作"骨气奇高,词采华茂,情兼雅怨,体被文质,粲溢今古,卓尔不群"。曹植的诗歌在形式与风格上均展现出非凡的成就,无疑是建安时期文坛的翘楚。

二、建安辞赋

曹植、张衡、蔡邕、王粲和赵壹等人的作品是建安辞赋的代表。他们在赋中或欣然归隐（张衡《归田赋》），或愤世嫉俗（赵壹《刺世疾邪赋》），或表抑郁心态（曹植《洛神赋》），或慨叹纪行（蔡邕《述行赋》），或伤感乱离（王粲《登楼赋》），均体制短小，抒愤寄情，开辟了汉赋的新天地，形成了一个自觉主动进行辞赋创作的作者群。他们由于思想较为自由，其赋作的题材更为广泛，抒情性得到了进一步的强化，能够真实且深刻地表达个人的情感。在形式上，追求辞藻的华丽和结构的完美，开启了六朝时期美赋创作的先河。

三、正始散文

正始是北魏的君主魏宣武帝元恪的第二个年号，共计4年余。当时统治阶级内部斗争激烈，庄子哲学风行，文学创作受到严重影响。消极思想蔓延，滋长了脱离现实的倾向。玄风大昌，波及文坛，便是谈玄的论文大量出现，善谈名理成为一大内容。这一时期的代表作家是"正始名士"和"竹林名士"。"正始名士"的代表人物包括何晏、王弼和夏侯玄，他们在哲学领域取得了显著成就。"竹林七贤"又称"竹林名士"，指的是阮籍、嵇康、山涛、王戎、向秀、刘伶和阮咸七人。在这些名士中，阮籍和嵇康在文学上的成就尤为突出。

何晏的《无名论》《无为论》以骈句表达哲学理论；阮籍的《达庄论》《乐论》《通易论》，嵇康的《养生论》《声无哀乐论》等均是正始散文的代表作品。尽管其中不乏精辟之论，但在文学价值上，更胜一筹的是那些针对司马氏黑暗政治、恐怖统治及虚伪名教进行讽刺和抨击的作品。这些文章，均体现了"师心以遣论"（《文心雕龙·才略》）的宗旨，或直接批评，言辞犀利而铿锵有力；或采用反语讽刺，嬉笑怒骂间尽显揶揄之技巧。代表作品就是阮籍的《大人先生传》与嵇康的《与山巨源绝交书》。

《大人先生传》中作者对那些虚伪的名教中人进行了绘声绘色的描写："服有常色，貌有常则，言有常度，行有常式。立则磬折，拱若抱鼓。动静有节，趋步商羽，进退周旋，咸有规矩。"其目的是"奉事君上，牧养百姓。退营私家，育长妻子。卜吉宅，虑乃亿祉。远祸近福，永坚固已。"文章对那些遵循规则、行为端正却只为私利的"君子"进行了有力的抨击。全文流畅且充满激情，文采斐然，既有骈文的韵律，也有散文的自由，展现出一种震撼心灵的艺术魅力。

《与山巨源绝交书》是嵇康写给朋友山涛（字巨源）的一封信，也是一篇名传千古的散文。这封信是嵇康在得知山涛从选曹郎的职位调任为大将军从事中郎，并有意推荐他接替自己先前的职位后所撰写的。信中拒绝了山涛的荐引，指出人的秉性各有所好，申明他自己赋性疏懒，不堪礼法约束，不可加以勉强。他强调放任自然，既是对世俗礼法的蔑视，也是他崇尚老庄无为思想的一种反映。文章风格清峻、立意超俗、行文精炼。

四、正始辞赋

在魏晋时期的正始年间，政治和思想领域的变动导致了赋作风格的转变。相较于建安时期赋作的激昂与明朗，正始赋作呈现出不同的特色。政治的黑暗与恐怖给士人带来了沉重的精神压力，这种情绪在赋作中体现为情感低沉和抑郁，表达方式委婉而曲折。向秀的《思旧赋》是这一时期的代表作，作者欲言又止，吞声踟蹰，全文充满了悲伤与沉重，展现了其婉转低回的风格。与此同时，玄学思潮的兴起使士人对哲学思考产生了浓厚的兴趣，并普遍追求一种深沉而宁静的精神自由。这种追求反映在赋作上，形成了一种清虚绵渺的特色。阮籍的《猕猴赋》以物喻人，对那些干谒上进、巧言伪诈的奸佞之徒作了尖锐的讽刺和嘲笑。

五、两晋散文

与太康诗坛"采缛于正始，力柔于建安"相类，西晋文坛也是注重形式技巧，以繁缛绮丽为特征。其时文章诸体皆备，也不乏情文兼善之作。东晋则受玄言诗影响，文采趋于平淡，然也有王羲之《兰亭集序》，陶渊明《桃花源记》《五柳先生传》等佳作问世。两晋散文成就较高者为潘岳、陆机。

潘岳的哀诔之作最为优秀。正如他的悼亡诗、悼亡赋都以深情绵邈著称一样，他的悼亡之文也写得情深辞茂，做到了"缠绵而凄怆"。如他的《哀永逝文》写到为妻子送殡路上的感受："思其人兮已灭，览余迹兮未夷。"

陆机善于用典。他的《演连珠》50首，无论是辞藻、用事、对偶都十分精巧繁丽。对仗工整，用典频数，其《豪士赋序》一篇中，对句占2/3，用典占1/3，为南朝骈文的成熟铺平了道路。

六、两晋辞赋

两晋时期的社会形势变化剧烈，西晋一度的短期统一与繁荣后，遭八王之乱、五胡乱华的破坏，东晋偏安后的相对安定与发展，使社会思潮和士人心态也发生了相应的变化。因此，两晋时期的辞赋展现出了丰富多彩的景象。在辞赋的体制上，尽管小赋依然是主流，但大赋也经历了一段时期的复兴。在题材方面，除传统的伤感赋和批判现实的刺世赋外，山水赋也崭露头角。在艺术形式上，赋的语言在追求华丽与工整，以及运用典故和历史事例方面，都有了进一步的发展。大赋的复兴不是偶然的，西晋统一大业的完成，也激发了赋家创作大赋的热情。左思《三都赋》、潘岳《籍田赋》《西征赋》、郭璞《江赋》、孙绰《游天台山赋》等均为篇制宏丽之作。

两晋赋作，在题材方面也比建安以来有所扩展。对社会国家兴亡盛衰的感叹与对个人家庭悲欢离合的忧虑，深深地困扰着赋家，由此产生了不少念乱忧生之作，如陆机《叹逝赋》《豪士赋》《文赋》和潘岳《哀永逝文》《闲居赋》。

两晋时期的赋作在题材上较建安时期有了更广泛的拓展，不仅涵盖了对国家和社会兴衰成败的深刻反思，而且深入描绘了个人与家庭的悲欢离合。还有一些作家，创作了讽刺时弊的愤世之作，运用嬉笑怒骂的讽刺形式，鞭辟入里的揭露了社会的丑恶现象，如左思《白发》、王沉《释时》、鲁褒《钱神》等。

七、南北朝时期的散文

南北朝时期文坛上的重要现象就是骈文的出现和流行，骈文是一种具有均衡对称之美的文体，它实际上是广义的散文的一部分。因其常用四字句、六字句，故又称"四六文"或"骈四俪六"。

南北朝时期的散文，涵盖了南方的宋、齐、梁、陈四朝，以及北方的北魏、北齐、北周三朝的散文。在南朝的整个时期，除部分论议和奏疏外，骈文在散文领域占据了主导地位。骈文以其对偶句式、铿锵音律和丰富的典故运用而著称，这种文体起源于东汉，经历了西晋的发展，到了南朝，尤其是在齐永明时期之后，已经发展成熟并形成了固定的风格。

作家们撰文，一是在隶事用典上更加繁复，二是追求声律的和谐更加自觉，三是句式愈趋整齐，大多以四、六句为主。南朝文常被后人视为文风卑弱的样本，这同作家们大部分出身豪门士族，过着养尊处优的生活，缺乏对广大人民的生活感受，又不能直面现实政治生活有关，以致文章内容空泛，风格轻靡。

相较于南朝，北朝的文学成就略显逊色。在北魏的早期阶段，几乎未见有显著的文学作品问世。在这一时期，文人如温子升、邢劭等，其创作多受南方文风的影响。

此外，还有一些广为人知的著作，包括郦道元的《水经注》、杨炫之的《洛阳伽蓝记》及颜之推的《颜氏家训》。尽管《颜氏家训》主要侧重于论述，可能不被视为纯粹的文学作品，但其文笔优美，深受后世读者的喜爱。

南朝骈文的优秀作家有鲍照、江淹、刘峻、徐陵、沈约等人。其代表性作品有鲍照描写九江、庐山一带山容水貌和云霞夕晖、青霜紫霄的名篇《登大雷岸与妹书》，丘迟的喻理动情的名篇《与陈伯书》《别赋》是江淹创作的抒情小赋，"黯然销魂者，唯别而已矣"这句诗已成为千古流传的名句。另外如孔稚珪讽刺假隐士的俳谐名篇《北山移文》等都是一时代表。

骈文在徐陵和庾信时期达到了顶峰。特别是庾信在北地所作的《哀江南赋序》，不仅在艺术形象上达到了南朝骈文的极致，而且其对故国的思念、个人命运的哀愁及对兴衰更迭的感慨，都深深触动人心，达到了杜甫所言"暮年诗赋动江关"的境界。

唐代诗歌

源远流长的中国古代文学，到隋唐五代时期发展到一个全面繁荣的新阶段，整个文坛出现了自战国以来前所未有的百花齐放、争奇斗艳的局面，其中诗歌的发展更达到了高度成熟的黄金时代。唐代不到三百年的时间中流传下来的诗歌就将近五万首，比自西周到南北朝一千六七百年中遗留下来的诗篇数目多两三倍以上。独具风格的著名诗人五六十个，也大大超过战国到南北朝著名诗人的总和。而李白、杜甫的成就，更达到诗歌创作的高峰。古体近体争奇斗艳，各种风格流派异彩纷呈。初、盛、中、晚各期，名家辈出，星驰云涌。唐诗的发展分为初唐、盛唐、中唐、晚唐四个时期。

一、初唐诗歌

初唐时期，即唐玄宗统治之前，是唐诗发展的早期阶段。一方面，南朝的宫体诗在诗坛上占据主导地位，从唐太宗到上官仪等诗人均创作了大量华丽而婉约的诗篇；另一方面，诗歌改革的序幕正悄然开启。以陈子昂、"初唐四杰"等为代表的诗人，尽管出身低微，却通过个人经历深刻认识到诗歌创作应体现真实情感。因此，他们倡导"兴寄"和"风骨"，创作了如《登幽州台歌》《感遇》《在狱咏蝉》《从军行》《送杜少府之任蜀州》等情感丰富、震撼人心的作品，从内容上对宫体诗进行了深刻的改造或革新。以沈佺期、宋之问、上官仪等为核心的上层诗人，他们在诗歌艺术的精细打磨中，不仅发展和完善了诗歌的格律体系，而且最终确立了宫体诗的格律形式，从而在形式上推动了宫体诗的发展。因此，初唐没有伟大的诗人，却有杰出的诗歌改革家。

（一）初唐四杰

"初唐四杰"指的是初唐"年少而才高，官小而名大"的四位作家——王勃、杨炯、卢照邻和骆宾王。他们致力于文学革新，力求摆脱齐梁诗风，突破了宫体诗题材的狭小范围，扩大了诗歌题材。其中，王、杨擅长五言律诗，卢、骆擅长七言歌行。

王勃自幼聪明过人，有"神童"之誉。代表作《送杜少府之任蜀州》，同是宦游人的赠别，心情本来是复杂的，但他却用"海内存知己，天涯若比邻"这样开朗壮阔的诗句把缠绵的儿女之情一笔撇开，变悲凉为豪放，表现了他不平凡的胸怀抱负。《滕王阁序》也是千古名篇。

杨炯现存作品文多诗少，诗多为五律，代表作为《从军行》。卢照邻工诗，尤擅长七言歌行，现存诗近百首，以《长安古意》最为著名。骆宾王，7岁时有《咏鹅》诗："鹅，鹅，鹅，曲项向天歌；白毛浮绿水，红掌拨清波。"被人称为"神童"。骆宾王的诗文多有散失，在诗歌方面，他擅长七言歌行，《帝京篇》是他的代表作。骆宾王也擅长写五律，其代表作品是《在狱咏蝉》。

【知识链接】

"初唐四杰"的主要贡献

"初唐四杰"由于历史条件及其本身生活的限制，他们的诗都没有彻底洗净齐梁的习气。他们对唐诗演变和发展的主要贡献如下。

（1）他们不满当时诗坛盛行的宫廷诗风，抨击其"争构纤微，竞为雕刻""骨气都尽，刚健不闻"（杨炯《王勃集序》），并努力以清新刚健的诗歌创作，力图突破和改变这种纤弱雕琢、绮靡华丽的宫廷诗风。

（2）他们的诗歌创作还突破了宫廷诗歌狭窄的内容题材范围，走向了更广阔的社会人生天地。

（3）他们的诗歌创作不仅对革新初唐诗风起到了一定作用，而且为五言律诗和七言歌行体的发展作出了有益的探索和贡献。

（二）沈佺期、宋之问

如果说刘希夷、张若虚上承卢、骆，发展了七言歌行，改造了宫体诗，那么沈佺期、宋之问就是上承王、杨完成了五律，发展了抒情诗。沈、宋的主要成就就是总结了六朝以来声律方面的创作经验，确立了律诗的形式。从建安以后，散文、辞赋和诗歌都走上了骈偶的道路，骈文和赋在南朝已经先后确立了。从沈约创立"四声八病"说之后，诗歌的律化也加快了脚步，经过庾信、上官仪和"四杰"的努力，律体基本上确立了下来，到沈、宋就已经成熟、定型。这是中国诗歌史上的一件大事。

（三）陈子昂

陈子昂胸怀大志、才情四溢，富有积极进取精神，但始终没有得到施展的机会。对理想的热切追求，以及理想不能实现的愤慨不平，是贯穿在他的诗歌创作中的主要内容。陈子昂不但有诗歌创作，而且提出了诗歌主张。他明确反对"彩丽竞繁，而兴寄都绝"的齐梁诗风，提倡"汉魏风骨"和"风雅兴寄"。他从根本上抛弃了齐梁诗风，直接继承建安的传统。他上追建安，下开盛唐，一手拉着屈原，一手拉着李白，在六朝的荆棘中踏出一条浪漫主义的大道，通向强烈的政治性、崇高的思想性和爽朗遒动的艺术形式相结合的诗歌境界。代表作《登幽州台歌》："前不见古人，后不见来者。念天地之悠悠，独怆然而涕下！"

（四）其他重要诗人

王绩，其诗作多牢骚语，虽无太大的思想意义，但诗风朴素无华，洗尽六朝铅华，在初唐诗坛上甚为难得，而且对五言律诗的成熟，也有所贡献。他的名作《野望》《秋夜喜遇王处士》，写景如画，冲淡萧散，开唐代山水田园诗派的先声。

张若虚以一首七言歌行《春江花月夜》，奠定了在唐代诗歌史上的大家地位。张若虚的《春江花月夜》，描绘月夜春江明丽纯美的境界，融入浓烈情思和深刻哲理，婉转的音调、无穷的韵味，创造出了非常完美的意境。同时，刘希夷的七言歌行《代悲白头翁》也成为千古传诵的名作。

二、盛唐诗歌

盛唐，即唐玄宗至唐代宗时期，这是唐代诗歌高度繁荣的时期。盛唐诗人将初唐诗人在内容与形式上的改革成果合二为一，完成了内容与形式的结合，于是诗歌创作大放异彩，涌现出王维、孟浩然、王之涣、李白、杜甫等著名诗人。由于他们站在时代的顶峰上，因而也成了整个历史的伟大诗人。特别是李白、杜甫更成了后人不可企及的典范。边塞军功也是诗人实现政治抱负的重要途径，诗坛上出现了以高适、岑参、王昌龄、李颀等人为代表的边塞诗派。这些诗人几乎都亲历过大漠苦寒、千难万险的军旅生涯。他们的诗表达了将士们从军报国的英雄气概、不畏边塞艰苦的乐观精神，描绘了雄奇壮丽的边塞风光，也反映了战士们怀土思亲的情绪。边塞诗给唐诗增加了无限新鲜壮丽的光彩。

（一）山水田园诗代表人物

山水田园诗以王维、孟浩然为代表，他们多仕途失意，受佛、道思想影响较深，寻求隐逸，描写山水田园的自然风光，诗风清新流丽，常常表现出静谧恬淡的境界。

山水田园诗产生的原因是复杂的。在盛唐初期，社会的稳定与经济的繁荣为诗人们创造了理想的物质基础，使他们得以隐居于田园或游历山川。然而，统治阶层内部的权力斗争和大地主阶级的专制统治，导致许多中下层知识分子难以获得官职，或在仕途中遭受排挤。由于无法融入民众之中，他们转而寻求自然山水间的慰藉。当时，统治者对佛教和道家思想的推崇，助长了一种以隐逸为高尚的社会风尚。一些人将归隐作为步入仕途的捷径，即所谓的"终南捷径"，而另一些人视归隐为一种傲世独立的姿态，以此彰显其高尚的人格。从文学发展的角度来看，东晋时期陶渊明所创作的田园诗，以及南朝谢灵运等人的山水诗作，为盛唐时期的诗人提供了宝贵的艺术灵感和创作经验。

山水田园诗以王维、孟浩然为代表，其诗作从题材内容到艺术风格都比较接近，以描写秀丽山水和恬静的田园风光，表达自己淡泊闲适的生活情趣为主，风格清新疏淡，境界静谧恬淡，写景状物工细传神，形式上大力写作五言律诗和绝句。这派诗人除王、孟外，还有储光羲、常建、祖咏、裴迪等。

王维的山水诗融诗情画意于一体，把人引向秀丽明净的境界，那境界里洋溢着蓬勃生机。如《山居秋暝》："空山新雨后，天气晚来秋。明月松间照，清泉石上流。竹喧归浣女，莲动下渔舟。随意春芳歇，王孙自可留。"雨后的松林间，月光斑驳，泉水潺潺。浣纱女踏着月色，从竹林间喧闹着归来；渔人正拨开荷叶，摇舟远去。山村之夜，宛如诗篇，又似画卷。他还有几首诗，宁静中透着几分禅意。在唐代的重要诗人中，他是受佛教思想影响最为明显的一位。但他不是一位完全遁世的诗人，有些诗写得慷慨激昂，有的诗表现出浓烈的人间情思。

孟浩然，早年在家乡隐居读书，后曾入长安求仕，失意而归，布衣终生。孟浩然是盛唐山水田园诗派的代表诗人之一。他的生活经历颇为简单，除了因求仕途而短暂地旅居长安，以及漫游吴越之外，大部分时间他都在家乡襄阳度过，享受着宁静的隐居生活。这就决定了他的诗歌题材比较简单，主要是反映隐居生活和描写旅途的景物风光，如《过故人庄》写做客田家的喜悦，恬静的农舍，真挚的友情，充满浓郁的生活情趣。《春晓》写春日那种明媚、静美、舒畅的感受。孟浩然的许多诗都这样以极简洁的文字，表现多重境界和情思。孟浩然的诗艺术成就很高，有自己的风格特点。在他的诗作中山水诗占多数，在这些诗中有壮阔的山川景物的描绘，如《临洞庭湖赠张丞相》"八月湖水平，涵虚混太清。气蒸云梦泽，波撼岳阳城"，描写洞庭风光气势磅礴，格调雄浑。但这样的诗在他的作品中并不多。孟浩然最擅长的还是描写山林隐居者的幽居情景。在这类诗中，他善于用朴素简洁的白描手法刻画景物，在平凡景物的描写中寄托隐居者的孤寂心境或游子的漂泊之感。他诗风自然高远、清疏简淡，有时略显冷清。如那首《宿建德江》，只用20个字，便写出了无尽的情思韵味："移舟泊烟渚，日暮客愁新。野旷天低树，江清月近人。"暮烟笼罩中的一抹树林，一轮水中月影。在这朦胧而明净、深远而静谧的境界中，弥漫着一缕淡淡的乡愁。

【知识链接】

送元二使安西

【唐】王维

渭城春雨浥轻尘，
客舍青青柳色新。

劝君更尽一杯酒，

西出阳关无故人。

（二）边塞诗代表人物

唐玄宗开元、天宝时期，边塞诗的创作特别兴盛，可谓作家众多、名篇迭出，这在当时诗坛上是一个非常突出的现象。边塞诗的产生主要有以下原因：当时边境战争十分频繁，唐与周边民族几乎都有冲突，时有战争发生，无论这些战争的性质、胜败如何，频繁的战争本身给诗人提供了丰富的创作素材；盛唐国力强大，在边塞战争中占有明显优势，而且当时统治者重视边功，唐玄宗锐意用武，竭力用富有刺激性的措施激励、宠幸边将，从而激发了文人士大夫的从军热情，使唐代许多诗人都具有边塞生活的亲身体验；我国边塞诗的创作由来已久，盛唐边塞诗是对先前边塞诗创作传统的继承和发展。

边塞诗以高适、岑参为代表，他们的诗歌主要描写边塞战争和边塞风土人情，以及战争带来的各种矛盾，如离别、思乡、闺怨等，表现出安边定远、治国安邦的豪情壮志和进取精神。形式上多为七言歌行和五言、七言绝句，诗风悲壮，格调雄浑，最足以表现盛唐气象。其诗人除高、岑外，还有王昌龄、李颀、崔颢、王之涣、王翰等。

高适诗歌的特点是苍劲古朴、雄浑悲壮、笔势豪健。有的表现投笔从戎报效国家的理想，如《塞下曲》；有的抨击武将，如《蓟中作》；有的描写边地风土人情，如《营州歌》；有的揭露军中矛盾和战争的残酷性，如《燕歌行》。尤其是代表作《燕歌行》，既歌颂了士卒勇赴疆场的爱国热情和无私的奉献精神，又揭露了将帅的无能；既有对苍凉边塞景物的描写，又有对战争残酷性的鞭挞；既有对征人思妇乡愁闺怨的同情，又有对军中苦乐不均的谴责。可谓盛唐边塞生活的一个缩影。《别董大》也是其代表作。

岑参的边塞诗涵盖了三个主要主题。首先是战争场景的描绘，强调了战争生活的壮丽与豪迈。这类作品通常从正面着手，展现军队的威严和士兵的英勇。例如，在《轮台歌奉送封大夫出师》中写道："四边伐鼓雪海涌，三军大呼阴山动。"其次是表达对家乡的思念。这类作品常用简洁明了的语言，借助相互映衬的手法和情景交融的境界，传达出深沉的思乡之情。如《逢入京使》所表达："故园东望路漫漫，双袖龙钟泪不干。马上相逢无纸笔，凭君传语报长安。"最后是边疆风光的描绘，反映了边疆的风土人情。这类诗在其诗中最为奇异绚丽，也最能代表其风格。有的写各民族的友好往来，如《赵将军歌》；有的写边地的音乐舞蹈，如《田使君美人舞如莲花北鋋歌》；有的写边地的名胜、古迹、天险，如《题金城临河驿楼》《登凉州尹台寺》《题铁门关楼》；有的写边地雄奇瑰丽的自然风光，如《白雪歌送武判官归京》《热海行送崔侍御还京》《走马川行奉送封大夫出师西征》《火山云歌送别》《天山雪歌送萧治归京》等。我们从中可以看到完全与内地不同的环境气候、民风习俗。这些内容不仅为过去的诗所未写，而且为"古今传记所不载"。

【知识链接】

别董大

【唐】高适

千里黄云白日曛，
北风吹雁雪纷纷。
莫愁前路无知己，
天下谁人不识君？

（三）李白

李白字太白，号青莲居士。李白是我国盛唐时期最伟大的诗人之一，他的诗作是盛唐气象的杰出代表，最集中地体现了那个时代的精神风貌。他的诗歌展现了独特的艺术风格：洋溢着激情的抒情性、变幻无常的想象力及鲜明生动的意象。他将乐府和歌行体裁驾驭得如同行云流水一般流畅自然，情感的爆发宛如黄河之水，汹涌澎湃，一泻千里。他出生于盛唐时期，深受那个时代昂扬精神的影响，晚年却目睹了唐代社会的没落，理想与现实之间形成了鲜明的对比。他的诗里既有建立不世功业在指顾之间的信心，又常常有愤慨不平和对朝廷黑暗的抨击。有抒写功业抱负的；有追求自由理想的；有揭露黑暗政治的；有抨击权贵、蔑视礼教的；有描绘壮丽河山的；有歌唱友谊爱情的；有同情人民疾苦的；还有描写边塞及其他方面的。他的诗歌成就多面，极大地拓展了古体诗的表现手法，将乐府诗的创作推向了一个新的高峰。他的诗作想象奇特，常人难以企及。他的七言绝句与王昌龄的七言绝句并称，被后世誉为"唐代七绝"的典范。前人评价他的诗作"发想无端"，《蜀道难》和《梦游天姥吟留别》便是明证。在丰富的想象中，他的诗作常注入了夸张的元素，如描述愁绪使白发丛生，便有"白发三千丈"之句；描绘庐山的五老峰，便有"青天削出金芙蓉"之语；形容黄河之壮阔，则有"黄河落天走东海，万里写入胸怀间"的豪言。他是一位极具想象力的诗人，其诗作常常带有鲜明的个人主观情感。加之他性格开朗、豪放，他的诗中意象明快清新、色彩斑斓。他无疑是一位天赋异禀的诗人。

【知识链接】

【名句诵读】李白

长风破浪会有时，直挂云帆济沧海。（《行路难》）
燕山雪花大如席，片片吹落轩辕台。（《北风行》）
两岸青山相对出，孤帆一片日边来。（《望天门山》）
飞流直下三千尺，疑是银河落九天。（《望庐山瀑布》）

（四）杜甫

杜甫，字子美，自号少陵野老，唐代伟大的现实主义诗人，与李白合称"李杜"。杜甫生活在唐朝由盛转衰的历史时期，其诗多涉笔社会动荡、政治黑暗、人民疾苦，他的诗被誉为"诗史"。杜甫忧国忧民，人格高尚，诗艺精湛，被后世尊称为"诗圣"。

杜甫比李白小11岁，两人的深厚友情成为千古传颂的文坛佳话。杜甫在青年时代，受到盛唐诗坛浪漫氛围的影响，早期诗歌带有相当浓厚的浪漫色彩，以《望岳》为代表。"会当凌绝顶，一览众山小"正流露了他的雄心壮志。在"安史之乱"中他被叛军所俘，后从长安只身逃至凤翔投奔肃宗，被肃宗授为左拾遗。不久，被贬华州。"安史之乱"给唐代社会带来巨大的破坏，半个中国沦为丘墟。杜甫在战火中流离转徙，写下了《北征》《三吏》《三别》《兵车行》《赴奉先县咏怀五百字》等一系列表现民生疾苦的诗作。在杜甫的诗作中，许多战争的关键时刻、战争造成的破坏，以及在战火中百姓的心态，都得到了极为生动的描绘。《春望》《登楼》《登岳阳楼》都是这样的诗。"戎马关山北，凭轩涕泗流"，"感时花溅泪，恨别鸟惊心"，百感交集，既是身世之感又是家国之悲，已经很难分开了。从杜甫的诗，我们见证了一场显著的转变。杜甫的诗作题材转向了时事评论和底层百姓生活的描绘；在创作手法上，他巧妙地结合了叙事与细腻的描写，并在诗作中注入了抒情的元素。为了便于记录时事，他倾向于采用古体诗的形式，然而，他最为人称道的成就实则体现在律诗的创作上。他在律诗领域的成就尤为显著，不仅拓宽了这一体裁的表现领域，而且深入挖掘了其表达潜力。他既恪守了格律的严格规则，又在一定程度上突破了这些限制。变化莫测却始终遵循规则，书写得神乎其技。如《春望》《春夜喜雨》《登高》等诗。有时，为了更全面地展现一个事件或由特定事件引发的思考，他倾向于使用组诗这一形式。通过组诗来描绘时事，这正是杜甫的独创之处。特别是七律，到了杜甫的笔下，达到了前所未有的成熟境界。在艺术技巧和风格上，杜甫与李白有着明显的差异：李白的诗歌情感奔放，而杜甫更倾向于反复吟咏；李白的想象奇特瑰丽，杜甫则更注重写实；李白的风格奔放飘逸，杜甫则显得沉郁而有节奏。普遍认为，在中国诗歌的发展历程中，杜甫具有集大成的成就，对后世诗人产生了极其深远影响。

【知识链接】

【名句诵读】杜甫

会当凌绝顶，一览众山小。（《望岳》）

读书破万卷，下笔如有神。（《奉赠韦左丞丈二十二韵》）

朱门酒肉臭，路有冻死骨。（《自京赴奉先县咏怀五百字》）

出师未捷身先死，长使英雄泪满襟。（《蜀相》）

三、中唐诗歌

中唐,即唐代宗至唐文宗统治时期,这一时期也是唐诗的黄金时代。尽管"安史之乱"导致唐朝由盛转衰,国力有所下降,但诗歌创作并未随之衰败。这一时期的杰出诗人,包括白居易、韩愈、柳宗元、刘禹锡和元稹等,依旧展现了不减当年的英雄气概。中唐诗歌最显著的特征是流派众多,诗人们各自独特的个人风格极为鲜明。从"大历十才子"到韩孟诗派,每位诗人都有着自己独特的艺术风貌。

(一)新乐府运动

所谓"新乐府",是和古题乐府相对而言的,是一种用新题写时事的乐府诗。新乐府运动,是指中唐时期白居易、元稹等人继承杜甫"即事名篇,无复依傍"的传统,倡导写作新乐府诗以反映民生疾苦讽喻时政的诗歌革命运动。倡导者除了白居易、元稹外,还有张籍、王建、李绅等人。这一运动发展了我国的现实主义创作传统,在文学史上产生了重要影响。

白居易,字乐天,号香山居士,是唐代伟大的现实主义诗人。白居易是我国文学史上继杜甫之后的又一位伟大的现实主义诗人。他在总结我国自《诗经》以来诗歌创作经验的基础上,建立了现实主义的诗歌理论,创作了大量优秀诗篇,有《白氏长庆集》,现存诗有三千多首。反映民生疾苦的讽喻诗,以《秦中吟》《新乐府》为代表,是"为君、为民、为物、为事而作,不为文而作也",从而达到"补察时政"的效果。代表诗作有《长恨歌》《琵琶行》《卖炭翁》等,其诗多篇被列入《唐诗三百首》。

元稹和白居易友善,唱和甚多,世称"元白"。元稹写了很多讽喻诗。他的乐府诗广泛地反映了当时的社会矛盾,如《田家词》揭露官府横暴,反映民生疾苦;《织妇词》描写劳动妇女的悲惨命运;《估客乐》揭露投机倒把,牟取暴利;《连昌宫词》揭露唐玄宗的荒淫误国,其与白居易的《长恨歌》并称。其《离思五首》之四也很有名,"曾经沧海难为水,除却巫山不是云",便是爱情诗中的名句。

(二)韩孟诗派

"韩孟诗派"是中唐的一个诗歌创作流派,以韩愈为领袖,包括孟郊、李贺、卢仝、马异、刘叉。他们践行杜甫"语不惊人死不休"的主张,在形式上追求翻空出奇,表现出重主观心理、尚奇险怪异的创作倾向,因而形成一种奇崛硬险的诗风。他们在艺术上力求避熟就生、标新立异,力矫大历诗风的平弱纤巧。这种诗歌的新的追求与新的变化,积极推动了盛唐以后诗歌艺术境界的开拓。

韩愈,自称"郡望昌黎",世称"韩昌黎""昌黎先生"。韩愈是中唐古文运动的领袖,他的文学成就主要表现在古文创作方面,他在诗歌的创新方面也作出了比较突出的贡献。在诗歌方面，他独立开拓诗歌的新路，是一位别开生面、勇于创新的诗人。韩愈的诗风格多样，他的古诗反映了民生疾苦、抒发政治失意，一般都写得比较平易晓畅，如《八月十五夜赠张功曹》。他的近体诗风格清峻，意味隽永，如《左迁至蓝关示侄孙湘》。他的绝句更写得清新自然，如《早春呈水部张十八员外二首》其一。

（三）郊寒岛瘦

"郊寒岛瘦"指的是中唐诗人孟郊和贾岛的诗风。宋代苏轼《祭柳子玉文》云："元轻白俗，郊寒岛瘦。"二人均以"苦吟"著称，多作穷苦之词，风格清峭瘦硬，故苏轼称之为"郊寒岛瘦"。"寒"指的是二人的诗多写穷愁生活，充满悲苦凄凉的情调；"瘦"指的是不丰满的意思，内容狭窄，想象没有起飞，境界急促。"寒""瘦"是对孟郊、贾岛诗作意境美一种形象性的概括。孟郊的诗多描写个人遭遇和内心感受，情感真挚且深沉，征服人心的是一种苦吟的美、奇险的美。贾岛在炼字炼句上倾注了极大的心血，专注于对每个字词的精雕细琢，却往往忽视了诗歌整体意境的塑造。因此，这位以苦吟著称的诗人虽然创作了许多警句，却鲜有流传千古的名篇。

四、晚唐诗歌

晚唐，即唐文宗至唐亡，这是唐诗的夕阳期。这个时期的代表诗人李商隐的诗句"夕阳无限好，只是近黄昏"正是这一时期诗歌的写照。这个时期没有了理想，只有悲哀、感伤与华艳，构成了这个时期诗歌的主要特色。代表诗人有被称作"小李杜"的李商隐、杜牧，他们的诗歌具有较强的政治性和抒情性，但因理想与现实产生了不可调和的矛盾，因此他们的诗作也充满了感伤的情调。晚唐文坛，一批诗人直接继承新乐府运动传统，写出了充满现实主义精神的作品，如皮日休、陆龟蒙、罗隐等。

杜牧的诗歌主要可分为三类：一类是反映现实政治和社会生活的诗歌，如《感怀诗》《郡斋独酌》《河湟》《早雁》等；一类是咏史怀古诗，如《赤壁》《登乐游园》《过华清宫三绝句》《过勤政楼》等；一类是写景抒情诗，如《泊秦淮》《江南春》《山行》《清明》等，大多数并非单纯写景，而是借景以抒发对历史或现实的感慨。

杜牧的诗歌创作既重视思想内容，也不忽视艺术形式，他主张"凡为文以意为主，以气为辅，以辞采章句为之兵卫"（《答庄充书》）。他的诗作意蕴深厚，情感深沉，艺术上虽不刻意雕琢，却能达到高远的境界。杜牧的诗歌风格兼具俊爽豪宕、峭拔劲健与清丽婉曲、含蓄隽永的特点。他的诗歌语言凝练且隽永，立意高远且超凡脱俗。在艺术手法上，他擅长将叙事、写景、抒情、议论融为一体，尤其在抒情方面表现出色。他的诗作经常运用比兴、寄托及暗示、暗喻等手法，赋予了作品寓意深远、言外之意的韵味，耐人寻味。特别是他的七绝咏史怀古和写景抒情诗，深受后人赞赏。

李商隐诗歌主要可分为以下几类：第一类是政治诗，如五古长篇巨制《行次西郊作一百韵》；第二类是感怀诗，如《安定城楼》《登乐游原》《锦瑟》等，多抒写身世之悲、命运之慨；第三类是咏史诗，如《隋宫》《贾生》《马嵬》《瑶池》等都是名篇，或借古以讽今，或托古以抒怀；第四类是爱情诗，多以"无题"为题，如"相见时难别亦难""昨夜星辰昨夜风"都是脍炙人口的名篇。

李商隐的诗歌继承了古典诗歌的比兴艺术，汲取了杜甫严谨的诗律和李贺诗作的瑰丽奇诡，同时融合了阮籍诗歌的深邃旨意与齐梁时期的绮丽华美，从而塑造出其深情婉转、绮丽精巧的诗歌风格。李商隐诗作最显著的特征在于其深远的寓意和委婉的表达方式。他的诗作频繁运用比兴、象征、暗示和寓托等技巧，构建出意蕴深邃、含蓄且情感细腻、意境遥远的艺术风貌，甚至创造出扑朔迷离的朦胧意象和错综复杂的内涵。此外，李商隐的诗歌注重字句的精雕细琢，语言既华美又含蓄，音韵协调，对仗工整。

宋词

一、词的起源

在隋唐时期，西域的胡乐，尤其是龟兹乐，通过丝绸之路传入中原，与汉族原有的清商乐等音乐相互融合，催生出了一种新的音乐形式——燕乐。燕乐内容丰富，既有舞曲，也有歌曲。这些歌曲的歌辞，便是后来词的雏形，当时人们称为"曲子词"。在唐代燕乐歌辞的发展过程中，逐渐形成了一个鲜明的特点，即严格依据乐曲的要求来创作歌辞。这包括根据乐章的结构分片，按照曲拍的节奏断句，以及依据乐声的高低来选择用字，由此形成了一种句子长短不一但又有固定格式的文字形式。这种新型的歌辞，便是后来人们通常所说的"词"。词又有多种别称，如曲、曲子、曲子词，又称作乐府、乐章、琴趣、诗余、歌曲、长短句等。词牌则是填词时所依据的曲调名称，又称曲牌。有的词牌除了正名之外，还有别名，同时也存在同名但曲调不同的情况。词的结构严谨，"篇有定句，句有定字，字有定声"。

词起源于隋唐，来自民间，到唐代部分文人开始创作词。如中唐白居易《忆江南》。到晚唐五代，词的创作形成了一定规模，代表作家有"花间派"的温庭筠、韦庄和南唐后主李煜等。词兴盛于宋。进入宋代，词的创作逐步蔚为大观，产生了大批成就突出的词人，名篇佳作层出不穷，并出现了各种风格、流派。《全宋词》共收录宋代词人1 330家，词作21 116首，盛况空前。

二、词的分类

词从不同角度有不同分类。一种按字数分。清代毛先舒认为："五十八字以内为小令，五十九至九十字为中调，九十一字以外为长调"（《填词名解》）。王力在《汉语诗律学》中则认为：62字以下的为小令，62以上的为慢词。一首词，有的只有一段，称为单调；有的分两段，称为双调；有的分三段或四段，称为三叠或四叠。词按音乐性质分，可分为令、引、慢、三台、序子、法曲、大曲、缠令、诸宫调九种。还有按风格分，可分为婉约派和豪放派。

三、宋词流派及代表作家

（一）婉约派

婉约派往往用词华丽、委婉、含蓄，描写细致入微，感情细腻真挚，有很高的文学造诣。其内容，或歌男女之情爱，或颂歌舞之升平，或抒发人世间生离死别之惆怅，或倾吐暮春晚秋之伤感，不乏吟花弄月之作，更见人生甜酸苦辣于其中。这些都在不同层面，不同角度反映出了那个时代的社会生活。婉约派代表作家有李煜、晏殊、晏几道、柳永、李清照、秦观等。

晏殊是北宋的著名政治家、文学家，同时也是一代名相，更是北宋时期的文坛领袖，被称为"宰相词人"，是宋词发展的开路人之一。他的词作吸收了南唐"花间派"的词风，从而开创了北宋婉约派的词风。他的词语言清丽，声调和谐，赋予自然万物以生命，读起来别有一番闲情雅致。当然晏殊生在一个和平没有战火硝烟的年代，官场得意，生活富足，还是一个真正的有钱人，后人评价他为"太平宰相富贵词"，因此他写的词又称"富贵词"。晏殊生平著述有《临川集》《紫薇集》《珠玉词》，约二百四十余卷。

晏几道，北宋著名词人，晏殊第七子，与他的父亲晏殊合称"二晏"，是婉约派的重要作家。晏几道的词风与晏殊很相似，既有晏殊词风的清丽婉曲，语多浑成，又比晏殊的词多了一份沉挚与悲凉。在当时甚至后世词人都对他的词有着很高评价，认为他在词的造诣上甚至超过了他的父亲。晏几道的词作思想内容比之其父更加深刻。其中不乏同情歌妓舞女的命运、歌颂美好心灵的篇章；也有关于个人情事的回忆和描写。他的词风多工于言情，他写的小令语言清丽，感情深挚，尤负盛名，表达情感直率，多写爱情生活，通过个人遭遇的昨梦前尘，抒写人世间的悲欢离合，笔调感伤，凄婉动人。在有些作品中，表现出不合世俗、傲视权贵的态度和性格。

李清照，号易安居士，南北宋之交时期的著名词人，人称"易安词""漱玉词"，更是被誉为"词国皇后"。李清照作为婉约词派代表之一，有"千古第一才女"之称。她的词前期多写其悠闲生活，后期多悲叹身世，情调感伤。形式上善用白描手法，自辟途径，语言清丽。论词强调"协律"，崇尚典雅，提出词"别是一家"之说，反对以作诗文之法作词。李清照的前期词作大多抒写少女、少妇的情怀，感情婉曲，词风清丽婉转。她记录游湖的《如梦令》，饮酒思夫的《醉花阴》都是脍炙人口的名作。后期词作则将国破家亡的悲境与颠沛流离的伤痛相融合，词风沉哀凄苦。

【知识链接】

如梦令
【宋】李清照

昨夜雨疏风骤，浓睡不消残酒。试问卷帘人，却道海棠依旧。知否，知否？应是绿肥红瘦。

【赏析】这首小令有人物、场景、对白，充分显示了宋词的语言表现力和词人的才华。小令借宿酒醒后询问花事的描写，曲折委婉地表达了词人的惜花伤春之情，语言清新，词意隽永。

声声慢
【宋】李清照

寻寻觅觅，冷冷清清，凄凄惨惨戚戚。乍暖还寒时候，最难将息。三杯两盏淡酒，怎敌他、晚来风急？雁过也，正伤心，却是旧时相识。

满地黄花堆积，憔悴损，如今有谁堪摘？守着窗儿，独自怎生得黑？梧桐更兼细雨，到黄昏、点点滴滴。这次第，怎一个愁字了得！

【赏析】"靖康之变"后，词人李清照经历了国家危亡、故乡沦陷、丈夫病逝等诸多不幸。这时期她的词作再没有当年那种清新可人，浅斟低唱，而是转为沉郁凄婉。此时的词作主要抒写她对亡夫赵明诚的怀念和自己孤单凄凉的景况。此词便是这一时期的典型代表作品之一。

（二）豪放派

豪放派的创作视野宽广，风格宏伟且豪迈。他们偏好运用诗歌的技巧、句式和用词来填词，语言雄浑，用典丰富，不拘泥于音律的限制。北宋时期的黄庭坚、晁补之、贺铸等诗人都创作了具有此类风格的作品。随着历史的变迁，特别是"南渡"之后，由于时代的巨大变化，这种悲壮而激昂的高亢调子得到了发展，并逐渐盛行起来。辛弃疾更是成为创作豪放词派的杰出代表和领袖人物。豪放词派不仅独立成宗，震撼了整个宋代词坛，还广泛影响了后世的词人，从宋代、金代直至清代，一直有词人高举豪放的旗帜，积极效仿苏轼、辛弃疾等人的词作。自苏轼开创了豪放词风之后，宋词不再局限于文人士大夫抒发个人情感和娱乐的工具，它更承载了当时士大夫对时代变迁、人生哲理及社会政治等多方面的深刻感悟和思考。宋词成功摆脱了仅限于歌舞艳情的局限，升华成为一种象征时代精神的文化符号。其代表作家包括苏轼、辛弃疾、陆游、张孝祥、刘辰翁等。

苏轼是北宋中期文坛领袖，词开豪放一派，与辛弃疾同是豪放派代表，并称"苏辛"。他"以诗为词"，打破词为"艳科"的传统格局，突破音乐对词体的制约和束缚，把词从音乐的附属品变为一种独立的抒情诗体，提高了词的文学地位，从根本上改变了词史的发展方向。苏轼开创了豪放词。他用天才的如椽巨笔，冲击了词坛弥漫已久的浮华之气，帮助词体摆脱了对音乐的依赖性。他的豪放并不粗疏，而是余韵绵长。代表词作有《念奴娇·赤壁怀古》《水调歌头·明月几时有》《江城子·密州出猎》等。

辛弃疾，南宋时期豪放词派的杰出代表，被誉为"词中之龙"，与李清照共同享有"济南二安"的美誉。他具备出将入相的卓越才能，怀揣着抗金报国的宏伟志向。然而，由于南宋朝廷的妥协求和政策，他的壮志未能实现，只能将满腔的爱国情怀倾注于词作之中。辛弃疾在继承苏轼词作豪放风格的基础上，进一步发扬光大，开创出雄浑壮阔的词境。在词的创作手法上，他独具匠心，将经史子集的语言巧妙融入词中，实现了"以文为词"的创新。他的词作风格多样，但其中以壮志凌云、豪情满怀的豪放词最为突出。代表作品有《破阵子·为陈同甫赋壮词以寄之》（醉里挑灯看剑）、《永遇乐·京口北固亭怀古》《摸鱼儿·更能消几番风雨》《清平乐·村居》。

陆游一生的主要精力用于诗歌创作，"是有意要做诗人"，因此作为"辛派词人"的中坚人物，与其诗相比，陆游的词数量并不多。陆游词作写爱国情怀，抒发壮志未酬的幽愤，其词境的特点是将理想化成梦境而与现实的悲凉构成强烈对比。陆游的词作风格多样，有清丽缠绵，真挚动人之词；也有抒发着深沉的人生感受，或寄寓着高超的襟怀，或寓意深远的词。当然最能体现陆游特色之词作，是慷慨雄浑、荡漾着爱国激情的词作，但也正因其词风多种多样而未能熔炼成独特的个性，大有集众家之长"而皆不能造其极"之感。

总体来看，三百年的两宋词，是不断开拓、创新、发展的过程，融合和深化，是宋词的主旋律，这并不意味着越往后期，词就写得越好，因为这和作词者本人的才气有很大关系，才大如东坡、稼轩者，总能写出与众不同的豪放之作，而后世模仿者，却因才气不足，终究比不上他们。宋词的艺术美感，是与唐诗完全不同的，即便是将唐代所有的诗歌读遍了，再去读宋词时，仍然能找到不同的美感，这便是文学形式不同所带来的独特魅力。词更擅长抒情，但又绝不仅仅只抒情。

【知识链接】

江城子·密州出猎
【宋】苏轼

　　老夫聊发少年狂，左牵黄，右擎苍，锦帽貂裘，千骑卷平冈。为报倾城随太守，亲射虎，看孙郎。

　　酒酣胸胆尚开张，鬓微霜，又何妨！持节云中，何日遣冯唐？会挽雕弓如满月，西北望，射天狼。

　　【赏析】本首词表达了强国抗敌的政治主张，抒写了渴望报效朝廷的壮志豪情。上片，前三句直出会猎题意，其次写围猎时的装束和盛况，然后转写自己的感想，决心亲自射杀猛虎，答谢全城军民的深情厚谊。下片叙述猎后的开怀畅饮，并以魏尚自比，希望能够承担卫国守边的重任。

《过零丁洋》
【南宋】文天祥

　　辛苦遭逢起一经，干戈寥落四周星。
　　山河破碎风飘絮，身世浮沉雨打萍。
　　惶恐滩头说惶恐，零丁洋里叹零丁。
　　人生自古谁无死？留取丹心照汗青。

　　【赏析】这首诗蕴含着深沉的悲凉与哀愁，既哀叹国家的命运，也感慨个人的遭遇。它将对家国的哀怨和艰难困苦描绘得淋漓尽致。然而，在诗的结尾，情感却由悲转为壮，由忧郁转为振奋，诗人吟诵出"人生自古谁无死？留取丹心照汗青"的壮丽诗句。这句诗激昂慷慨，掷地有声，以磅礴的气势和激昂的语调展现了诗人的民族气节和对生死的崇高态度。

元曲

　　元曲是元代文学的标志，历来与唐诗、宋词并称。元曲以唱腔、器乐、舞蹈和表演为主要手段，通常包括故事情节、人物形象、意境抒发、音乐节奏和舞蹈动作等多种元素，具有深厚的文学、音乐、舞蹈和戏剧等艺术内涵，代表着元代文学的最高成就。广义的元曲包括散曲和杂剧两部分。

　　散曲作为一种新兴的文学体裁与诗歌形式，其特点在于它不包含表演内容的歌词。与词相比较，散曲在句式与音律上均有所不同。散曲进一步细分为小令、套数及带过曲三种类型。在元代，可考的散曲作家多达二百余人，其中关汉卿、马致远、张养浩等人视为该时期的代表作家。

元杂剧是一种融合了歌唱、舞蹈、对白及杂技等多种艺术手段的综合艺术形式，它标志着中国戏剧艺术走向成熟。在结构上，元杂剧通常采用一本四折（即四幕）的形式来讲述一个完整的故事。杂剧的剧本主要由曲词、宾白、动作三个部分组成。角色分工更趋于细密。杂剧在元代最为流行，当时有姓名可考的杂剧作家有八十多个，见于记载的剧目有五百余种，出现了被后人称为"元曲四大家"的关汉卿、马致远、白朴、郑光祖和以《西厢记》"天下夺魁"的王实甫等著名作家。

就其所展现的社会生活层面而言，元杂剧显得尤为广阔且深刻，主要可划分为以下五大类别：一是爱情剧，其代表作除了王实甫的《西厢记》之外，还有白朴的《墙头马上》、郑光祖的《倩女离魂》及关汉卿的《拜月亭》，它们被誉为"元曲四大爱情剧"。这些作品主要描绘了青年男女对爱情与婚姻的自主追求，鲜明地反映了反封建、反礼教的思想倾向。二是公案剧，其代表作关汉卿的《窦娥冤》《鲁斋郎》及无名氏的《朱砂担》《陈州粜米》等。这类作品主要通过刑事案件的审判过程，深刻揭露了贪官污吏的丑恶面目，以及整个社会制度的黑暗与不合理之处。三是水浒戏，代表作有康进之的《李逵负荆》和无名氏的《鲁智深喜赏黄花峪》等。这类作品主要刻画了梁山英雄除暴安良的侠义行为，其中李逵是元代水浒戏中的核心角色，一半以上的水浒戏都以他为主人公，正面颂扬了那些敢于"犯上作乱"的造反者。四是世情剧，其代表作关汉卿的《救风尘》《望江亭》及郑廷玉的《看钱奴》等。这类作品共同揭露和讽刺了社会上各种丑恶现象，同时赞美了被压迫阶层，尤其是妇女的智慧和斗争精神。五是历史剧，代表作关汉卿的《单刀会》、马致远的《汉宫秋》及纪君祥的《赵氏孤儿》等。这类作品主要通过展现历史上的政治、军事斗争，表达了作者及当时人民的政治观念和道德观念。

综上所述，元曲堪称"一代文学"的典范，其题材广泛多样，创作视野极为开阔，对生活反映得极为鲜明且生动。它塑造的人物形象丰满且富有感染力，语言风格通俗易懂。因此，元曲无疑是我国古代文化宝库中一颗不可或缺的璀璨明珠，也是一份极其宝贵的文化遗产。

【知识链接】

元曲作为元代文学的主流形式，其发展历程可以划分为三个阶段。

在元朝初期，从立国到灭南宋的阶段，元曲从民间的通俗俚语跃升至诗坛，展现出鲜明的通俗化和口语化特征，以及犷放爽朗、质朴自然的风格。这一时期的作者多来自北方，其中关汉卿、马致远、王实甫、王小军、白朴等人的成就尤为突出。例如，马致远的创作题材广泛、意境深远、形象生动、语言优美、音韵和谐，被誉为元散曲中的"曲状元"和"秋思之祖"。关汉卿的杂剧生动描绘了世态人情，曲风多变，小令活泼而深刻，晶莹婉转，套数则豪放且辉煌，痛快淋漓。

在中期，即从元世祖至元年间至元顺帝后至元年间，元曲的创作历程实现了向文化精英和专业化方向的全面转变，散曲逐渐崛起，成为诗坛的主流体裁。这一时期的重要作家包括郑光祖、睢景臣、乔吉、张可久等。

在元朝末期，特别是至正年间至元朝结束的这一时期，散曲作家们将创作曲艺作为他们的专业追求。他们专注于曲艺的韵律与辞藻，追求艺术上的精细雕琢，崇尚风格上的温婉细腻与典雅优美。这一时期的代表性作家包括张养浩、徐再思等。

明清小说

在历史的长河中，中国古代的叙事文学在明清时期达到了其发展的巅峰。就文学理念、文学体裁及文学表现技巧而言，明清小说以其完整性和多样性，将叙事文学推向了前所未有的高度。从展现的社会生活广度、艺术创作的丰硕成果及社会政治理想的丰富性来看，明清小说无疑塑造了中国古典文学的辉煌顶峰。

一、明代小说

（一）明代小说概况

明代文人所创作的小说，主要分为白话短篇小说与长篇小说两大类。而在长篇小说这一范畴内，根据题材和思想内容的差异，又可细分为五大类：历史演义小说、英雄传奇小说、神魔小说、世情小说及公案小说。

1. 历史演义小说

历史演义小说滥觞于宋元时期的说话艺术领域，尤其是讲史这一分支。历史演义小说以某一朝代的历史事件为基石，吸纳了野史、杂谈及民间传说的诸多元素，通过扩展与演绎而得以成型。其特色在于"七分事实，三分虚构"。在元末明初，罗贯中的《三国演义》不仅堪称历史演义小说的典范，更是中国历史上的第一部章回体历史小说，彰显了历史演义小说的卓越成就。在它的引领下，历史演义小说如雨后春笋般涌现，其内容几乎涵盖了从远古传说时代直至汉晋唐宋的各个历史时期。其中较为著名的有《列国志传》《全汉志传》《唐书志传通俗演义》等。

2. 英雄传奇小说

英雄传奇小说同样起源于宋元时期的讲史文化，但与历史演义小说有所区别的是，它并未局限于某一特定朝代的历史事件发展，而是着重刻画了理想化、富有传奇色彩的英雄人物，且这些作品中包含了不少虚构的成分。明初时期，施耐庵创作的《水浒传》便是此类作品的典范，它标志着中国古典小说在现实主义艺术表达上的逐渐成熟。明中叶以后，产生了不少英雄传奇小说，较著名的是万历年间熊大木所著的《北宋志传》和无名氏所作的《杨家府演义》。

3. 神魔小说

神魔小说深受宗教文化的影响，其内容广泛涉及鬼神魔怪，充满了奇异的想象与幻想元素。吴承恩创作的《西游记》无疑是神魔小说领域内最为杰出的经典之作。《西游记》同样植根于宋元时期的说话艺术与民间传说，经由文人作家的精心加工与创作而最终成型。此外，许仲琳所著的《封神演义》是影响较大的一部。

4. 世情小说

世情小说是以社会现实生活，尤其是家庭生活为题材，刻画种种世态人情的小说，以《金瓶梅》为代表。《金瓶梅》是中国文学史上首部文人独立创作的长篇巨著，它标志着小说创作迈入了一个新纪元，开始挣脱历史故事与传说的枷锁，转而聚焦现实生活，对日常琐碎进行了深入细腻的刻画。这一变革在中国小说发展史上具有里程碑式的意义。继《金瓶梅》之后，世情小说的发展呈现出了两种鲜明的趋势：一方面，部分作品在展现世间百态与人情冷暖的同时，融入了因果报应的哲学思想，如明末清初西周生所撰写的《醒世姻缘传》便是其中的佼佼者。另一方面，一些作品则逐渐转向了才子佳人的主题，诸如同样诞生于明末清初的《玉娇梨》与《好逑传》，便是此类小说的典范之作。

5. 公案小说

在明朝晚期，公案小说的蓬勃发展，深刻映射出当时社会的阴霾与政治的腐朽。其中，李春芳的《海刚峰先生居官公案传》与佚名作者的《包孝肃公百家公案演义》等作品，均为公案小说中的佼佼者。这些小说在颂赞清廉官员的同时，也在一定程度上揭露了当时社会政治的阴暗面及阶级矛盾的激化。公案小说往往追求情节设计的曲折多变与引人入胜，但在对人物性格的深度刻画上却有所欠缺，这在一定程度上使其艺术表现力略显粗糙。

（二）代表作品

1.《三国演义》

《三国演义》是我国第一部章回体小说，也是我国第一部历史演义小说，作者是元末明初的罗贯中。《三国演义》着重描绘了三国时期魏、蜀、吴三国之间的纷争与较量，其主要人物与事件大多取材于陈寿的《三国志》及裴松之的《三国志注》，同时广泛吸收了各类野史与杂传的素材。相较于史书《三国志》，该小说在情节上进行了大量的丰富与拓展，融入了许多传说与虚构元素。在创作思想上，陈寿的《三国志》以曹魏为正统，而罗贯中的《三国演义》秉持拥刘反曹的立场，尊蜀汉为正统。

《三国演义》不仅是较早的一部历史小说，还代表着古代历史小说的最高成就。这部小说运用了浅显易懂的文言文，语言明快且流畅，雅俗共赏；其笔法变化多端，通过对比和映衬，旁征博引，波澜起伏，摇曳生姿。这部小说构筑了一个宏伟的架构，将近一个世纪内纷繁复杂、错综交织的事件和众多角色安排得井然有序，叙述清晰有序，前后相互呼应，彼此紧密关联，环环相扣，层层深入。

《三国演义》在艺术上的卓越成就，尤为显著地体现在战争场景的刻画与人物形象的塑造上。该作品在战争描绘方面展现出非凡的创造力，能够细腻捕捉并生动呈现每一场战役的独特风貌。在叙述时，应着重突出在特定情境下战略与战术的巧妙运用，以及这些策略如何激发作战中的主观能动性和智慧，而非仅仅聚焦于单纯的武力比拼或英雄个人的武艺展示。如官渡之战、赤壁之战、夷陵之战等，每次战争的写法也随战争特点发生变化，在写战争的同时，兼写其他活动，作为战争的前奏、余波，或战争的辅助手段，使紧张激烈、惊心动魄的战争表现得有张有弛、疾缓相间。在赤壁之战的前夜，小说细腻描绘了孙权与刘备结成的坚固联盟，以及诸葛亮与周瑜之间微妙而复杂的关系，同时刻画了曹操的谨慎侦察行动，还有孙、刘联军精心设计的诱敌深入之策。在人物性格的刻画上，小说尤为擅长将角色置于现实斗争的尖锐矛盾中，借助他们的言谈举止及其所处的具体环境，深刻揭示其内心世界与个性特征。例如，曹操的狡诈多谋，其每个举动似乎都暗藏着不可告人的心机；张飞则性情直率，言谈举止间无不透露出天真与鲁莽的气息；而诸葛亮智谋过人，面对任何情况都能从容应对，游刃有余。著名的关羽"温酒斩华雄"、张飞"威震长坂桥"、赵云"单骑救幼主"、诸葛亮"七擒孟获"等更是流传极广的篇章。

《三国演义》虽然以历史为背景，但它本质上并非史书，而是一部文学作品。由于其经过艺术加工，包含了许多虚构的元素。

2.《水浒传》

《水浒传》创作于明初，作者施耐庵。同《三国演义》一样，《水浒传》也是在民间故事和话本、戏曲基础上创作而成的。《水浒传》是我国历史上第一部描写农民起义的小说，描写的是北宋末年发生的以宋江为首的一次起义。本书以"官逼民反"为主线，描绘了一群受暴政压迫的英雄好汉，他们揭竿而起，聚集于水泊梁山，直至最终接受招安，导致起义的失败。这部小说之所以拥有灿烂的艺术生命力，关键在于成功地塑造了一二十个性格鲜明的英雄形象。小说经常将这些人物置于多样的环境之中，通过他们各自不同的经历和身份，展现了他们独特的性格特点及各自不同的抗争路径。语言以其口语化的显著特征，展现出明快、简洁、生动、精确和富有表现力的特点，在个性化表达上达到了极高的艺术水平。

《水浒传》杰出的艺术成就，集中地表现在英雄人物的塑造上。它塑造了一系列性格鲜明、光彩照人的英雄群像，尤其是李逵、鲁智深、武松、林冲等形象，更是家喻户晓，在群众中有深刻的影响。《水浒传》人物塑造的独特成就表现在以下几方面。

（1）现实主义和浪漫主义相结合的表现手法。《水浒传》中的英雄角色，均被赋予了浓厚的理想主义色彩，作者满怀激情地颂扬他们，将他们描绘得熠熠生辉。然而，作者并未将这些英雄神化，而是立足于现实生活，实事求是地刻画了他们的性格特点和心理状态。这些英雄形象虽不乏艺术上的夸张手法，但却并未脱离生活实际，既合情合理，又真实可信。这标志着中国古典小说在现实主义艺术方面取得了显著的进步和提升。

（2）能够从社会环境和人物关系出发，去把握人物的思想性格。在人物描写上，《水浒传》能够从社会环境和人物关系出发，去把握人物的思想性格，因而不仅能通过不同人物的不同环境际遇、不同生活条件写出不同人物的不同性格特征，而且能在社会阶级斗争的发展中，写出人物性格的发展变化。在这方面，林冲从逆来顺受、忍辱负重到和统治阶级最后决裂，毅然决然造反上山的思想变化的曲折过程是写得最出色，也是写得最具有典型意义的。

（3）白描叙事，简洁明快，活泼流畅。

（4）语言明快洗练，人物语言"一人一声口"。

3.《西游记》

吴承恩传世之作《西游记》充分显示了他博学多识、机智风趣、观察入微、想象丰富、语言幽默的创作才华。神魔小说《西游记》故事分为四部分：前七回写孙悟空的来历；第八回至第十二回写唐僧的来历和取经的缘由；第十三回至九十九回写取经过程所经历的灾难；第一百回写以东返成正果结束。取经本身是宗教活动，但作者赞颂了唐僧师徒为了取真经，百折不回坚持斗争的精神，最后得成"正果"，是个富有寓意的故事。特别是作者写孙悟空取经前的经历和他在取经过程中与某些妖魔的斗争，曲折地反映了封建时代的社会现实。作者以游戏笔墨，通过神话故事，寄托了他对现实的激愤。鲁迅在《中国小说史略》中指出，《西游记》"讽刺揶揄则取当时世态，加以铺张描写""故虽述变幻恍惚之事，亦每杂解颐之言，使神魔皆有人情，精魅亦通世故"。

《西游记》的艺术魅力主要表现在奇幻与奇趣。

（1）奇幻。小说通过大胆丰富的艺术想象，引人入胜的故事情节，创造了一个神奇绚丽的神话世界。这些奇幻描写不是为了炫人耳目，满足读者的猎奇心理，而是为了塑造人物形象，特别是孙悟空这样一个理想化的英雄形象。这些幻想虽然看似异想天开，但是并非随心所欲地胡思乱想，而是有现实生活的依据的，都能在奇幻中透露出生活气息。

（2）奇趣。首先，《西游记》是中国古典小说中趣味性和娱乐性最强的一部，虽然取经路上尽是险山恶水，妖魔鬼怪层出不穷，但是却充满了愉悦，一点紧张感和沉重感都没有。这种奇趣首先跟人物的思想性格有关，如孙悟空乐观主义的戏剧性格；猪八戒农民式的憨厚朴实，猪似的懒惰自私、贪吃好色、自作聪明。其次，在人物形象的塑造中将神性、人性和自然性三者很好地结合起来，也是《西游记》奇趣的重要原因。《西游记》是一个神化了的动物世界，同时又熔铸了社会生活的内容。孙悟空本来是个猴子，因此他的性格中具有猴子的属性，如机敏灵活、顽皮好动；猪八戒身上则具有现实生活中猪的一些属性，如好吃、偷懒、蠢笨。这使全书充满了童话色彩，得到了从老人到小孩的广泛喜爱。最后，《西游记》中还充满了童话中天真烂漫的乐观情调，这也是《西游记》奇趣风格形成的重要原因。

4. 三言二拍

冯梦龙，字犹龙，又字公鱼、子犹，别号龙子犹、墨憨斋主人等。他出生于明后期万历二年，正是西方文艺复兴时期。在有着几千年文明的东方大国，也出现了许多离经叛道的思想家和艺术家。在这一批文人中，冯梦龙以其对小说、戏曲、民歌、笑话等通俗文学的创作、收集、整理、编辑，为我国文学做出了独特的贡献。他卒于清顺治三年，终年七十三岁。"三言"即冯梦龙编纂的《喻世明言》（原名《古今小说》）、《警世通言》、《醒世恒言》三书，都是短篇小说集，共收宋元"话本"和明人"拟话本"120篇，其中有些是他自己创作的。"三言"中的作品，大都具有比较鲜明的市民文学的特色。

"二拍"是凌濛初（1580—1644年）编著的《初刻拍案惊奇》（1632）和《二刻拍案惊奇》两部短篇小说集，共收78篇作品。与"三言"比较，其所反映的社会生活与思想高度相当，但封建说教及宿命论观点更为浓重。

二、清代小说

（一）清代小说概况

清代标志着中国古代长篇小说的鼎盛时期。这一时期不仅见证了作品数量的激增，而且风格和流派也呈现出前所未有的多样性。尤为关键的是，这些小说紧密贴合现实生活，不再局限于描绘过往的英雄时代或传奇式的英雄人物，而是将焦点转向了世俗社会和普通民众。在清代，阶级矛盾、民族矛盾及思想文化领域的斗争，对小说创作产生了深远影响。从清初到乾隆年间，小说创作迎来了黄金时代，无论是在数量和质量上，还是在内容和形式、风格和流派方面，都相较于前代有了显著的进步和发展。在乾隆时期，《聊斋志异》和《红楼梦》的问世，分别将文言文小说和白话文小说的创作推向了巅峰。在乾隆时期之后，直至鸦片战争爆发之前，也即嘉庆和道光年间，文学作品中出现了大量脱离现实、宣扬名教和因果报应的倾向，导致小说创作呈现出一种萎靡不振、沉闷乏味的态势。清初至乾隆末年（1644—1795年），小说创作在数量和质量、内容和形式、风格和流派等方面，比前代均有较大发展。历史演义和英雄传奇在清初格外突出。重要的作品有《水浒后传》《隋唐演义》《说岳全传》《女仙外史》等，写的是历史和历史人物，表现的是当时社会被压迫人民和民族的反抗意识。文言短篇小说集《聊斋志异》承袭了六朝志怪与唐代传奇的优秀传统，被誉为中国文言小说的巅峰之作。长篇小说《儒林外史》则汲取了古代文学讽刺艺术的精髓，描绘了一幅宏伟的社会生活画卷，是中国古代讽刺文学的杰作。而长篇小说《红楼梦》通过叙述一个贵族家庭的没落，折射出当时青年男女对个性解放的渴望与封建礼教的尖锐对立，闪耀着民主主义的光芒，被视为中国古代现实主义文学的巅峰之作。

（二）代表作品

1.《聊斋志异》

蒲松龄，字留仙，号剑臣，又号柳泉居士。蒲松龄向往清明政治，也想做个恤民清官，然而他社会地位低下，又长期科考失意，无法施展自己的政治抱负，使他对黑暗现实有所认识，对人民的疾苦有所同情，因此创作《聊斋志异》。"聊斋"是作者书斋的名字，因为这部小说集里大部分是写狐鬼神怪的故事，故曰"志异"。《聊斋志异》共12卷491篇，是中国文言小说集大成之作。作者从民间故事中汲取丰富营养，并继承六朝志怪和唐代传奇传统，把"志怪"和"传奇"的特色加以融汇和发展，使作品既保持了"志怪"神奇怪异的特点，又富有"传奇"的现实性、生动性和人情味。

《聊斋志异》中的小说作品可大致分为写情与寓意两类。前者以赞美爱情为主，兼写美好的亲情、友情，属美情小说。后者以揭露社会黑暗即抨击官场、科场为主，兼及不良世风，属讽谕小说。所写故事大致可以分为以下几类。

（1）表达公众的愤怒，揭露贪污和暴政。《聊斋志异》中这部分内容具有深刻的思想价值。它反映了当时社会政治的腐败、官吏的贪污和暴政、豪强的肆意横行，以及民众的痛苦和无奈。

（2）揭示科举制度的缺陷。蒲松龄19岁成为秀才，却屡次参加乡试失败，功名之路就此断绝。他深受考试之苦，屡屡落榜，失望、悲伤、愤慨，不仅在诗词中得以抒发，而且通过谈论鬼怪狐仙来宣泄。

（3）狐鬼花妖与书生交往的故事。在《聊斋志异》中，蒲松龄通过众多狐仙、鬼魅、花精与书生之间的交往故事，勾勒出自己在孤独生活中的幻想世界。同时，他也利用这些故事来抨击封建礼教和婚姻制度，颂扬了纯真的爱情。

（4）关注社会风气和家庭伦理的作品。这类故事的核心目的在于劝诫，通常它们直接描绘现实人生，很少运用幻想的笔触，而是以现实的伦理道德观念作为讽刺的基础。

（5）具有教育意义的寓言故事。《崂山道士》写的是一个世家子弟学仙得道的故事，向世人传达，学习任何事物都需要持之以恒，不能仅仅浅尝辄止，满足于肤浅的理解而自吹自擂，否则必将遭遇挫折。在《画皮》的故事中，王生被一位女鬼所迷惑，历经苦难。这提醒我们要透过现象看本质，切勿被表面现象所迷惑。对于邪恶的存在，我们绝不能心存怜悯，必须彻底根除。对恶人的宽容，只会让无辜者受害。

《聊斋志异》体现了出于六朝志怪和唐人传奇而胜于六朝志怪和唐人传奇的创作特征。

（1）采用传奇的方法来志怪。"用传奇法，而以志怪"（鲁迅《中国小说史略》）。传统的志怪小说，大抵叙述鬼神怪异之事，篇幅短小又仅"粗陈梗概"，语言简约而显露不出文采。唐代的传奇小说以其"叙述曲折、文辞华丽"而著称，小说的核心聚焦于世间的人情世故。蒲松龄运用传奇的技巧，创作出关于花妖狐魅的故事，使小说内容既精彩又充实，情节既奇异又生动，呈现出一种极为迷幻和曲折的色彩。

（2）情节委曲，叙次井然。《聊斋志异》提升了小说的艺术品质，拓展了小说的形态和类型。文言小说的发展轨迹之一，是从粗略勾勒梗概到叙述委婉细腻。《聊斋志异》中的故事往往叙述详尽且曲折动人，其中一些篇章更是以情节的跌宕起伏和扣人心弦著称。如《王桂庵》写王桂庵江上初逢芸娘，后沿江寻访苦于不得，再后偶入一江村，却意外地再见芸娘，却又由于一句戏言，致使芸娘投江；经年自河南返家，途中又蓦地见到芸娘未死，好事多磨，几乎步步有"山重水复疑无路，柳暗花明又一村"之趣。《聊斋志异》展现了作品类型的多样性，这不仅反映出作者继承了传统小说观念中对内涵界定不明确的特点，因此其中包含了一些简单的记事短篇，同时也展示了作者在创作上的探索精神，引入了不以故事情节为中心的小说类型。

（3）描写丰美，形象生动，善用多种手法塑造个性鲜明的人物。较之以前的文言小说，作品加重了对人物环境、行动状况、心理表现等方面的描写。如《连琐》开头便写杨于畏"斋临旷野，墙外多古墓，夜闻白杨萧萧，声如涛涌"为鬼女连琐的出场设置了阴森的环境。《红玉》写红玉初见冯相如："一夜，相如坐月下，忽见东邻女自墙上来窥。视之，美。近之，微笑。招以手，不来亦不去。固请之，乃梯而过，遂共寝处。"生动地表现了两情相悦的情景。

（4）语言精练，词汇丰富，句式富于变化。如《婴宁》中，写婴宁爱笑，就用了"笑容可掬""嗤嗤笑不已""笑不可遏"等总共不下二十余处，但无一处相同，各有特色，且符合不同的情境。

（5）语言以文言为主，杂以民间方言俗语，简练雅洁，灵活多样。作为文言文小说的典范，《聊斋志异》的语言恰到好处、生动形象且充满表现力。《聊斋志异》相较于唐宋时期的古文，其文辞更为平易近人，句子结构简单，追求表达清晰，很少使用繁复的修饰。根据文章的需要，语言运用灵活多变。例如，不同地位和身份的人物，他们的对话风格也呈现出雅俗、庄谐的差异。文中书信、判词采用骈文形式，而"异史氏曰"的文言文极为纯正，显得庄重而典雅。

2.《儒林外史》

吴敬梓怀着愤世嫉俗的心情，创作了《儒林外史》。《儒林外史》全书共55回，小说里的人物大多依据当时的真人真事写成。为避免文字狱，作者故意把故事的背景移至明代，实际上是清统治下的十八世纪中国封建社会的写照。《儒林外史》传达了对科举制度的批判及对功名利禄的轻视这一核心理念。

本小说主要刻画了封建社会中形形色色的"儒生"形象，尖锐地讽刺了那些沉溺于功名利禄的"无行文人"的各种可笑行径。同时，作品对败坏士人精神的科举制度进行了猛烈抨击，并对"八股文"及其追随者——那些沉迷于"八股文"的迂腐儒生—进行了无情的批判。此外，对"程朱理学"的虚伪和残酷，官吏乡绅的贪婪和横暴，以及其他黑暗现象，都有所揭露和抨击。小说成功地描写了封建社会中不同类型的知识分子，这是小说最突出的成就。通过一些书生群像，深刻地批判了八股科举制度，并对虚伪的封建礼教、吃人的"程朱理学"进行了无情的嘲笑和鞭笞，同时辛辣地讽刺了昏庸无能、贪赃枉法的官僚和爱财如命、悭吝成性的地主。小说也热情歌颂了一批正直仁善的人物，如卖画为生的王冕，卖艺为生的鲍文卿，卖文为生的杜少卿等。

《儒林外史》的艺术成就主要体现在以下几方面。

（1）"戚而能谐，婉而多讽"，集中国讽刺文学之大成。以生活本身所固有的"自然"形态即高度的写实性来讽刺，将人物冠冕堂皇的言词跟其卑鄙肮脏的行为对照，让人物灵魂自我暴露。寓嬉笑怒骂于情节和场面描写中，不著一字，尽得风流。

（2）连环画式结构。以一回或几回为一环，次第展开一个个生活画面，描写一个个人物，环环相扣又环环相生。"虽云长篇，颇同短制"。

（3）行文用语生动、准确、洗练，富于形象性和表现力。

3.《红楼梦》

曹雪芹的《红楼梦》产生在中国封建社会行将崩溃，资本主义萌芽正在发展的时代。小说以宝黛钗的爱情婚姻悲剧故事为中心，通过对贾府内外矛盾和由盛而衰的描写，深刻反映了中国十八世纪中叶广阔的社会现实，集中表现了封建末世错综复杂的矛盾和斗争，揭露了封建统治的黑暗和腐朽，以及封建伦理道德、礼治法规的虚伪和反动，堪称中国封建社会末期的一面镜子。

鲁迅说："至于说到《红楼梦》的价值，可是在中国的小说中实在是不可多得的。其要点在敢于如实描写，并无讳饰，和从前的小说叙好人完全是好，坏人完全是坏的，大不相同，因此其中所叙的人物，都是真的人物。"(《中国小说的历史的变迁》)《红楼梦》在艺术上的主要成就体现在以下几个方面。

（1）在广阔的社会背景里，通过对庸常生活的精心提炼和细致描绘，真实再现当时社会形形色色人物的本来面貌。

（2）人物塑造成就极高，善于运用多方面艺术技巧，特别是心理描写深入揭示人物的精神面貌。

（3）景物描写非常成功，它能很好地烘托人物性格和渲染环境气氛，达到情景交融、如诗如画的地步。

（4）艺术结构宏大而完整，使众多的人物活动于同一时空，使情节的推移具有整体性。

（5）语言成就巨大，精炼、生动、流畅、鲜明、富于表现力、人物语言个性化。

文化践行

一、课程实践

1. 主题：宝黛之争。

形式：辩论会。

材料：有人说黛玉是幽谷中的百合，清幽淡雅；宝钗是怒放的牡丹，香气凝重。她们一个敏感多愁，"心较比干多一窍"，一个稳重端庄，"温柔敦厚"。"人生自是有情痴，此恨不关风与月"。面对一个神仙似的妹妹，一个善解人意的姐姐，宝玉选择了"木石前盟"，但造化弄人，命运却为他选择了"金玉良缘"。表面上，这场爱情PK赛中，宝钗胜了，可"纵然是齐眉举案，到底意难平"，婚后的宝钗并不幸福。请说说宝玉的感情天平为何会倾向黛玉？你喜欢黛玉还是宝钗？你认为真正的女性美应体现在哪些方面？怎样才能做一个在职场上受欢迎的现代女性？

2. 主题：奶油小生PK英雄硬汉。

形式：座谈会。

材料：张生、柳梦梅、侯方域三位男性，在始乱终弃、富贵易妻成风的封建社会，可谓是情深意长的痴情男儿，但他们三位的性格又各有特点，请试做比较，并谈谈你最欣赏的一位。请说说要成为一位受异性青睐的现代男性，需要具备怎样的条件？请联系《三国演义》中的英雄群像和现代职场的成功人士，谈谈要成为一名成功男性应该具备哪些素质？

3. 主题：现代女性的审美观。

形式：辩论会。

材料：舒婷的《致橡树》用木棉来象征现代女性，她们和男性一起"分担寒潮、风雷、霹雳""共享雾霭、流岚、虹霓"，有着独立的事业和尊严。李清照是我国古代著名的女词人，她的词突出了一个"愁"字，而这个"愁"往往是"闺愁""离愁"，她的喜怒哀乐都与男性有关。你是愿做一枝"攀缘的凌霄花"，还是愿做一株傲霜的腊梅？请以"现代女性的审美观"为题开一次辩论会。

二、各抒己见

1. 我国许多名胜古迹随处可见古代的诗词楹联，它与自然景点构成了相映成趣的自然景观和人文景观。江南三大名楼岳阳楼上有一副对联："一楼何奇？杜少陵五言绝唱，范希文两字关情，滕子京百废俱兴，吕纯阳三过必醉，诗耶？儒耶？吏耶？仙耶？前不见古人，使我怆然涕下！""诸君试看，洞庭湖南极潇湘，扬子江北通巫峡，巴陵山西来爽气，岳州城东道崖疆，潴者，流者，峙者，镇者，此中有真意，问谁领会得来？"它化用了哪些古诗、传说和典故？你能找出与它的相关人物、诗词作者及原文吗？你能否在居住的城市及其附近的景点游览时也对其人文景观做一番考察呢？

2. 下列诗词都出自《红楼梦》，并且现在仍然作为歌曲广泛地被传唱，请谈谈你对它们的理解。

（1）《枉凝眉》：一个是阆苑仙葩，一个是美玉无瑕。若说没奇缘，今生偏又遇着他；若说有奇缘，如何心事终虚化！一个枉自嗟呀，一个空劳牵挂；一个是水中月，一个是镜中花。想眼中能有多少泪珠儿？怎经得秋流到冬尽，春流到夏！

（2）《红豆曲》：滴不尽相思血泪抛红豆，开不完春柳春花满画楼。睡不稳纱窗风雨黄昏后，忘不了新愁与旧愁。咽不下玉粒金莼噎满喉，照不见菱花镜里形容瘦。展不开的眉头，捱不明的更漏。呀！恰便似遮不住的青山隐隐，流不断的绿水悠悠。

3. 朋友之间怎么做才是真正地讲义气？有人说《三国演义》的文化特质是"忠义文化"，作为生活在市场经济体制下的我们，怎样看待"忠义文化"？你认为朋友之间怎么做才是真正地讲义气？

三、测一测

（一）填空题

1. 先秦文学是中国文学的光辉起点，先秦诗歌创作的两大高峰分别是_____和_____。

2. "诗仙"和"诗圣"分别指的是唐代两位光照千秋的诗坛巨星_____和_____。

3. "元曲四大爱情剧"分别是关汉卿的《拜月亭》、白朴的《墙头马上》、_____和_____。

(二)选择题

1. 《聊斋志异》的作者是（　　）。
   A. 蒲松龄　　　　　B. 李汝珍　　　　　C. 吴敬梓　　　　　D. 刘鹗

2. 暑假旅行拍摄的照片中，有一张是不可能拍到的照片，这张照片的景象应该是（　　）。
   A. 四面荷花三面柳　　　　　　　　B. 绿树村边合
   C. 古道西风瘦马　　　　　　　　　D. 三更画舫穿藕花

3. 下列各位词人中不属于婉约派的是（　　）。
   A. 李清照　　　　　B. 张孝祥　　　　　C. 柳永　　　　　　D. 秦观

4. 下列不属于"唐宋八大家"的是（　　）。
   A. 欧阳修　　　　　B. 曾巩　　　　　　C. 王勃　　　　　　D. 苏洵

第五章　中国传统民俗与节日

本章提要

民俗是历代相沿积久而成的风尚、习俗。中国素有"美教化，移风俗"的传统。服饰文化、饮食文化、礼俗文化都具有很强的民族性、区域性和传承性，深入了解中国民俗，可以更好地把握中国文化的特征。中国传统节日是中华民族弥足珍贵的历史文化遗产。传统节日的形成，是一个民族或国家的历史文化长期积淀凝聚的过程。从远古先民时期发展而来的中国传统节日，蕴含着深邃丰厚的文化内涵。它包含着中华民族的精神和灵魂，包含着我们的祖先对宇宙和人生的透彻认识，也包含着中华民族的悠久文明和伦理、道德。它不仅是中国历史中一篇华丽的乐章，同时也寄托着整个民族对未来的憧憬和希望。因此，认识、接受、传承中国传统节日文化是增强民族凝聚力，提高国家的软实力，传承优秀传统美德的重要途径，是每个中国人的责任和使命。

服饰文化

一、服饰文化的发展之基

从"黄帝垂衣裳而天下治"的历史记载中，人们可以窥见中国古代服饰悠久的历史，并且随着时代的演进，它逐渐形成了自己独特的文化体系。中国服饰文化，从宏观的服饰文化观念到着装配饰与妆容的搭配法则，都深刻体现了影响中国数千年的礼乐文化精髓。服饰文化，实际上是中国礼乐文化中极为重要的一环。同时，在中国服饰的发展历程中，儒家、道家等哲学思想贯穿始终，它们是中国服饰文化发展的核心精神。

孔子在《论语·尧曰》中说："君子正其衣冠"，这句话不仅指穿戴衣饰要整齐以示自身的教养，还暗示着衣冠整齐、得体本身就是君子的起码礼仪。不仅如此，服饰还可以代表一定的社会身份和品位，因此，衣冠不整的人是被引以为耻的。在孔子的哲学体系里，服饰不仅是礼的外在表现，更承载着深远的意义。它所涉及的安排与规范，不应被视为仅仅是形式主义的烦琐仪式，而是与国家治理、家庭和谐及世界和平紧密相连的重要组成部分。在这一视角下，服饰成为君子内在才智与道德品质的外在显现。

中国服饰是礼仪文化的一种体现，其中最具代表性的便是冠冕制度。具体来说，冕冠作为一种礼帽，其外观为黑色，内里为红色。冕冠的顶部称为"冕绖"，其设计呈前低后高之态，寓意深远：它象征着王者地位的至高无上，但同时也隐含着对王者可能滋生的骄矜之气的警醒，提醒王者即便身居高位，也应怀有谦逊之心。冕冠的前后各饰有12根冕旒，每根串有12颗玉珠，总计288颗。这些冕旒的设置并非随意，而是有其深刻的象征意义——它们起到了遮蔽视线的作用，意在告诫王者应做到"不视非、不视邪"，即不应被不正之事所迷惑。此外，在冕冠靠近两耳的位置，还各有一颗被称为悬瑱或充耳的珠玉，它们同样承载着重要的寓意：提醒王者在听取言辞时要明辨是非，切勿轻信谗言。

在周朝，王室的冕服制度十分严格，共有六种不同的冕服，这一制度被称为六冕制。根据不同的礼仪场合，如祭天、会宾、大婚等，王需要穿着相应的冕服。六冕服包括大裘冕、衮冕、鷩冕、毳冕、希冕和玄冕。至于其他贵族，如公、侯、伯、子、男等，他们所被允许穿戴的冕服种类依次递减，这种差异性鲜明地体现了古代社会的等级制度和礼仪规范。在古代服饰中，体现权力的另一个显著特征便是服饰上所使用的龙凤图案。这些图案不仅承载了华夏文明的深厚底蕴，还深刻反映了中华传统文化的核心精神。在中国古代历史上，龙凤图案一直作为皇权的专属装饰元素，象征着至高无上的权力。

古代平民百姓、奴仆穿的都是褐、布衣。褐是粗糙的麻、毛编织品；布衣比褐细致一些，成为平民百姓的衣着布料。《诗经·七月》中的"无衣无褐，何以卒岁"，描述的就是社会最底层的劳动者的生活，是贫贱者的常服。达官贵人的服饰布料多是绫罗绸缎、丝帛锦绢。《红楼梦》第三回写林黛玉眼中的王熙凤，对其服饰有重点描写："身上穿着缕金百蝶穿花大红洋缎窄裉袄，外罩五彩刻丝石青银鼠褂，下着翡翠撒花洋绉裙"，把富贵显达的身份表现得恰如其分。

二、中国古代服饰文化

（一）先秦时期的服饰

在夏、商、周三代，冠服制度逐步确立，贵族与平民的服饰开始出现明显的差异。夏代是我国历史上第一个从原始社会跨入奴隶社会的朝代，手工业从农业中分离出来。夏代的服装样式和纹样至今尚未发现相关实物资料。商代，手工业的分工日趋精细和专业化。至于商代服装的形制，从商代墓葬中出土的玉、石、陶制人像中可以得到一些较直观的参考资料。周代初期,朝廷开始对纺织手工业实行全面管理,纺织工艺技术进步,服装逐渐等差系统化、制度化,民间服装的基本形制是上衣下裳,以质料粗陋的襦衣——"褐"为主,色彩大多为白色、绿色、黑色。在周代晚期,深衣(一种上衣与下裳相连的服饰)逐渐兴起,它不仅成为士大夫阶层的典型着装,同时,也被普通民众用作正式场合的礼服,适合男女穿着。

在春秋战国时期,诸侯国割据一方,竞相称霸,而诸子百家在服饰文化上持有不同的见解。这一时期,不同地区的民众在服饰和习俗上展现出显著的多样性。纺织技术、裁剪与装饰技艺的进步,推动了深衣的流行。但吴越之地多水中劳作,深衣的长度不适合平民百姓穿着。越王勾践被擒之后,吴王夫差对其百般羞辱,越王"服犊鼻,著樵头,斫剉养马,夫人衣无缘之裳,施左关之襦……"。犊鼻式样为一种短裤,呈三角状。樵头指的是将头发盘起并用布料包裹的发式。而勾践的夫人则身着朴素无华的平民服饰。同时,各民族之间的交流日益密切,中原地区的服饰中开始融入具有民族特色的窄袖短衣、长裤的胡服及带钩等元素。

(二)秦汉时期的服饰

秦结束了春秋战国以来的诸侯分裂,成为中国历史上第一个中央集权国家。汉代"承秦后,多因其旧"。秦汉时期的冠服制度更为精细,百姓被规定不得服杂彩之衣,只能着麻布素衣。黑色为秦代服装的主要颜色,秦人常以三尺黑布包头,故秦代百姓又称"黔首"。至西汉末期,平民才能着青绿之衣,但商人还不能服华丽衣饰。秦代男性多穿袍,为深衣制,上衣下裳分开裁,腰间缝合,领口右衽,袖口窄小,领和袖一般有花边装饰,多菱形纹、方格纹等。

汉代男子的服装样式大致分为曲裾和直裾两种。曲裾深衣是西汉时期极为流行的服饰(图5-1)。这种服装的特点是上衣与下裳分开制作,但缝合在一起,后背的衣襟被延长形成三角形,然后绕过身体至前襟,经过多次转折,最终在臀部附近环绕。腰间系以绸带,使整体造型紧致贴身,同时又深邃有致。服装的领口设计为低领交领,方便展示内层衣物。下裙略显宽松,呈喇叭形,长度足以拖地,确保行走时足部不外露。曲裾深衣的设计既内敛又不失雍容典雅之风。在汉代,曲裾深衣的衣袖设计分为宽袖和窄袖两种,各有其独特的魅力。

在汉朝时期,直裾女服,也称直裾袍,与曲裾深衣形成鲜明对比。直裾袍的特点在于其大襟和下摆部分的垂直裁剪,衣裾位于身体一侧或侧后方,且不附带缝制的系带,而是通过布质或皮革腰带进行固定(图5-2)。相较于曲裾深衣,直裾袍更为经济实惠且穿着方便。到了东汉时期,随着有裆裤的普及,直裾袍逐渐取代了曲裾深衣,成为当时的时尚服饰。

图 5-1 马王堆汉墓出土的"信期绣"茶黄罗绮曲裾深衣

图 5-2 马王堆汉墓出土的直裾袍

（三）魏晋南北朝时期的服饰

魏晋南北朝时期是中国历史上第二次社会大分裂时期，也是民族大融合时期，服饰整体风格与前朝后代大相径庭。汉族服饰一方面保持着自己传统的服饰特征，另一方面汲取了北方游牧民族服饰的一些特点。北方游牧民族客观上受到汉族服饰的影响，主观上也有意接受汉族的服饰制度。

汉族男性的袍服，无论尊卑，皆日渐宽博，其形制与袍相仿，只是袖口不同，袖口有祛者为袍，无祛者为衫。也就是衫不收袖口，不施祛口，袖口宽敞，如图 5-3 所示。汉族女性的服饰以上身的襦或衫、下身穿裙子为主，如图 5-4 所示。民间头饰主要是头巾、风帽，从文人儒生到普通男性都戴头巾，风帽也常用。庶民男性大多戴乌帽。女性头发梳成各种样式的发髻，并扎头巾。

图 5-3 魏晋时期男性服饰

图 5-4 魏晋时期女性服饰

（四）隋唐五代十国时期的服饰

隋唐时期，服饰文化在华夏传统的基础上，吸收其他地域的文化而推陈出新。五代十国时期，服饰大体沿用唐代之制。

隋唐时期，男性大多穿圆领或翻折领的窄袖袍衫，或胯骨以下开衩的"缺胯袍"，腰间配革带；女性大多穿裙、衫、帔、半臂等，上衣的袒领为当时女性服饰的一大特色。唐代女性的裙子由几片布拼接起来，束至胸部以上，裙身刺纹绣，称为高腰襦裙。条纹裙也很流行，早期条纹较宽，晚期条纹较窄。衫比襦长一点，女性为了方便劳作常穿窄袖衫。帔似一条长围巾，披在肩上，绕在手臂上。半臂是一种短袖外衣，唐代前期比较流行，如图5-5所示。另外，唐代民间女性着胡服，男装的情况也不少见。

图 5-5　唐代女装

（五）两宋时期的服饰

宋立国后，进行了三次较大规模的服制修订，庶民百姓服饰也规范在内。宋代服饰有直缀（又作直裰）、袍、襦、衫、褐衣、袄、褙子、半臂、裹肚、裙、裤等。其中，褙子最具特色，一般穿在其他衣服外面，对襟，两侧开衩，无论男女都穿，在女性中较为盛行（图5-6）。女鞋有凤鞋、平头鞋、弓鞋、靸鞋。百姓头饰主要是幞头、巾，文武百官与平民百姓的幞头形状不同。民间盛行戴巾，其中东坡巾（又称为乌角巾）较为流行。

辽代的契丹人穿着男女通用的服饰，通常是一件垂至膝盖的长袍，颜色偏向深沉。这种长袍拥有圆领和左开襟的设计，袖子较为窄小，腰间会佩戴皮质的装饰品，并系上腰带。下装则是一条套裤，通过腰间的系结来固定，裤腿则被塞进靴筒中。男性的发型通常是剃发，而女性则将头发梳成发髻（图5-7）。

图 5-6　宋代服饰

图 5-7　契丹人服饰

金代女真族的服饰特色体现在其左衽、窄袖的设计，以及穿着靴子的习惯。在材质选择上,毛皮是主要的用料,布帛也有所应用。普通民众被允许使用绸、绢布、毛褐、花纱、无纹素罗和丝绵来制作衣物。头巾、腰带和领帕则可以采用芝麻罗来制作。男性的发式通常是辫发垂肩,而女性则将辫发盘成髻。

游牧民族与汉族服饰也互相影响:女真族引入汉族袍服、长裙等;契丹的圆领长袖套头装,北宋士庶男女仿效者甚众,因其追求瘦、窄、长,符合宋代女性审美心态,成为女性常服之一(图5-8)。

图 5-8 女真族服饰

(六)元明清时期的服饰

元代,庶人的服饰不得为赭黄,许用暗花纻丝、丝绸、绫罗、毛毼,帽笠不得饰金玉,靴子不能增加花样,娼妓贱民只许用黑色褙子。男性为袍服,下层百姓常在袍服上罩短袖衫,头饰以幞头为主,有多种扎巾、裹巾的方法,蒙古族男性多戴瓦楞帽。女性以左衽长袍居多,里为套裤,首饰可以用翠花,另加金钗各一。

明代初期,服饰形制简朴。洪武年间,士庶不能用黄色,以穿杂色盘领衣为主;农夫戴斗笠、蒲笠;民间禁用锦绮、金绣、绫罗、纻丝等材料和蟒龙、飞鱼、斗牛、大鹏等纹样。明代中期,服饰逐渐繁奢。男性大多穿直缀、罩甲、曳撒、褡护、褶子、裤、褂、衫等,女性服饰主要有衫、袄、霞帔、褙子、比甲、裙子等。明代末期,民间服饰逐渐趋向新颖、奇异,如男装女性化,女性穿着用各种颜色的布料拼接的"水田衣"等。男性常穿长筒式履,南方劳动者穿蒲鞋;女性缠足现象普遍,弓鞋有平底、高底两种,另外,还有睡鞋、凤头鞋、云头鞋等。头饰以帽、巾为主。

清代,男性主要穿袍、马甲,着靴、鞋、袜,留长辫,戴瓜皮帽,农民、商贩等劳动者戴毡帽、草帽。女性沿用上衣下裳形制,上衣有袄、褂、衫、马甲,下裳有裙、裤;衣饰多镶滚绣,有"十八镶十八滚"之说,袖口增大;缠足女性穿弓鞋,多高底,鞋头常有璎珞、铃铛等装饰，另有各种拖鞋、睡鞋、木屐等；额头上戴包头和眉勒，北方有类似帽套的"昭君套"。老年人戴风帽。

（七）民国和民国以后的服饰

民国初期，民间基本延续了清末的服饰。西方文化传入后，西式服装开始流行。20世纪20年代，农村男性穿着对襟上衣、长裤，女性大多上身穿大襟右衽袄衫，下身穿长裤或裙子。20世纪50年代后，农村男性服装仍为上衣下裤，女性服装有的是上衣下裤，也有的是上衣下裙，还有穿连衣裙的，呈多样性。

【知识链接】

中国古代服饰图案上体现的等级观念

在中国古代，服饰的装饰图案不仅彰显了审美情趣，还深刻反映了长幼有序、尊卑有别的等级制度。这种等级观念主要通过两个方面体现，一方面，在服饰的面料织造上，不同的花纹图案被用来区分社会等级。例如，在唐高祖时期，亲王及三品以上官员的官服必须使用大料（大团花）绫罗，五品以上官员则使用小料（小团花）绫罗，六品官员的官服用双钏（几何纹）绫，七品官员的官服用龟甲、双矩、十花（均为几何纹）绫，而九品官员则穿着杂绫。另一方面，宋代沿袭了前朝的制度，根据季节向官员们颁赐服饰，这些赐服通常采用带有鸟兽纹样的锦纹衣料，称为"臣僚袄子锦"，分为七等，每等赐服都有特定的花纹，专属于不同级别的高级官吏。

接着，通过在编织好的服装面料上绘制或绣制各种图案，以彰显穿着者的身份等级。在中国古代，服装上的文饰主要采用染色、绘制、刺绣和印刷等技术，而用来标示身份等级的图案则多以绘制和刺绣为主。例如，冕服上的"十二章纹样"就是通过绘制和刺绣的方式，将十二种特定的纹样装饰在服饰上。其中，前六种纹样（日、月、星辰、山、龙、华虫）绘制在上衣，而后六种纹样（宗彝、藻、火、粉米、黼、黻）则绣在下裳。每种纹样都象征着帝王贵族应具备的品德与行为准则。随着穿着者身份的尊卑和场合礼仪的轻重，十二章纹样的数量也会相应减少，从十二章递减至九章、七章、五章等。这种体现服装等级差异的图案自西周以来，虽然历代有所变化，但其传统一直延续至今。至明清时期，官吏的袍服在胸前和背后均缀有"补子"，用以标识官品等级。文官的补子绣有禽鸟图案，而武官的补子则绣有兽类图案。尽管明清两代的官服补子在图案主题、构图手法、色彩、尺寸，以及动物所象征的官品等级上各具特色，但这种通过图案来区分官员身份等级的做法，无疑是古代中国官服最显著的特征之一。

精湛的织绣工艺

饮食文化

一、中国饮食文化的内涵与结构

（一）中国饮食文化的内涵

饮食文化是中华传统文化的重要组成部分。中国饮食文化源远流长，内容丰富广泛，技艺精湛高超，为世界所公认。古籍中对饮食文化有过精辟的论述，如"民以食为天""食色性也""人之甘旨，皆由口入"。中国饮食文化不仅是关于食物的味道和营养价值，还包括食物的来源、制作方法、食用方式，以及与之相关的礼仪和习俗等，最终创造了具有独特风味的中国饮食文化，成为世界饮食文化宝库中一颗璀璨的明珠。

（二）中国传统饮食文化的结构

中国是一个农业大国，南方以种植水稻为主，北方以种植麦、稷为主。水稻、小米、高粱、玉米、豆类构成了中国人的主食。古代人的主食统称为"谷"，有"五谷""六谷"之说，即稷、黍、麦、菽、麻为"五谷"，五谷加上稻，为"六谷"。春秋时期，以黍、稷最为重要；战国时期，菽广泛种植；到了汉代时期，就是以稻、麦为主了。汉魏时期以后，基本上形成了稻谷第一、小麦第二的粮食作物构成格局。到了明代时期，则是"今天下育民人者，稻居什七，而来（小麦）、牟、黍、稷居什三"（宋应星《天工开物》）。

《黄帝内经》这样描述中国人的食物结构："五谷为养，五果为助，五畜为益，五菜为充。"其中，"五果、五畜、五菜"为中国人饮食结构中的副食。"五果"泛指桃、杏、李、五枣、栗子等多种鲜果、干果和硬果。"五畜"泛指猪肉、牛肉、羊肉、鸡肉、鸭肉、鱼肉等动物性食物，它们含有丰富的脂肪、优质的蛋白质、无机盐、微量元素和维生素。"益"即增进之义，表明五畜可发挥增进营养的作用，但不能取代主食。"五菜"泛指叶菜类、根茎类、茄果类、菌类等蔬菜。合理的膳食结构以杂食五谷为主食，在"为益"的五畜、"为充"的五菜、"为助"的五果的配合下，主副食互为补充，辨证施食。

二、中国传统饮食文化的特征

（一）以谷物为主

中国人的传统饮食习俗是以植物性食料为主，即以"五谷"为主食，辅之以各种蔬菜，外加少量肉食。在北方，多数居民以面食为主要食物，同时，也会食用黍类和豆类。

面食的种类繁多，从馒头到饺子，应有尽有；而南方的居民则主要以稻米作为日常主食。在西北和北方的少数民族地区，人们形成了以肉食和乳制品为主的饮食传统。北方居民普遍喜爱葱蒜，偏好口味较咸；蜀湘地区的居民偏好酸辣口味；广东人通常喜欢清淡的食物，口味较轻；江浙地区的居民偏爱甜食。

（二）以熟食为主

中国饮食文化自古以来便以烹饪技艺的精湛而著称。自魏晋时期起，一系列烹饪手法如煮、烹、煎、爆、炸、卤、糟等逐渐成形，并且出现了专门记录这些烹饪技术的著作，如崔浩的《食经》和袁枚的《随园食单》等。在食品制作上，人们不仅注重营养均衡，还追求美食的视觉享受。

（三）讲究"色、香、味、形、器、效"

中国传统饮食讲究"色、香、味、形、器、效"并举。"色"是指食品的色泽看着要鲜艳；"香"是指食品闻着要香气浓郁；"味"是指食品吃着要滋味无穷；"形"是指食品摆放的形状或食品的外观形象要优雅；"器"是指盛放食品所用的容器要秀丽；"效"是指食品食用后的营养保健效果要优良。在许多特定场合的餐桌上，人们可以看到，摆设的各种菜肴不仅是一道道营养与保健作用并存的美味佳肴，更像一件件形象高超的艺术品，令人赏心悦目。因此，众多文人墨客，包括唐代的韩愈、李白，宋代的苏洵、苏轼、苏辙等，纷纷通过餐饮活动来吟诗作赋。明代作家陈嶷特别撰写了《豆芽菜赋》来赞美豆芽菜："金芽寸长，珠蕤双粒，匪绿匪青，不丹不赤，宛讶白龙之须，仿佛春蚕之蛰。"随着时代的演进，众多食品不断进行优化和创新，这反映了它们适应时代发展的特性。

为了使各种各样的食品色泽鲜艳、香气浓郁、滋味无穷、形象优雅、容器秀丽、营养保健效果优良，古人做了大量研究，在食物原料选择，质量的把控，配料、初加工和烹调方法的精致操作方面表现出高超的智慧和独特的创造力。

【知识链接】

菜肴与传说

著名的"叫花鸡"，凭借其独特的泥烤技法享誉世界。据传，在古代的江苏常熟，一名乞丐偶然得到一只鸡，由于缺乏烹饪工具，他将鸡宰杀并清理内脏后，填入葱和盐，然后缝合，再用黄泥包裹，置于火上烤制。当泥壳烤干后，鸡肉也随之熟透，敲开泥壳食用，发现鸡肉异常鲜嫩，香气扑鼻。后来，经过厨师们的不断改进，加入了多种调料并精心烤制，这道菜的味道变得更加美妙，最终成为一道名扬四海的佳肴。

云南的"过桥米线"是烹饪艺术中的杰作。据传，在古代，一位书生在书房里勤奋学习，他的妻子为了让他能够享用到热腾腾的饭菜，发明了一种独特的烹饪方法：将母鸡炖煮成滚烫的鸡汤，再搭配上切得细薄的鸡片、鱼片、虾片及米线。由于汤面上的浮油具有保温效果，它不仅能够使这些食材在汤中保持热度，还能让它们熟透后依然保持鲜嫩的口感，从而创造出这一重要的烹饪技巧。

三、传统节日饮食仪式

（一）春节的传统饮食仪式

春节，各地的饮食习俗各异。除普遍流行的食物外，年夜饭上通常还会出现年糕、饺子、汤圆等传统食品。年糕在北方和南方均有其踪迹，尽管制作原料不尽相同，但其寓意是一致的——"寓意年年胜过一年，寄托着对丰收年景的祈愿"，象征着事事顺心、年年高升，体现了人们对新一年的美好憧憬。春节吃的饺子已成为一种文化符号。饺子，谐音"交子"，有交好运的寓意。包饺子象征着封存新一年的福运，被视为吉祥的标志。在南方，春节期间人们常吃汤圆和鲤鱼，汤圆的圆润外形寓意着家庭的团圆和睦；而鲤鱼象征着"年年有余"，寄托着对未来一年五谷丰登、衣食无忧的美好愿望。在中国，春节吃春饼是一项源远流长的传统，俗称"咬春"，它代表着迎接好运。在春节的宴席上，应先让长辈入座并优先享用，席间还需向长辈表达祝福并敬酒。春节的饮食习俗繁多，无论其形式如何，都反映了人们对家庭团聚和幸福生活的渴望，彰显了对自然的敬畏与感激，以及对逝者的缅怀和对长辈的敬爱。

（二）中秋节的传统饮食仪式

团圆是中秋节的核心意义，中秋为花好月圆之时，"海上生明月，天涯共此时"，人们由天上的月圆联想到人世的团圆，因此，中秋在古代被视为特别的"团圆节"。早在宋朝时期，人们就会在中秋节这一天相聚一堂，阖家共赏圆月，就是体现了这一伦理因素。明清时期，由于理学的影响，民间社会乡族观念增强；因此人们在思想情感上，对家庭更为依恋。值得注意的是，中秋节民间尤其重视夫妇的团圆。出嫁的女儿中秋节要赶到娘家与父母团聚，当天又必须返回夫家，与丈夫团圆。

中秋节赏月之时，人们还要吃月饼，月饼为圆形，寓意团圆，期望家人能够平平安安，相守在一起，团团圆圆。南宋时期，民间已有中秋节互赠月饼的习俗。明清时期以后，"赏中秋"的风俗更加盛行。每逢中秋圆月东升时，人们便在庭院里、楼台上摆出月饼，以及柚子、石榴、芋、核桃、花生、西瓜等果品，边赏月，边畅谈，直到皓月当空，再分食供月果品，其乐融融。在南方，中秋节除吃月饼外，餐桌上还少不了螃蟹、黄酒，大家一起吃螃蟹、喝黄酒、赏菊、吟诗、观月、畅谈。

（三）清明节的传统饮食仪式

清明节，也称寒食节，是中国最重要的传统祭祀节日之一，拥有超过两千年的悠久历史。据传，寒食节起源于纪念春秋时期晋国的忠臣介子推。介子推曾随晋文公重耳流亡于列国之间。在晋文公饥肠辘辘、无物可食的艰难时刻，介子推割下自己的股肉，以供晋文公充饥。然而，在晋文公复国之后，介子推并未追求个人的利禄，而是选择与母亲一同隐居于绵山。晋文公焚山以求之，介子推坚决不出山，和母亲一起倚树而死。晋文公为表歉意和悔恨，寄托哀思之情，下令在每年的这一天禁火，寒食以纪之。

在寒食节，人们要祭拜先祖，祭拜介子推，供品中有新茶、春酒、清泉甘水、蛇盘兔、子推燕、枣饼、细稞等。在祭食仪式中，蛇盘兔的图案象征着"蛇盘兔，必定富"的民间谚语，寓意着对民众富裕和国家强盛的渴望。子推燕，源自介休的地方方言，它提醒人们不忘介子推的高尚品德，期望国家的官吏治理能够清正廉洁。在寒食节期间，人们除食用寒食外，还会插柳枝，这代表着对国家政治清明和任用贤能的期盼。通过这种独特的纪念方式，寒食节不仅表达了对祖先和先贤的缅怀之情，也寄托了人们对国家繁荣昌盛和政治清明的愿景，反映了中国人对高尚品德和坚定节操的尊崇。

（四）端午节的传统饮食仪式

农历五月初五，即端午节，这一天人们通过不同的食事活动，表达了对先贤的崇敬和追思之情，以及对他们的高尚品格和不屈精神的敬仰之意，也表达了对吉祥安康生活的美好愿望。

端午节这一天，人们有食用粽子的习俗。粽子是由糯米与各种食材混合后，包裹在芦叶中，再经过蒸煮而成的美食。这一习俗的起源与屈原投江的故事紧密相连。相传，为了防止鱼虾侵蚀屈原的身体，人们向江中投放熟食，后来这一行为逐渐演变成制作糯米粽子的传统。除吃粽子外，端午节还有吃煮熟的大蒜和鸡蛋、饮雄黄酒及用艾草煮水沐浴的习俗。关于吃鸡蛋的习俗，有一个流传已久的传说，相传古时有个瘟神在端午节这天会来到人间毒害小孩，一位母亲悲痛欲绝，向女娲娘娘祈求救助她的孩子。女娲娘娘告诉她，在孩子胸前挂个鸡蛋可以驱邪治病。于是，渐渐地，在端午节这天，人们为了驱除瘟毒，便形成了吃煮鸡蛋的习俗。而吃煮熟的大蒜、喝雄黄酒及用艾草煮水沐浴等习俗，也都源于类似的民间传说。

（五）重阳节的传统饮食仪式

重阳节的饮食以吃糕为主。江苏民间有两个重阳节，九月初一或九月初十为小重阳，必须吃糕；九月初九为大重阳，除吃糕外，还要设宴。北方则过九月初九，也吃重阳糕。

人们用秋天的新粮制作年糕，有庆祝丰收的含义，"糕"与"高"谐音，也有步步登高之意。不仅如此，在重阳节这天人们还要摆宴席宴请老人，以示尊老敬老之意。重阳节的饮食和仪式充分体现了我国人民对自然的崇敬与感恩，对吉祥安康生活的向往，也深刻体现了中华文化中尊老敬老的孝道。

"相呼提筐采菊珠，朝起露湿沾罗襦"，在重阳节这一天，人们还要饮菊花酒，认为这样可以祛除病害，求得吉祥平安。《艺文类聚》引《续晋阳秋》说："世人每至（九月）九日，登山饮菊花酒。"据说这菊花酒是头年重阳节时专为第二年重阳节酿制的。九月初九这天采下初开的菊花和一些青翠的枝叶，掺在准备酿酒的粮食中，一起用来酿酒，于次年的重阳节再开坛饮用。传说喝了这种酒，可以延年益寿。

【知识链接】

八珍

"八珍"原指八种珍贵的食物，后来指八种稀有而珍贵的烹饪原料。其具体所指随时代和地域而不同。清朝最著名的国宴"满汉全席"里就有"四八珍"，即四组八珍相结合的宴席。四八珍即山八珍、海八珍、禽八珍、草八珍，总共需32种珍贵的原料。

山八珍：驼峰、熊掌、猴脑、猩唇、象拔、豹胎、犀尾、鹿筋。

海八珍：燕窝、鱼翅、大乌参、鱼肚、鱼骨、鲍鱼、海豹、狗鱼（大鲵）。

禽八珍：红燕、飞龙、鹌鹑、天鹅、鹧鸪、彩雀、斑鸠、红头鹰。

草八珍：猴头菇、银耳、竹荪、驴窝菌、羊肚菌、花菇、黄花菜、云香信。

礼俗文化

一、古代礼仪

（一）吉礼

吉礼在五礼之中位居首位，它主要涉及对天神、地祇及人鬼的祭祀仪式。随着时间的推移，从这三类祭祀对象中衍生出了更多的祭祀项目，进而被细分为天、地、宗、庙四大类别。

首先来谈谈祀天。在殷商时期的甲骨文中，天神被称为"帝"，有时也被称为"上帝"。这位天神被视为自然界和人间的最高主宰，而日、月、风、雨等自然现象则被视为他的臣工和使者。在对上帝祭祀时，古人会采用杀死或烧死俘虏和牲畜的方式来作为祭品。到了周代时期,"天"成为代替"上帝"的称呼,天帝的形象也更加人格化。周王更是自称"天子",以示自己与天帝之间的特殊联系。在周代时期,祭天的正式祭祀活动是在每年的冬至日举行,地点位于国都的南郊圜丘,这一祭祀活动被称为"郊祀"。秦朝将冬季的十月定为一年的开始,天子在十月举行祭天大典。在汉高祖统治时期,祭祀天地的仪式由祠官负责,依照每三年举行一次郊祀的惯例(该惯例始于武帝时期),每轮祭祀活动涵盖了对天、地及五方帝(即五畴)的祭拜。在宋代祭祀时,会举行特赦仪式,并前往景灵宫向祖宗神像行"恭谢礼"。到了元初时期,蒙古民族则遵循拜天礼的传统。明洪武十年(1377年),圜丘礼制有所变更,规定每年孟春正月需在南郊合祀天地,为此建造了大祀殿,其以圆形大屋覆盖祭坛。当明成祖迁都北京后,在永乐十八年(1420年)建成了另一座大祀殿,继续实行合祀天地的仪式。清代基本上沿用了明代的制度。世祖(顺治)定都北京后,他恢复了正阳门南天坛的多种配套建筑的建设,这些建筑后经乾隆皇帝的改建,最终形成了今天所见的天坛古建筑群。这个建筑群包括了圜丘、大享殿、皇穹宇、丘极殿、斋宫、井亭及宰牲亭等重要建筑。清代人在祭天时,除采用汉族的礼仪制度外,还保留了本民族在入关前所行的"谒庙"之礼,入关后这一礼仪被改称为"祭堂子"。

祈谷之礼,旨在祭祀后稷以祈求农事丰收。在梁武帝之前,祭天与祈谷的仪式常被混为一谈。到了唐代时期,祈谷礼的仪式与祭天礼颇为相似。明嘉靖年间,朝廷规定在孟春上辛日于大祀殿举行祈谷礼。清代时期则沿袭了明代时期的祈谷礼制度。乾隆时期,大享殿被更名为祈年殿,以更贴切地表达祈谷的意义。大雩礼,即为求雨而举行的祭祀。在没有发生风旱灾害的年份,大雩礼会在仲夏时节例行举行;而若遇大旱之年,则无论夏秋,随时都可举行此礼。远古时期,人们已对土地产生了崇拜之情,因为大地能生长五谷,养育万物,犹如慈母一般,因此有了"父天而母地"的说法。祭地的正祭仪式,每年夏至之日都会在国都北郊水泽中的方丘上隆重举行。此外,还需举行"四望"之礼,即向天下的名山大川之神进行祭祀。在泰山举行的天地祭祀活动被称为"封禅"。古人还会筑起社稷坛来祭祀社稷之神,其中社代表土神,稷代表谷神。

宗庙是祖先亡灵安息之所。在周代时期,天子拥有七庙,这七庙由三昭三穆及太祖之庙共同组成。其中,"昭"指的是父辈的庙,"穆"指的是子辈的庙。诸侯拥有五庙,大夫拥有三庙,而士只有一庙。天子与诸侯的宗庙祭祀活动,在四季的孟月分别有不同的名称:春季称为祠,夏季称为礿(yáo),秋季称为尝,冬季称为烝(zhēng)。再加上腊祭,每年共有五次祭祀活动。在此之前,庶士与庶人是没有资格设立宗庙的。然而,到了南宋时期,祠堂制度的实施使普通平民也有了祭祖的自由。在中国古代,祭祀的项目繁多,其中被列为国家祀典的有祭祀先代帝王、祭祀先圣先师、藉田与享祀先农之礼、亲桑与享祀先蚕之礼、享祭先医、五祀(即祭祀门、户、井、灶、中霤之神)、高禖（méi，一种乞求子嗣的祭祀）、傩（nuó，一种驱除疾病的仪式）、蜡腊（zhà là，一种祭祀百神的仪式）等。在宋代时期，人们将十二月的戌日定为腊日，并建造蜡百神坛进行祭祀。同时，这一天也会祭祀社稷之神，并享祭宗庙。

（二）嘉礼

嘉礼，旨在和谐人际关系，促进沟通与情感交流的礼仪。其核心内容包括饮食之礼、婚冠之礼、宾射之礼、飨燕之礼、脤膰之礼及庆贺之礼。后代嘉礼有不少变化。古人飨燕、饮食有一定的礼节。古时飨燕是有区别的。飨礼于太庙举行，以烹煮太牢之物来宴请宾客，然而并不实际食用；燕礼则在寝宫举行，烹饪狗肉供食，主宾互相敬酒行礼后，便可以尽情畅饮，直至醉倒。饮食之礼，是族宴，逢祭而宴或以时而宴。冠礼（又称笄礼）是标志着成年的仪式，专为步入成年阶段的男性举行的加冠仪式。在冠礼中，冠者将被授予三种不同的冠帽：黑色麻布制成的缁布冠、白色鹿皮制成的皮弁，以及玄色的玄冠。天子与诸侯的冠礼主要区别在于前者需加四冠，即在"三加"仪式之外，还需额外加戴"玄冕"。而历史上许多朝代的皇帝冠礼仅采用"一加"仪式。在古代，女子到了十五岁便举行笄礼，标志着她们已到适婚年龄。在这一仪式中，她们会束发并戴上发簪，同时也会获得一个"字"。射礼分为四种类型：一是大射，即天子在祭祀前举行的射箭仪式；二是宾射，涉及诸侯朝拜天子或诸侯间相互会面时的射箭活动；三是燕射，指的是在休闲娱乐时进行的射箭；四是乡射，它与推荐贤才和选拔士人有关。射礼前后，常伴有燕饮活动，而乡射礼往往与乡饮礼同时举行。在两汉时期，军中设有秋射比试的制度。到了唐代时期，射礼则在射宫举行，每年定期举行两次，分别在三月三日和九月九日。与射礼相似的还有投壶之礼，其规则是以箭矢投入壶中为胜，区别仅在于将射箭动作改为投壶。至于乡饮酒礼，则是一种敬重贤士和尊崇长者的礼仪。在汉代时期，它常与郡县学校祭祀先圣先师的仪式同时进行。在明洪武初期，规定每年孟春正月和孟冬十月举行乡饮酒礼。清朝时期继承了明朝时期的制度，帝王的庆祝仪式更为隆重，无论是帝王即位还是改元，都必须举行祭拜天地神灵的仪式；朝礼则显得更为严肃，按照古礼，百官入朝时必须"趋"，即快步疾走，以示虔敬。各个朝代的朝拜时间、对象和礼仪都有所差异。

【知识链接】

射礼衍生出的"投壶"游戏

投壶起源于射礼，是一种从先秦时期流传至清末的传统礼仪及宴饮游戏。

在春秋战国时期，射礼是诸侯款待宾客时不可或缺的仪式之一。当时，成年男性若不会射箭，会被认为是羞耻之事。因此，当主人邀请客人射箭时，客人通常不会拒绝。

然而，由于一些宾客确实缺乏射箭技能，他们开始用投掷箭矢至酒壶来代替射箭。随着时间的推移，投壶逐渐取代了射箭，成为宴会上的一种娱乐活动。

投壶是一项体现从容与礼节的活动，它与古代儒者追求内心修养、避免张扬的特质不谋而合。因此，投壶不仅得到了进一步的发展，其影响力也逐渐扩散至民间。此外，随着投壶游戏的流传，其难度也有所提升，出现了诸多新的玩法，如设置屏风进行盲投，或背对壶口进行反向投掷等。在宋代时期，司马光撰写了《投壶新格》一书，书中详尽描述了壶具的规格、投壶的种类及计分规则等。

（三）宾礼

宾礼，即接待宾客的礼仪，包括两个主要方面：一方面是朝觐之礼，其目的是明确君臣之间的义务，促进上下级之间的沟通；另一方面是会同之礼。朝觐通常指的是君主单独接见来自不同地区、穿着不同服饰的朝贡诸侯，而会同则涉及四方诸侯齐聚一堂，六服（即六个不同等级的诸侯）皆至，这样的集会既可以在京城举行，也可以在其他地方举行，甚至可能在王国的境外。例如，在明代时期，设有会同四夷馆，专门负责接待来自藩国和外国的使节。除此之外，还有诸侯亲自拜访天子的礼仪，以及诸侯派遣使者进行外交交流的礼仪等。

历代的相见礼仪各有差异。在宋朝之前，各朝代的礼书并未详细记载相见礼。直至宋太祖乾德二年（964年），才首次确立了内外群臣相见的礼仪规范。根据这一规范，下级官员在见到上级时，需根据双方的职位和品级行礼。例如，在路上偶遇上级，下级官员应"敛马侧立"以示尊敬，等待上级通过，或选择"引避"，或选择不同的路径行走。在正式参见上级时，下级官员可能在堂上列队行拜礼，上级官员则需回礼答拜；或者在庭院、台阶上行拜。通常情况下，下级官员参见上级官员时，需要快步穿过庭院。至于诸司使、副使及通事舍人等低级官员在拜见宰相、枢密使等高级官员时，高级官员则无须回礼。同级官员之间则相互行对拜之礼。

（四）凶礼

凶礼，是对哀悼、吊唁及应对各种忧患的礼仪。它包括多个方面：丧礼，用以表达对逝者的哀悼之情；荒礼，用以表达对饥荒和灾难的哀怜；吊礼，用以表达对不幸事故的同情；禬礼，用以表达对战败或围困的哀悼；恤礼，用以表达对遭受外敌侵扰或内乱的同情。丧礼涉及与安葬死者、举行丧事活动及丧期的祭祀等仪式和礼节。在古代，丧礼是凶礼中极为重要的一环，后代社会对此更是给予了极高的重视。

古人视办理亲人，特别是父母的丧事为头等大事，为此很早就制定了一套严格的丧礼制度。对于死亡，古人根据身份尊卑有着不同的称呼：天子去世称为崩，诸侯去世称为薨，大夫去世称为卒，士去世称为不禄，而庶人去世则简单地称为死。从初丧到终丧，丧礼的各个环节都井然有序：病危之人需安置在正寝、正室中，家人守在床边直至其离世。一旦断气，诸子、兄弟、亲戚及侍者都会痛哭哀悼。随后进行招魂仪式，并为死者穿衣，这一过程称为"复"。之后，将遗体安放在正寝南窗下的床上，用角柶撑开死者的口以便日后饭含，这一步骤叫作楔齿。接着为死者缀足、幠殓，并在其东侧放置"倒头饭"。同时，发布讣告、讣文，由长子、长孙或长重孙主持丧事。吊唁之后，会准备铭旌（上书"某某之柩"），然后掘坑烧水洗米，为死者洁身、整容。沐浴完毕后进行饭含仪式，即将珠、玉、米、贝等物放入死者口中。之后，在堂前庭中放置一块木牌作为神主牌位（称为"设重"），并点燃烛火。以上仪式需在初终后的一天内完成。第二天，为死者正式穿上入棺的寿衣（称为"小殓"），然后用衾裹尸，并用绞布收束。第三天，举行"大殓"仪式，将遗体抬入棺木中。此时，主丧者及其妻子会擗踊痛哭。遗体奉入棺木后，盖上棺盖。宾客向死者行礼，主人答拜，而妇女则在帷内痛哭。由于大小殓时丧主夫妇需持续痛哭，因此有时可由他人代哭。出殡后，按规矩穿丧服，并朝夕哭奠。通过筮宅卜日确定迁柩日期后，举行祖奠仪式。下葬之日，柩车启行前往墓地（称为"发引"），由丧主领头，边行边哭。下葬后，主人回到殡所升堂痛哭（称为"反哭"），并设祭以安慰亡魂（称为"虞祭"）。受佛教影响，古人还有"做七"的习俗，即死后每逢七天做一次佛事、设斋祭奠。佛家认为人生49天后魄生，人死49天后魄散。因此，在第49天（断七）时会举行卒哭仪式。卒哭后次日，神主牌位归座祖庙，但仍会奉神主归家。若居父母之丧，则需服三年孝。满一年时举行小祥之祭，满二年时举行大祥之祭。大祥后，神主正式迁入祖庙。大祥之祭在死者去世后的第25个月举行，祭后除丧服。此后，每逢忌日（即父母去世的周年纪念日）都禁饮酒作乐。值得一提的是，历代帝王的丧礼要比平民百姓复杂得多。

荒礼，指的是在自然灾害导致收成歉收、财产损失和饥荒发生后，国家为了缓解灾情而实施的一系列政治和礼仪措施。荒礼包括以下十二项内容：第一，散利，即通过无偿发放、借贷或出售粮食的方式为灾民提供救济。第二，薄征，涉及减免、免除或延期征收租税。第三，对因饥寒所迫而犯罪的人给予缓刑或减刑。第四，减免徭役，这一政策被称为"弛力"，旨在减轻民众的负担。第五，允许灾民进入山林、湖泊和园林，他们可以采摘果蔬、捕猎或樵采，以此来维持生计。第六，废除水陆商人的关卡税，这一举措被简称为"去"，旨在促进商业流通。第七，省礼，即简化庆贺和祭祀的典礼，以减少不必要的烦琐和浪费。第八，限制葬礼的奢侈和铺张，被形象地称为"杀哀"，旨在倡导节俭的丧葬风气。第九，蕃乐，即停止或取消音乐等娱乐活动，以体现对时局的尊重。第十，简化婚礼，旨在减轻民众在婚嫁方面的负担。第十一，索鬼神，即反思并检查是否因祭祀不当而触怒了鬼神，从而引发灾祸。第十二项措施是除盗贼，通过打击犯罪行为来维护社会的稳定和安宁。

"札"在札礼中指的是疫病，即流行性传染病。札礼面临的最紧迫问题包括妥善处理死者安葬和救治患者。例如，在汉平帝元始二年（公元2年），由于干旱和蝗灾导致疾疫蔓延，国家采取了紧急措施，腾出官府的房屋来安置病人，并派遣医生进行治疗，对于不幸病逝者，则给予金钱以安葬。

（五）军礼

军礼，作为师旅操演与征伐的庄重仪式，涵盖了天子亲征与派遣将领出征的不同场景。在军队踏上征途之前，一系列祭祀活动是不可或缺的环节，其中包括祭天、祭地、告庙及祭军神等。祭祀结束后，便会举行誓师典礼，向全体将士明确出征的目的与意义，揭露敌人的恶行，并强调军纪与作风的重要性。誓师，实质上是一种战前的动员与教育手段。当军队凯旋时，会奏响凯乐，高唱凯歌以庆祝胜利。天子亲征凯旋，大臣们会远迎至城外，有时甚至迎接至数十里之外。凯旋后，会在太庙、太社举行告奠天地祖先的仪式，并伴随着献俘之礼，这一传统在历代中大致得以延续，尽管在细节上有所差异。诸侯或将领在前线取得胜利后，向天子或大国报告胜利消息的行为，称之为献捷。战事结束后，天子会设宴款待功臣，并根据他们的功绩进行赏赐，这种礼仪被命名为"饮至"。在所有的论功行赏仪式中，历代开国功臣的封赏仪式最为隆重。若军队战败，则称之为"师不功"或"军有忧"，回国时则以丧礼相迎。国君会身着丧服，头戴丧冠，痛哭流涕，并吊唁阵亡将士、慰问伤者，以示对将士们的慰藉。古代天子检阅军队的仪式，称之为"亲讲武"。汉武帝开凿昆明池，用以训练水师，这标志着凿池训练水师的开始。唐代的"亲讲武"仪式在仲冬之月于都门外隆重举行。然而，到了明中期以后，大阅讲武逐渐变得形式化。清代初期则规定每三年举行一次大阅，并由康熙帝创立了"会阅"典礼。上古时期的田猎不仅是一项具有军事意义的生产活动，还与祭祀活动紧密相连。田猎的作用主要体现在三个方面：一是保护农田免受禽兽的侵害；二是为宗庙祭祀提供所需的祭品；三是通过驱驰车马、弯弓骑射等活动进行军事训练。根据季节的不同周代的田猎活动可分为春蒐、夏苗、秋狝、冬狩四个阶段。金元时期，田猎之风更为盛行，国家还设立了"打捕鹰坊"来专门管理田猎事务。自康熙帝起，清代通过行猎活动来促进各民族之间的交流与融合。

【知识链接】

讲究礼仪的历代楷模虞舜

舜帝，作为中华民族的人文始祖之一，本名姚重华，别号有虞氏，历史上被尊称为"虞舜"。据传，舜的父亲双目失明且愚昧无知，母亲早逝，继母性格乖戾，而同父异母的弟弟象则性格傲慢。尽管如此，舜不仅独自承担了家庭的劳动重担，还经常遭受家人的恶意陷害。在一次被命令修补谷仓顶时，父亲和弟弟在下方纵火，舜凭借两个斗笠跳下得以幸免。另一次，当舜被指派挖井时，他们又试图将土填入井中，舜则通过挖掘地道再次逃脱。尽管遭受了如此不公的对待，舜却未怀恨在心，依旧对父亲保持孝顺，对弟弟展现慈爱。他的孝道感动了天帝，以至于在舜于厉山耕作时，天帝派遣大象代为耕田，鸟儿代为除草。尧帝闻知舜的孝行，并观察到他处理政务的能力后，便将女儿娥皇和女英嫁与他，并在多年观察和考验后，最终选定舜作为自己的继承人。舜登基为天子后，仍然以孝敬之心探望父亲，并封弟弟象为诸侯。在礼仪制度方面，舜统一了觐见礼仪，并明确规定了公、侯、伯、爵、子、男朝见天子时必须遵循的五种礼仪。

二、婚丧文化

（一）传统的中国婚仪六礼

1. 纳采

男方通过媒人前往女方家提亲，一旦获得女方同意，便派遣使者携带雁作为聘礼，正式向女方家提出联姻的请求。为何选择雁作为礼物？传说中，雁作为候鸟，其迁徙总是遵循固定的时序。古人认为，男性代表阳刚，女性代表阴柔，雁的南北迁徙顺应了阴阳的规律，因此以雁为聘象征男女双方的阴阳和谐。还有说法认为，以雁为聘象征着爱情的忠诚不渝。然而，在纳采仪式中，男方使者所携带的雁并非真正赠予女方家，而是使者到达女方家后，将雁交给女方的父亲，待使者离开时，女方的父亲会将雁归还给使者。

2. 问名

在纳采礼之后，男方派遣的使者会询问女子的生母身份，以区分女方是嫡出还是庶出，并且会详细了解女子的姓名、排行及出生的年、月、日、时辰等信息，以便归来后进行婚姻吉凶的占卜。问名仪式亦以雁为礼，而女子出嫁时，需设宴款待使者，并由其父亲送别使者。

3. 纳吉

男方在得知女方的名字后，便前往祖庙进行占卜，以预测婚姻的吉凶。若占卜结果显示吉兆，便会派遣使者携带雁作为聘礼前往女方家报喜，这一过程被称为纳吉。一旦完成纳吉礼，婚约便正式确立。相反，若在祖庙占卜时出现不吉之兆，暗示着婚事可能不会顺利，那么就没有必要继续进行纳吉礼了。

4. 纳征

纳征，也称纳成，指的是男方在订婚时向女方家庭赠送聘礼。纳吉仪式圆满结束后，双方正式宣布订婚。在这个重要时刻，男方需要向女方家庭奉上象征性的聘礼，包括玄纁束帛和俪皮等。所谓玄纁束帛，即指五匹颜色各异的帛，其中包含三匹玄色（红黑色）和两匹纁色（浅红色）帛。在古代，人们视阳数为奇数、阴数为偶数，因此玄纁束帛的组合象征着阴阳的和谐，顺应自然的法则。而俪皮，即成对的鹿皮，寓意着夫妻的双宿双飞。在周代时期，玄纁和俪皮作为聘礼，其价值主要体现在它们的象征意义上。随着时间的流逝，聘礼逐渐演变为金钱和财物，因此纳征又称"纳财"。

5. 请期

男方通过占卜推算，选定一个吉利的婚期后，会派遣使者携带象征婚姻的雁作为聘礼，前往女方家征询同意。通常情况下，迎娶的日期是由男方决定的，所谓"请期"，实际上只是一种礼貌的表达方式，因此在后世，人们也直接称之为"告期"。

6. 亲迎

婚礼中最为关键的仪式即将开始。随着婚期的到来，新郎乘坐装饰一新的黑漆马车前往新娘家迎接新娘。在前方，有人手持蜡烛引路，紧随其后的是两辆随行车及专为新娘准备的马车。抵达新娘家后，经过细心装扮的新娘站在屋内，而新娘的父亲则迎出门外，欢迎新郎进家。此时，新郎向新娘家呈上象征着婚姻承诺的雁礼，行礼后便带着新娘离开。新郎亲自驾车，邀请新娘上车，随后由一位专职的驾车人接替新郎，驾驭马车启程。新郎则换乘自己的马车，疾驰回家，在自家门外静候新娘的到来。新娘抵达后，由新郎迎接入门，接着设宴共享美食，并举行传统的共牢、合卺仪式。

上述六礼，周代主要是在贵族士大夫阶层中实行，一般庶民往往有所精简变通。但是，这六礼却成了后代婚姻嫁娶礼仪的基础，其基本程式和主要仪节一直在古代社会沿用。

（二）丧葬习俗

1. 圆坟、烧七、烧百天、烧周年、烧三周年

自古中国丧葬习俗有出殡日起三天圆坟的习俗，即在墓地下葬的需到墓地上梁、摆供品、上香、踩院子、烧纸等程式；骨灰盒在殡仪馆存放的，只摆供品、上香、烧纸。

人死之日起，每七天烧一次纸，烧七次，过七殿，共七七四十九天，此为烧七（也称为做七或犯七）。今天的人们往往将做七改变为四次，即一七（被三天圆坟所代替）、三七、五七、七七（现在只烧单数，烧大七）。按丧事习俗，烧一七、七七，以死者儿子为主，称作有头，有尾；三七，以死者儿媳为主；五七，以死者女儿为主（烧五盆纸花）。

2. 丧葬习俗方式

（1）土葬。土葬作为我国历史上最早出现、流传最久、普及最广、涉及民族最多、最为普遍的丧葬习俗，承载着深厚的文化意义。自古以来，人们常说"有地则生，无地则死"，体现了土葬与土地的紧密联系。面朝黄土背朝天，反映了人们与土地的基本劳动关系；生命源于泥土，最终归于泥土，这种观念在汉民族中根深蒂固。汉代以黄色为尊，历代帝王均以黄色象征尊贵，而黄色实际上就是土色。在阴阳五行学说中，土居于五行的中心位置，象征着稳定与可靠。因此，将逝者安葬于土中，被视为让灵魂得以安息的最佳方式。即便在当今社会大力推广火葬的背景下，土葬的传统依然深入人心，人们仍然倾向于将先人的骨灰盒安放在风景秀丽的地区，埋入土中。

当代我国政策允许实施土葬的有维吾尔族、回族、哈萨克族、乌孜别克族、塔塔尔族、塔吉克族、柯尔克孜族、撒拉族、东乡族、保安族十个民族。

（2）火葬。火葬在我国拥有悠久的历史背景。1945年，在甘肃省临洮县寺洼山的史前遗址发掘中，出土了一个装有人类骨灰的灰色大陶罐，这证明了我国火葬的历史可追溯至原始社会时期。随着社会步入阶级时代，火葬的传统依然盛行。据史料记载，先秦时期的仪渠地区便已有实行火葬的习俗。进入汉代，伴随着佛教的传入，根据佛教教义，信徒去世后应当实行火葬。受这一宗教习俗的影响，火葬在某些地区逐渐普及，甚至在特定情况下，连皇室成员也采纳了火葬的方式。火葬之所以广受欢迎，主要有两个原因：第一，佛教徒的火葬传统意味着即便在封建帝王禁止火葬时期，僧侣依然被特许进行火葬。因此，在佛教盛行的地区，火葬自然而然地成为主流。第二，火葬因其经济性和不占用土地资源的特点，易于被缺乏土地资源和经济条件有限的普通民众接受。从现代视角审视，火葬不仅经济实惠，而且卫生安全，是一种理想的葬礼方式，值得人们积极推广。

（3）悬棺葬。悬棺葬是一种独特的处理逝者遗骸的方式，主要流行于古代南方的民族地区，时间跨度从先秦至明清。依据古文献资料和考古发现，悬棺葬有多种形态：一是在岩壁上凿孔，楔入木桩，将棺材置于木桩之上；二是利用天然岩穴，将棺材置入穴内，部分露出穴外；三是利用两块岩石间的裂隙，在其间横架木梁，放置棺材，使棺材完全外露；四是凿岩成穴，插入棺木，一端露出穴外。这四种方式均以"悬"为特征，因此统称为悬棺葬。

（4）树葬。树葬是一种古老的葬礼形式，其核心做法是将逝者安放在深山或野外的高大树木之上，让其自然风化。随着时间的流逝，一些地区对这种做法进行了微妙的调整，转而采用特制的棚架来安置逝者。由于树葬是让尸体自然风化，因此又称"风葬""天葬""挂葬""木葬""空葬"或"悬空葬"。树葬反映了树居文化的影响，因此，它也是原始生活方式在丧葬习俗中的一种遗留。

（5）天葬。天葬是蒙古族、藏族等民族的传统丧葬习俗。人们相信，将逝者的遗体放置于特定地点，供鹰等鸟类或兽类食用，是一种将灵魂带往天堂的方式。与土葬、水葬、火葬相同，天葬也是一种信仰的体现，本质上属于社会文化现象。其起源、形式、内容及仪式的执行，均受到自然地理环境、生计方式及外来文化等多种因素的影响。

（6）崖葬。崖葬又名悬棺葬，是我国古代广居南方的濮越民族的一种特殊葬俗，被认为是世界文化史上的一大奇迹。其葬法是利用天然岩缝或人工木桩把棺木悬置于崖壁之上，或者将棺木放在天然或人工凿成的岩洞之中，悬棺葬的葬地都是选在面临江河的绝壁高岩上，其葬具多为船棺，长为2～3米，宽约为0.5米，形体似一只船，分为头、尾和仓三部分，头尾翘起，仓为棺柩，安放尸体。

三、节日习俗

中国的传统节日丰富多彩，承载着深厚的文化意义和历史积淀。我国主要传统节日介绍如下。

（一）春节（农历正月初一）

春节，也称为农历新年，是中国重要的传统节日之一，它标志着新年的开始。在春节，人们会举行各种习俗活动，如拜年、放鞭炮、挂灯笼、吃年夜饭等。春节期间，家家户户都会进行大扫除，装饰家园，以红色为主题，贴春联、窗花，迎接新年的到来。

（二）元宵节（农历正月十五）

元宵节，也称为上元节，是农历正月十五的第一个月圆之夜。这一天人们会举行各种传统民俗活动，如赏花灯、吃汤圆、猜灯谜、放烟花等。元宵节是家庭团聚和欢乐的时刻，也是祭祖和祈福的日子。

（三）清明节（公历4月5日前后）

清明节是中国传统节日之一，也是重要的祭祀节日之一。它源自上古时代的祖先信仰与春祭礼俗，兼具自然与人文两大内涵。清明节的习俗是丰富有趣的，除讲究禁火、扫墓外，还有踏青、荡秋千、踢蹴鞠、打马球、插柳等一系列风俗体育活动。

（四）端午节（农历五月初五）

端午节是中国传统节日之一，也是我国民间最盛大的节日之一。它起源于古代对龙舟竞渡的崇拜，是为了纪念古代爱国诗人屈原的节日。端午节有吃粽子、赛龙舟、挂艾叶、包粽子、挂菖蒲等多种习俗。

（五）中秋节（农历八月十五）

中秋节是中国传统的重要节日之一，是为了庆祝丰收和团圆而设立的。这一天，人们会吃月饼、赏月、烧香、放烟火，其中吃月饼是中秋节最具特色的活动之一。赏月是中秋节不可或缺的活动之一，很多地方会举行赏月的活动，如登高望月、赏月比赛等。

(六)重阳节(农历九月初九)

重阳节是中国传统节日之一,有着丰富的习俗和浓厚的文化内涵。它源自古人对自然和长寿的崇拜,也与祭祀祖先和祈福长寿的愿望联系在一起。重阳节的主要活动包括出游赏景、登高远眺、观赏菊花、遍插茱萸、吃重阳糕、饮菊花酒等。

以上列出的节日是中华传统文化中最为重要的节日,它们不仅在历史上有着深远的影响,在现代社会依然是人们非常重视的节日,承载着中华民族的文化记忆和情感纽带。

【知识链接】

充满智慧的二十四节气

二十四节气是华夏祖先历经千百年的实践创造出来的宝贵科学遗产,反映了气候的变化,是掌握季节变化的工具,指导农事的补充历法。可以说,节气是汉民族在长期的社会实践中积累的智慧结晶。

立春(2月3—5日):"立"就是开始的意思,立春的来临预示春天万物复苏,天气转暖,是农事活动开始的标志,春天正式从这一天拉开了帷幕。立春位居二十四节气之首,人们自古就十分重视这个节气。古代将立春分为三候:"一候东风解冻,二候蛰虫始振,三候鱼陟负冰。"这说的是东风送暖,大地开始解冻,过后五日,蛰居的虫类慢慢地从洞中苏醒,再过五日河中之冰开始融化,但尚未融化完全,鱼儿在水面游动。俗话说:"立春一年端,种地早盘算。"立春意味着春耕忙碌的季节就要在全国大部分地区陆续开始。立春还是一个重大的节日,民间有吃春饼、鞭春牛等趣味习俗,这体现了人们对五谷丰登的美好期盼。

雨水(2月18—20日):随着气温的回升,冰雪开始融化,空气湿度加大,雨水逐渐增多。雨水的到来,正符合农民春耕播种的需求,因此古人以此为名。

惊蛰(3月5—7日):"蛰"即藏的意思,动物冬眠不饮不食,称为"蛰"。而"惊蛰"即表示春雷始鸣,惊醒蛰伏于地下的昆虫之意。古语云"惊蛰过,暖和和",惊蛰这一节令前后,天气回暖。

春分(3月21—22日):"分"就是半的意思,此时太阳直射赤道,这是春季九十天的中分点。这一天昼夜相等,我国广大地区的农作物进入春季生长阶段。

清明(4月4—6日):《岁时百问》中说:"万物生长此时,皆清洁而明净,故谓之清明。"清明时节,气温已经变暖,草木萌动,自然界出现一片清秀、明朗的景象。清明祭祖的习俗据传源于古代帝王将相"墓祭"之礼,后来扩展到普通百姓,进而沿袭成为中华民族扫墓祭祖的节日。

谷雨（4月19—21日）：古人有"雨生百谷"之说，谷雨前后雨水增多，是播种移苗的最佳时节。"清明断雪，谷雨断霜"，谷雨节气的到来也意味着寒潮天气结束，气温回升加快，大大有利于谷类农作物的生长。

立夏（5月5—6日）："立夏"的"夏"是大的意思，是指春天播种的植物已经直立长大了。这表示夏季的开始，万物生长，炎热的天气将要来临，农民们要开始繁忙的农事活动了。立夏日，江南水乡有烹食嫩蚕豆的习俗。民间还有夏至日称体重的习俗，因为夏季炎热，人们容易消瘦，所以祝福人们不要瘦。

小满（5月20—22日）："满"就是饱满之意，小满节气是夏季的第二个节气，此时麦类等夏熟作物已经结果，但未成熟。

芒种（6月5—7日）："芒"是指某些禾本科植物种子壳尖端的细毛，"种"是指谷黍类作物的播种。"芒种"也称为"忙种""忙着种"，有芒的麦类作物已经成熟，是农民散播播种、夏种繁忙的季节。

夏至（6月20—22日）："至"也有极点的意思。在传统的阴阳理论中，夏至是阳气生发到极点、开始收藏的节气。此时阳光直射北回归线，这一天北半球白天最长、黑夜最短，表示盛夏将要来临，气温将继续升高。古代夏至是一个传统节日，宋代、清代时期，夏至日全国放假。

小暑（7月6—8日）："暑"是炎热的意思，"小暑"指天气开始炎热，但还未到最热时分。其间，农作物都进入了成长阶段，需要加强管理。

大暑（7月22—24日）：大暑是一年中最热的时候，气温最高。我国绝大部分地区属于亚热带季风气候，因此，这个时候常伴随着频繁的旱灾、涝灾、风灾。这个时候，喜热农作物生长最快。农谚说："大暑热，田头歇；大暑凉，水满塘""大暑热得慌，四个月无霜"，这都是根据大暑对后期天气的预测。

立秋（8月7—9日）："立秋"指的是植物开始结果，收获的季节到了。农谚"雷打秋，冬半收""立秋晴一日，农夫不用力"就是指立秋日。立秋意味着秋天的开始，虽然天气转凉，但是有时也会很热，所以有"秋老虎"一说。

处暑（8月22—24日）："处"是终止、结束的意思，处暑表示炎热的夏天即将结束，秋高气爽的秋天即将到来。俗语云"争秋夺暑"，就是指立秋和处暑之间的时间。秋季已经来临，但夏天的暑气仍然未减，故处暑是夏秋的过渡季节。

白露（9月7—9日）：早晨地面的水汽开始在草木上凝结成露水，故称之为白露。白露前后，伴随着太阳直射点的南移，气温迅速下降，并伴随着绵绵秋雨，天气开始转凉。谚语"白露白迷迷"说的就是这种景象。

秋分（9月22—24日）：太阳直射赤道之后太阳继续向南移，移至赤道附近时，秋分就到来了。和春分一样，这一天全球昼夜等长。秋分以后，气温逐渐降低，因此有

"白露秋分夜，一夜冷一夜"的说法。

寒露（10月8—9日）：寒露前后，空气中的水汽不仅凝结成露水，而且伴随着阵阵寒意。农谚曰"寒露一到百草枯"，表明此时气温已经降低到农作物生长的极限。这预示着冬季要来临了，气候的寒冷将逐渐加强。

霜降（10月23—24日）：气温进一步下降，空气中开始出现霜冻现象。此时处于秋冬过渡期，气温骤降，天气转寒，是秋收秋种的关键时期。因此，要做好农作物防寒保温工作。

立冬（11月7—8日）：立冬之后，冬天正式开始，收割的农作物要保存起来。江南此时栽冬麦，移油菜。汉魏时期，天子要在这一天率领群臣祭祀，并安抚人民，民间有祭祖、饮宴等习俗。

小雪（11月22—23日）：北方的冷空气势力加强，气温急剧下降，会下雪，是初雪阶段。但是雪量小、次数不多。

大雪（12月6—8日）：降雪的天数和降雪量相比小雪时节增多，地面出现积雪情况。

冬至（12月21—23日）：此时太阳直射点在南回归线，是北半球一年中白昼最短、夜晚最长的一天。在几千年的历史发展过程中，人们也形成了各种冬至的习俗，有的地方冬至的时候要吃馄饨、赤豆粥、黍米糕等食品，也有的地方吃水饺或汤圆。

小寒（1月5—7日）：小寒节气处于隆冬"三九"前后，标志着全国开始进入一年中最寒冷的日子。俗语"热在三伏，冷在三九""小寒大寒，滴水成冰"，其寒冷程度可以想象，因此要做好保暖工作。

大寒（1月20—21日）：这一天天气冷到极点，已经到了天寒地冻的时期，此时寒潮频繁南下，风大、温低，地面积雪不化，呈现出冰天雪地、天寒地冻的景象，是中国大部分地区一年中的最冷时期。

在二十四个节气中，下面几个节气尤为重要。立春、立夏、立秋、立冬这四个节气合称"四立"，古代以立春、立夏、立秋、立冬为四季的开始。古代还有"二分""二至"的说法，"二分"是春分和秋分的合称。"二至"是夏至、冬至的合称。"二分""二至"是四季的代表。这几个节气对气候和农作物的种植收割等有着重要的意义。

四、乡规民俗

所谓乡规民俗，即村规，是各民族村落社会世代民俗传承形式，是村民自我教育、管理的传统民俗。

（1）村议事。有的村寨有全村性会议形式，有的则是由村中各家族有威望、有影响的长者组成村老会议，决定本村内外公益事务。

（2）村制裁。对村内成员的惩罚事务，一般采用罚钱、粮、物，直至"扫地出门"，赶出村寨。

（3）村调解。村调解是村内调解村中各种纠纷的一种职能，如村中分产分家时，经村调解、仲裁所形成的契约文书，在历代法律上都生效。

（4）村保卫。村保卫是对村落利益的保卫，主要是用民间各种防火、防盗、防洪及动乱年代的联防等，都有一定的组织形式。

（5）村财产。村财产包括历代土地制度在内，形成两种状况，一种是本村寨各户拥有的以土地为主的，包括山林、畜群等财产及其继承转移；另一种是本村寨公有田及其共同财产的管理、使用，村民在公田中所负担的劳役及收获物的处理，村公共粮仓的管理、公粮分配等，都是村与村民间经济收益往来的惯制。

乡土观念是国家、民族观念的组成部分。乡里社会习俗在全国的村村落落中发展，成为民风、国风的发源地，爱乡土是爱国主义的起点。

文化践行

一、课程实践

1. 主题：端午节。

形式：端午节手工制作。

材料：民俗节日是我国传统文化的重要组成部分，承载着丰富的历史、文化和民俗内涵。为了让学生深入了解民俗节日，增强文化自信，提高社会实践能力，端午节期间开展民俗节日的社会实践活动，组织学生亲手制作香囊、艾草、粽子等传统手工艺品，体验民俗文化的魅力。让学生了解端午节的来历、习俗和意义，增强对传统文化的认同感。

2. 主题：传统服饰搭配。

形式：服装设计大赛。

材料：同学们利用一周的课外时间，收集传统服饰的相关知识，然后为自己设计一整套服装搭配，包括头冠、上装、下装、鞋履等。各位同学轮流在讲台上分享自己的搭配，要求说明自己选择服装的理由、各件配饰的渊源及自己的搭配理念。有条件、有意愿的同学可以通过购买、租赁等方式获得服装实物，亲自展示自己的搭配。

二、各抒己见

1. 为了富国强兵，赵武灵王进行了"着胡服""习骑射"的改革。请围绕"胡服骑射"改革的背景和成果，研讨其对中国古代服装变革的历史影响。

2. 从近年来一些民俗事项的消失，认识和理解传统民俗文化面临的问题（请举例说明）。

3. 在网上收集一些中国传统服饰的图片和视频，建立一个中国古代服饰的讨论组，进行资料共享。

三、测一测

（一）填空题

1. 中国传统饮食讲究"色、香、味、形、器、效"并举，_____是指食品的色泽看着要鲜艳。

2. _____是中国第一大祭祀节日，在中国有两千多年的历史。

3. _____为五礼之冠，主要是对天神、地祇、人鬼的祭祀典礼。

4. 传统的中国婚仪六礼包括_____、_____、_____、_____、_____、_____。

（二）选择题

1. 汉服的起源可以追溯到（　　）。
   A. 商朝　　　　B. 周朝　　　　C. 秦朝　　　　D. 汉朝

2. 下列（　　）不是汉服的基本款式。
   A. 曲裾　　　　B. 对襟　　　　C. 直裰　　　　D. 西装

3. 汉服中"襦裙"的"襦"指的是（　　）。
   A. 裙子　　　　B. 上衣　　　　C. 外套　　　　D. 配饰

4. 在中国四大传统节日中，与吃粽子有关的是（　　）。
   A. 春节　　　　B. 清明节　　　C. 端午节　　　D. 中秋节

（三）简答题

1. 隋唐五代十国时期的服饰有哪些特点？

2. 请简述中国传统饮食文化的结构。

3. 请简述中国春节的传统习俗。

第六章 中国传统艺术文化

本章提要

艺术是对自然和生活进行审美反映的一种文化类型。因为很多自然事物具有美的属性，或悦目，或悦耳，或爽口，或沁人心脾，都能引起人的情感反应，激发人的热情，鼓舞或激励人的精神，这是艺术对自然进行审美反映的基础。在反映生活方面，艺术总是把生活中美好的一面展示给人们看，让人们感受到生活的美好，唤起人们对生活的热爱与向往之情，激发人们的进取意识，振奋人们的精神。

中国古代雕塑文化

自中国史前时期至清代，人们使用可塑或可雕刻的材料创作出了具有三维空间感的造型艺术作品，这些作品的主要形式包括圆雕和浮雕，同时，也存在透雕、线刻等其他表现形式。依据所使用的材料，这些雕塑作品可以被细分为泥塑、陶塑、瓷塑、木雕、玉雕、石刻、砖雕、骨牙雕刻、竹雕及金属铸像等多个种类。从用途的角度来看，它们又大致可分为纪念性雕塑、工艺装饰雕塑、建筑雕塑、园林雕塑、陵墓雕塑、明器雕塑、宗教造像及案头雕塑等不同类别。雕塑同巫术、音乐、舞蹈、绘画等艺术形式一起，成为早期人类精神的重要表达方式。

一、史前雕塑

中国迄今为止发现的最早的原始雕塑艺术作品应追溯至新石器氏族时期所遗留下来的遗物。在这一历史阶段，雕塑艺术主要呈现出装饰性极强的特征，这些作品以其夸张的造型设计和粗犷的艺术风格而闻名。例如，在河北兴隆县的一处洞穴堆积中，考古人员曾发掘出两截鹿角化石，上面刻划着清晰、优美的复线水波纹及斜格纹，这些刻纹距今已有13 000年的历史，是旧石器时代晚期骨雕艺术的珍贵典范。随着新石器时代的到来，陶塑和泥塑逐渐成为当时最为流行的雕塑形式，与此同时，玉雕、骨牙雕、木雕等其他多种雕塑形式也广受欢迎，共同构成了那个时代丰富多彩的雕塑艺术世界。

【知识链接】

陶塑与泥塑

新石器时代早期的陶塑艺术，其代表性作品包括河南密县莪沟北岗出土的陶人头、浙江余姚河姆渡遗址发现的陶人头、陶猪及陶羊，还有北京平谷上宅遗址出土的陶猪头，这些作品展现出了较为原始而质朴的造型风格。在仰韶文化、马家窑文化及大汶口文化中，陶塑作品多为工艺装饰雕塑，其中涌现出了众多杰出的艺术典范。例如，甘肃礼县高寺头出土的仰韶文化陶塑少女头像，以其生动的形象展现了古代女性的风采；陕西洛南出土的人头形器口红陶壶，造型独特，器口以人头形装饰，颇具匠心；甘肃秦安大地湾出土的人头形器口彩陶瓶，以人头形为器口，施以彩绘，更显精美；天水柴家坪与陕西扶风姜西村出土的仰韶文化浮雕陶人面，以其浮雕技法展现出人面部的立体感；此外，传说中甘肃东乡出土的马家窑文化半山类型人头形陶器盖，也是一件极具特色的人像陶塑杰作，其人头形的设计别具一格，令人赞叹不已。

二、夏商周雕塑

在夏、商、周这一历史时期，除陶塑和玉石、骨、牙雕刻艺术的持续发展外，青铜雕塑的成就尤为突出，尤其是东周时期的彩漆木雕，也展现了其独特的艺术特色。商代与西周时期的雕塑艺术，无论是立体雕塑还是装饰性浮雕，均强调了左右对称，呈现出一种神秘且华丽的风格。直至战国时期，这一传统才被打破，雕塑艺术逐渐向更加生动活泼的方向发展。

【知识链接】

陶塑、青铜雕塑

夏代的陶塑艺术以河南偃师二里头出土的陶羊、陶虎、陶龟和陶蟾蜍为代表，采用捏塑和锥划技术制作而成，其形象质朴而特征鲜明。商代早期的陶塑艺术以郑州二里岗出土的陶像为典型代表，涵盖了跪坐人像、陶虎、陶羊、陶猪、陶龟及陶鱼等多种形态，种类丰富多样。到了商代晚期，陶塑中的人面形器盖特别引人注目，河北藁城台西和河南安阳殷墟均有发现，器盖上高浮雕着四个瞪目抿嘴、颧骨突出、下巴尖锐的人面形象。

殷墟出土了带有枷锁的男女奴隶陶俑，这些珍贵的文物揭示了商代严苛的阶级制度。四川成都青羊宫商周遗址出土的捏塑陶虎，周身刻有斑纹，昂首作呼啸状，造型生动。在春秋战国时期，随着社会变革中人殉被俑葬取代，山东临淄和山西长治的春秋战国墓葬中出土了两组小型舞女、侍婢俑。尽管这些工艺品的制作相对粗糙，但在捕捉人物动态方面，它们展现了令人欣喜的创新。

商代的铸铜技术已然达到了登峰造极之境，其中青铜雕塑的成就更是璀璨夺目。1986年，四川广汉三星堆遗址的一处商代晚期祭祀坑重见天日，内里赫然藏有一尊高达262厘米的青铜立人像，一尊直径达134厘米的巨大神面像，以及数十件与真人尺寸相仿的铜铸人头像与人面像。这些作品不仅造型精致绝伦，格调更是奇异非凡，彰显出一种震撼人心的磅礴气势。而到了1989年寒冬，江西新干商墓又惊现一尊长有犄角的青铜双面神头像，它同样以其鲜明的地域特色，成为商代铸铜艺术的又一力作。此外，陕西宝鸡茹家庄出土的西周握圈小铜人，湖北随县曾侯墓编钟架上栩栩如生的钟铜人，以及河北易县燕下都遗址中发掘的战国捧管铜人，这些作品无不各具千秋，生动展现了不同历史时期独特的艺术风貌。

三、秦代雕塑

公元前211年，秦始皇实现了对中国的统一，标志着中国正式迈入封建社会的早期阶段。随着国家政权的巩固与国力的迅速崛起，雕塑艺术领域迎来了前所未有的兴盛局面。这一时期的艺术创作，着重强调写实风格，力求达到形象逼真的效果，取得了非凡的艺术造诣，成为中国雕塑史上首个辉煌时期的象征。而秦始皇陵兵马俑无疑是秦代陵墓雕塑艺术的杰出代表，展现了当时雕塑技艺的巅峰状态。

秦代陶塑艺术的巅峰之作是1974—1976年在陕西临潼西杨村秦始皇陵从葬坑发现的陶塑兵马俑。这一发现包括了超过7 000个武士俑、100余辆驷马战车及100多匹陶战马。这些陶塑作品在尺寸上与真实的人和马相同，采用了模制与手工塑造相结合的制作工艺，并施以彩绘，呈现出高度的写实风格。武士俑被细分为步兵、骑兵和弩兵等不同兵种，他们多数展现出威武、刚健的姿态，形象生动逼真。这些陶塑武士俑被精心布置在三个陪葬坑中，构成军阵场面，是秦始皇"示强威、服海内"思想的产物，显示出不可一世的磅礴气势。

四、汉代雕塑

与墓葬制度联系紧密的俑像，是汉代雕塑艺术的重要门类。与秦代兵马俑相比，汉代俑像主要塑造的是社会各阶层的人物，形象更加生动、活泼。

西汉早期的俑像性质和秦代兵马俑相似，但在规格上要比秦俑小得多。汉代沿袭秦的风格，造型比较呆板，主要是用整齐的阵列向人们展示为死者送葬的森严军阵。除此之外，也有彩绘女侍俑，模制烧成陶后敷涂色彩，轮廓线条流畅优美，其艺术造型超出军阵陶俑，富有生活情趣。

汉代俑像种类很多，以陶俑为主，另有铜俑、玉俑、石俑、木俑等。

陶俑以甘肃、河南、河北为代表。其中最受人称赞的是东汉的说唱俑。

【知识链接】

说唱俑

说唱俑（图6-1），此雕塑在1957年出土于四川成都。陶俑在汉代的雕塑中有着十分重要的地位，不仅题材广泛，而且内容丰富。这个说唱俑利用形体夸张及人物面部表情变化来突出艺术形象，头大身小，躯体粗短，身材比例失调，但其丰富的说唱内容、醉人的表演形式及演艺成功者的自然流露，被刻划得惟妙惟肖，恰到好处。

马踏飞燕

马踏飞燕（图6-2），1969年出入于甘肃省武威市，它代表了东汉时期青铜艺术的高峰。这件雕塑描绘了一匹体态优雅、急速奔跑的骏马。它三只蹄子在空中飞扬，头部高高昂起，发出长啸，而它的右后蹄则轻巧地踩在一只飞翔的小鸟之上。这件作品构思精妙、形象栩栩如生，是中国古代艺术中现实主义与浪漫主义融合的典范。通过小鸟的飞翔速度来凸显骏马的迅捷，同时，将骏马的狂野动力与稳定的力学构造巧妙地融合，展现出蓬勃的生命力和一往无前的气势。

图6-1 说唱俑

图6-2 马踏飞燕

五、魏晋南北朝时期雕塑

魏晋南北朝时期，封建统治权逐渐瓦解，导致社会陷入了分裂割据的状态。在思想文化层面，儒家思想这一原本占据正统地位的思想体系遭受了严重冲击，同时，百姓的生活也陷入了极度困苦之中。在这样的社会背景下，佛学开始兴起，并逐渐与儒家思想相融合，形成了独特的文化现象。在这种环境下，佛学得到发展，并开始与儒家思想结合交融。在统治者的支持下，各地大兴寺庙、开凿石窟，出现了云冈石窟、龙门石窟、麦积山石窟等具有代表性的石窟艺术。

六、隋唐时期雕塑

历经 300 余年的分裂与动荡，隋唐时期的社会终获安定，政治、经济迎来了前所未有的繁荣景象，雕塑艺术也随之迈入了一个崭新的发展阶段。在这一时期，雕塑艺术不仅继承了南北朝时期的艺术精髓，还通过丝绸之路广泛吸纳了异域文化的艺术元素，从而形成了独树一帜的艺术风格。众多蕴含时代特色的经典雕塑作品应运而生，成为这一时期的艺术瑰宝。唐代是中国佛教雕塑艺术最灿烂辉煌的时代，佛教雕塑完全表现出中国独特的造像特色。唐代的佛教雕塑任务造型颀长匀称、敦厚典雅，表现出仁慈大度的形貌。自唐宋时期后，佛教雕塑洞窟石窟的造像形式逐渐被寺庙盛行的泥塑、木雕取代。

七、宋辽金元雕塑

宋辽金时期的雕塑艺术展现出与以往截然不同的风格特征。这些雕塑作品在保留深厚民族特色的基础上，逐渐融入了生活化与世俗化的元素，呈现出更为贴近民众生活的气息。创作手法上，艺术家们更加注重写实，材料的选择也变得更加多样化，制作工艺也进一步得到了提高。这一时期的雕塑可分为宗教雕塑、陵墓雕塑和手工艺雕塑三大类。

宋代的帝王陵墓形式大体上承袭了唐代的规制，但在规模上未能与之媲美。陵墓雕刻方面，艺术家们更加注重对局部的精细刻画，展现出了明显的写实风格。尽管与汉唐时期的雕塑艺术相比，宋代雕塑在造型的雄浑与精神的象征性上稍显逊色，但从反映现实生活的世俗化角度来看，有其独特的创新之处。

八、明清雕塑

明清时期，作为中国封建社会的晚期，这一时期雕塑艺术呈现出更加贴近民间生活的趋势，并逐渐走向了复杂而衰败的境地。开凿石窟、塑造佛像的热潮急剧减退，而寺庙中的雕塑和陵墓的石刻虽然外表华丽，却失去了深层的精神内涵。与此同时，建筑装饰雕刻得到了发展，技术水平有所提升。在工艺小品雕塑领域，也出现了一些杰出的创新作品。

中国古代绘画艺术

中国绘画，简称国画，是拥有悠久历史与优良传统的一种绘画艺术，它在世界美术领域中独树一帜。国画以毛笔、墨汁及中国特色颜料为主要工具，在专门制作的宣纸或丝绢上进行创作。依据描绘内容的不同，国画可分为人物画、山水画、花鸟画等多个类别。在技法层面，国画又可分为工笔与写意两大流派。在画幅形式上，国画展现了丰富的多样性，包括壁画、屏障画、卷轴画、册页画及扇面画等。此外，国画还拥有独特的装裱技艺，为作品增添了更多的艺术韵味。

一、先秦绘画

在整个"先秦"时期，春秋之前的社会形态为奴隶制，而战国之后则逐渐过渡到封建社会。随着社会分工的不断深化，手工业迎来了前所未有的发展机遇，催生了辉煌的"青铜文明"。统治阶级的需求推动了美术各领域的蓬勃发展，绘画艺术也取得了显著的进步。然而，遗憾的是，今天人们所能目睹的先秦绘画遗迹极为稀缺，这主要是因为当时的绘画大多绘制在易朽的木材或布帛之上。在商代的众多墓葬遗址中，考古学者发现了残存的彩绘布帛遗迹，尤其在商代王室墓葬中，更是出土了大量木质器物上残留的漆画痕迹。这些发现表明，当时使用漆作为颜料绘制器物已经相当普遍，且常用的黑、红两种基本色彩相互对比，形成了鲜明的视觉效果。据史料记载，当时的漆绘制品常与光亮闪耀的青铜器及洁白的陶器一同摆放，呈现出极高的观赏性。此外，在殷墟遗址中，考古人员还发掘出了建筑壁画的残片，这些壁画以红、黑两色在白灰墙面上绘制出卷曲且对称的精美图案，极具装饰艺术魅力。在西周、春秋及战国时期，庙堂壁画的创作活动均有明确记载，楚国著名诗人屈原的《天问》便是在观赏了楚先王庙堂壁画后深受启发而创作的诗篇。

【知识链接】

《人物龙凤帛画》

《人物龙凤帛画》又名《晚周帛画》《夔凤美女图》（图6-3），1949年出土于湖南长沙陈家大山一座战国楚墓中。"帛画"是指古代绘在丝织物上的图画。在画面中，一位端庄的妇女形象跃然纸上，她梳着高高的发髻，侧身站立，双手合掌于胸前，姿态中透露出一种庄重与虔诚。她的身形纤细，腰肢轻摆，宽松的袖口随风轻扬，长裙曳地，勾勒出一幅体态优美的画卷。在妇女的上方，一只凤凰展翅高飞，与一条蜿蜒上升的龙相互映衬，共同构成了画面的核心元素。

根据当时楚国的习俗并结合文物考证，此画的妇女形象即墓主人，作品的主题是表现龙凤引导死者即墓主人灵魂升天。人物合掌祝祷，神态庄重虔诚，处于静态；与动态的龙和凤形成对比，使整个画面构成对比中的和谐。在构图上，这幅画巧妙地运用了对比与和谐的手法，将静态的人物与动态的龙凤相结合，形成一种独特的视觉冲击力。同时，画面以墨线勾勒，用笔流畅而富有韵律感，充分展现了当时绘画艺术的精湛技艺。

图 6-3　人物御龙帛画

二、秦汉绘画

秦汉时期，标志着中国统一多民族封建国家的建立与稳固，同时，也是中国民族艺术风格形成与发展的关键阶段。自公元前 221 年秦始皇一统天下后，他在政治、文化及经济领域推行的一系列革新，给社会带来了翻天覆地的变化。为了颂扬功绩、彰显王权，秦朝开展了一系列艺术活动，这些活动实际上推动了绘画艺术的进步。西汉时期，统治者同样深刻认识到绘画在政治宣传与道德教育中的重要作用。特别是在汉武帝、汉昭帝及汉宣帝在位时期，绘画被赋予了表彰功臣的新使命，宫殿壁画创作因此取得了卓越成就。进入东汉，为巩固统治并引导民心，帝王们大力推崇"天人感应"与"符瑞"理念。在此背景下，祥瑞图像及彰显忠、孝、节、义等美德的历史故事，成为画家们竞相选择的创作题材。汉代盛行的厚葬习俗，为当今人们探索当时的绘画艺术提供了宝贵的线索。随着壁画墓、画像石墓及画像砖墓的相继发掘，汉代绘画的丰富遗存逐渐展现在世人面前。秦汉时代的艺术以其宏大的气势和卓越的艺术成就，在中国美术史上留下了璀璨夺目的光辉篇章。

秦汉时代的绘画艺术大致包括宫殿寺观壁画、墓室壁画等门类。

（一）宫殿寺观壁画

在秦汉时期，宫殿与衙署内普遍装饰有壁画，但遗憾的是，随着岁月的流逝和建筑物的损毁，这些壁画大多已不复存在。然而，20世纪70年代在秦都咸阳宫遗址中发现的壁画遗迹，首次让人们得以一窥秦代宫廷绘画的辉煌。在秦宫3号殿长廊的残存部分，人们发现了一幅描绘七辆马车组成的行进队列的壁画，每辆马车均由四匹奔腾的骏马牵引，另一处壁画则生动展现了宫女的形象。这些壁画是直接绘制在墙壁上的，并未事先勾勒轮廓，它们可以被视为中国传统绘画中"没骨"技法的早期典范。西汉时期的壁画创作主要是为了彰显吏治的"清明"。王延寿在其《鲁灵光殿赋》中详细描述了当时一位诸侯王宫殿内壁画的壮观景象。到了宣帝时期，更是在麒麟阁上绘制了11位功臣的肖像壁画，这一举措开创了后世绘制功臣图像的先河。进入东汉明帝时期，由于明帝本人对壁画艺术的浓厚兴趣，壁画创作之风越发盛行。在派遣使者远赴西域求取佛法之后，明帝下令在新落成的白马寺内绘制了一幅名为《千乘万骑群象绕塔图》的壁画。这幅壁画不仅展现了佛教的庄严与神圣氛围，更标志着中国佛教寺院壁画艺术的起源。

（二）墓室壁画

秦代的墓室壁画遗迹，迄今尚未发现，但汉墓壁画的发现历史则相对较早，可追溯到20世纪初。其中，洛阳八里台出土的空心砖壁画是西汉墓室壁画的重要早期发现之一。1931年，辽宁金县营城子壁画墓的发掘工作首次揭开了东汉墓室壁画的神秘面纱。在接下来的数十年间，全国各地又陆续发现了四十余座壁画墓，这些发现为我们研究汉代绘画艺术的发展提供了极为珍贵的实物资料。在这一时期，一系列重要的壁画墓及其内部的墓室壁画相继重见天日。西汉时期的代表性壁画作品包括河南洛阳的卜千秋墓壁画、洛阳烧沟61号墓壁画，以及陕西西安的《天象图》墓室壁画。进入新莽时期，洛阳金谷园的新莽墓壁画同样引人注目。而到了东汉时期，山西平陆枣园汉墓的《山水图》壁画、河北安平的汉墓壁画、河北望都1号墓壁画，以及内蒙古和林格尔的壁画墓等，都是该时期的杰出代表。这些壁画墓及其内部的墓室壁画内容丰富多样，分别描绘了天象、五行、神仙鸟兽、历史故事、车马仪仗、建筑及墓主人的肖像等，蕴含了复杂而深刻的象征意义。

(三) 汉代帛画

汉代画在缣帛上的作品很多，但历经千年之后，遗存极少。目前最重要的发现有 20 世纪 70 年代分别出土于湖南长沙马王堆、山东临沂金雀山的汉墓中的西汉帛画。马王堆 1 号墓中出土的帛画的含义最为隐晦，学者们的解释极为多样，但一般都认为帛画的上部和底部分别描绘的是天界和阴间，中间两部分则表现的是死者软侯夫人的生活场景。墓主的形象及各种神禽异兽的刻画都极为栩栩如生，线条勾勒得流畅而挺拔，色彩运用庄重且典雅，充分展现了西汉时期绘画的高超技艺。此外，马王堆 3 号墓中的三幅帛画同样具有极高的重要性，它们不仅描绘了墓主人的形象，还生动展现了"导引"场景及仪仗队伍等内容，其精美程度令人叹为观止。而金雀山的帛画在内容上与马王堆汉墓帛画有着相似之处，上方绘有日月仙山，下方则有龙虎鬼怪，中间部分则细致描绘了墓主人的人间生活场景。这幅画巧妙地结合了"没骨"技法与勾勒手法，充分展示了汉代绘画技法的多样性和丰富性。

三、魏晋南北朝时期的绘画

魏晋南北朝时期，艺术领域的变革尤为显著地体现在书法艺术上，楷书在此时期真正诞生。尽管绘画艺术的变革不如书法那般突出，但社会风气的变迁及崇佛思想的盛行，仍然促使原本简洁明了的绘画风格逐渐趋向繁复。曹不兴开创了佛画的新篇章，其弟子卫协在此基础上进一步发扬光大。这一时期，绘画艺术的成熟标志之一便是南方涌现了顾恺之、戴逵、陆探微、张僧繇等杰出画家，北方也有杨子华、曹仲达、田僧亮等众多大家，画家这一身份逐渐受到重视，并开始在历史文献中占有一席之地，他们在社会生活中的角色也日益重要。

在这一时期，人物画（包括佛教人物画）和走兽画的发展尤为突出，而中国绘画中的其他类别尚未成熟。东晋顾恺之的传世之作《洛神赋图》中的山水元素仅是作为人物故事画的背景出现，山水画的独立发展直至南北朝后期才逐渐完成。这一现象的原因，与当时绘画的主要功能密切相关——政教服务，"是知存乎鉴戒者图画也"。这也是当时绘画艺术的一个重要特征。

【知识链接】

《洛神赋图》顾恺之

《洛神赋图》（图 6-4）是顾恺之依据曹植的文学作品《洛神赋》精心绘制的画作，深刻揭示了封建礼教束缚下男女爱情的悲剧主题。《洛神赋》原文通过描绘梦幻中人神相恋的故事，抒发了作者因爱情失意而产生的自我感伤之情。顾恺之凭借丰富的想象力和卓越的艺术造诣，对原文进行了再创造，将文中的精神内涵生动形象地呈现在画布上。他细腻地刻画了洛神若隐若现、在水面上轻盈漫步的姿态，将其神情描绘得娴静而富有情感，同时精准捕捉并表现了人物"行动难以预料，仿佛来去自如，欲言又止"的复杂内心世界。画面中的曹植，正处于惊疑与恍惚之中，他在洛水之畔与心爱的恋人遥遥相望，依依不舍，流露出深沉的情感与哀伤的氛围。背景中的山石则以装饰性手法巧妙处理，更加凸显了人物形象，营造出一种亦真亦幻的视觉效果，整幅画作充满了浓郁的浪漫主义色彩和诗意的氛围。

图 6-4 《洛神赋图》 顾恺之

四、隋唐时期的绘画

隋代的绘画风格承前启后，有"细密精致而臻丽"的特点。众多来自各地的画家汇聚于京畿，他们不仅擅长宗教题材的创作，同时，也精于描绘贵族的日常生活。在人物画中，作为活动背景的山水元素因比例得当，成功营造出"远山近水，尺幅千里"的深远空间感，使山水画开始作为一个独立的画种崭露头角。

唐代绘画在隋代的基础上实现了全面发展。人物鞍马画取得了卓越的成就，青绿山水与水墨山水也相继成熟,花鸟与走兽画同样作为一个独立的画科吸引了人们的关注,整个画坛呈现出多姿多彩的面貌。盛唐时期,中国绘画迎来了一个前所未有的繁荣时代,也是一个孕育巨匠与全新风格的时代。宗教绘画逐渐世俗化,经变画也得到了进一步的发展。不同地域的画法相互融合,形成了广受欢迎的新风格,以"丰腴"为美的现实女性形象开始出现在画面中。以吴道子、张萱为代表的人物仕女画,从初唐的政治事件描绘转向了对日常生活的细腻刻画,造型更加精准生动,在心理刻画与细节描绘上超越了前代的画家。同时,山水画在这一时期已完全确立了其独立地位,代表画家有擅长工笔的李昭道、擅长写意的吴道子及张璪等,他们的作品展现了工笔与粗放两种截然不同的风格。此外,泼墨山水也开始出现。花鸟画的发展虽不像人物画和山水画那样成熟,但在牛马画方面却名家辈出,曹霸、韩干、陈闳、韩滉与韦偃等都是个中好手。

【知识链接】

《步辇图》

《步辇图》(图6-5)以唐贞观八年吐蕃首领松赞干布与文成公主联姻的历史事件为蓝本,细致描绘了唐太宗李世民接见吐蕃使臣禄东赞的庄重场景。唐太宗安然端坐于步辇之上,这步辇由六名宫女缓缓抬行,周围还有数名宫女或手持华盖以遮阳,或轻摇扇子以纳凉。在画面的左侧,一列三人引人注目,其中居于中间的便是禄东赞。他正由一位身着红袍的典礼官引领,向唐太宗行礼致敬。紧随禄东赞其后的是一位身着白衣的人物,他可能是译员或内侍。禄东赞身着一件饰有联珠纹的袍子,这是吐蕃民族的流行服饰,他双手拱手致敬,其神态生动地展现出了藏族使臣的身份以及他恭敬而机敏的性格特点。画家笔下的唐太宗,通过他那舒朗的眉宇、睿智的目光和飘动的胡须,表现了这位具有远见卓识的封建帝王的自信与威严。线条劲细流畅,色彩浓丽。

图6-5 《步辇图》

五、五代两宋的绘画

五代十国这段历史时期虽然仅有53年，且战乱频仍、政权并立，但在绘画艺术的发展上并未停滞，反而是在继承前人的基础上持续演进。这一时期在唐代与宋代之间起到了重要的过渡作用，书画艺术得以承前启后。无论是人物画、山水画还是花鸟画，都在前代的基础上展现出了新的变化与风貌。人物画已转入描绘世俗生活，宗教画渐趋衰退，山水画、花鸟画跃居画坛主流；文人画的出现及其在后世的发展极大地丰富了中国画的创作观念和表现方法。宋代设置了规模庞大的翰林书画院，集中了全国各地的著名画家，形成了一个实力雄厚的绘画艺术中心，有力推动了绘画艺术的发展；同时，苏轼、米芾等人在画坛上活跃起来，文人画声势渐起。此外，宋代还出现了以描写社会风俗为对象的风俗画，为中国绘画艺术开辟了新的视野。张择端的《清明上河图》就是这方面的典型代表。

【知识链接】

《清明上河图（局部）》 张择端

张择端，字正道，东武（今山东诸城）人，徽宗时画院待诏。工界画，尤擅舟车、市桥，自成家数。藏于北京故宫博物院的《清明上河图》（图6-6）是其传世名作。该画描绘了北宋都城汴京清明时节汴河两岸的风光，以全景式的构图、严谨精细的笔法，展现了当时的社会生活风貌，这幅长卷自左至右分为三段。

第一段描绘市郊景象：初春晨曦中，市郊景象渐渐清晰，薄雾缭绕于新芽初绽的树梢间，农舍若隐若现，田埂小路交错纵横。此时，赶集的乡民与满载货物的骡马已踏上通往城中的各路小径，一派繁忙景象。汴河码头上，数艘大船静静停泊，人们正忙碌地从船上卸载沉重的粮袋。随着视线沿波光粼粼的汴河延伸，画卷缓缓展开至第二段。几棵古柳苍劲挺拔，枝叶间隐约可见屋宇轮廓，汴河岸畔的茶肆内，桌凳排列整齐，静待客人。河面上，船只往来频繁，热闹非凡。一座精致的拱桥横跨两岸，宛如彩虹般绚丽，将两岸紧密相连。一艘木船正欲穿越拱桥，船桅已放低，船工紧握篙杆，盘绕绳索，桥上的人们呼喊接应，岸边的行人挥臂助威，过往的路人纷纷驻足桥头，围观这紧张而有序的一幕。而那些推车、挑担、赶脚的行人则无暇他顾，他们各自忙碌，为生计奔波不息。穿过拱桥，步入繁华的街道，便来到了画卷的第三段——热闹的街市。这里酒楼、店铺、宅第错落有致，商品琳琅满目，应有尽有。士人、农民、工匠、商人、僧侣、道士、占卜者、医者及男女老幼，摩肩接踵，神态各异，构成了一幅生动的市井画卷。驼队、马车、舟船穿梭其间，川流不息。继续前行，直至十字街头，便已逼近汴京的中心地带。然而，画卷在此处戛然而止，留给观者无限的遐想与回味。

《清明上河图》是我国古代绘画中一件伟大的现实主义杰作，无论在内容还是在表现技巧上都取得了不可低估的艺术成就。它真实、详尽且细腻地展现了北宋都城的各个方面，众多描绘内容得到了《东京梦华录》等历史文献的印证。此外，它还提供了文字难以捕捉的直观资料，尤其是那座木结构拱形桥，此前仅见于文献记载，而画中则生动再现了古代劳动者的智慧结晶。画中的其他元素，如人物、房屋、街市、舟船、车轿等，对于深入研究和了解宋代社会的经济、交通、服饰、习俗等方面，具有无可估量的宝贵价值。这幅画以汴京的漕运活动为主线，采用横向构图，从外城开始描绘，逐渐过渡到繁华热闹的市区，最终在虹桥处达到全画的高潮。尽管画面规模宏大，场景纷繁复杂，但作者巧妙地运用了鸟瞰式的构图手法，将这庞大而复杂的场景井然有序地展现在一幅宽度不足两丈、高度仅为一尺的画布上，从而在视觉上营造出"方寸之间，尽显千里之势"的宏伟壮观之感。

图6-6　清明上河图（局部）　张择端（北宋）

六、辽金元绘画

辽国文化深受唐朝、五代及北宋的影响，尽管契丹族拥有自己的语言文字和游牧文化，但汉文化对其影响深远。辽太祖的长子东丹王耶律倍（李赞华）和辽兴宗耶律宗真都精于绘画，耶律宗真更是将自己所绘的鹅雁赠予宋仁宗。《辽史》记载了一些技艺高超的画家，但他们的作品并未流传至今。李赞华和胡瓌父子的一些小幅作品得以流传。

女真族在完颜阿骨打的领导下崛起，推翻了辽和北宋，建立了金国。金国统治了辽的全部领土及黄河以南、淮河以北的中原地区。得益于优越的经济基础和文化的传承，金国的绘画艺术得到了极大的发展。金国宫廷设有书画局，与北宋的文思院相似。除因金人崇尚简朴葬礼而少见壁画墓外，金国在书画家数量、作品数量和质量上都超过了辽国。从金代和元代的诗文集中，我们可以窥见金代书画繁荣的景象，有关任询、王庭筠父子、杨邦基、李早、武元直、赵秉文等人及其作品的记载和评论散见于各家文集。

元代的审美观念变化对中国画的发展产生了深远的影响。元代中国画的整体趋势是在继承古代传统的基础上创新，文人画开始在画坛上占据主导地位。因此，表现文人画家意识的山水画、枯木、竹石、梅兰及墨笔花鸟画大量出现，而人物故事画相对减少。随着文人画的兴盛，绘画中的诗、书、画进一步紧密结合，成为普遍趋势。这增强了中国画的文学韵味，更好地展现了中国画的民族特色。虽然元代历时不长，但是在绘画领域却涌现出众多名家，取得了显著成就。其中，最重要的画家包括赵孟頫和元四家等。

七、明清的绘画

明代在中国书画艺术史上占据了举足轻重的地位。在这一时期，绘画艺术在继承宋元时期传统的同时，也经历了持续的演变和发展。随着社会政治经济的逐步稳定，文化艺术也随之繁荣，各地涌现出了一批以地域为中心的著名艺术家和流派。在绘画领域，例如，以戴进为代表的浙派，以沈周、文徵明为首的吴门画派，以张宏为首的晚明吴派，以及蓝瑛所代表的武林派等，各流派竞相争艳，形成了各自独特的体系。这些流派涵盖了各个画科，题材广泛，其中山水画和花鸟画的成就尤为突出，表现手法也有所创新。总体来看，明代初期仍受元四家影响，以模仿宋代"院体"为主；到了中期以后，以吴门画派为代表，回归并继承了元代的水墨画法，文人画派逐渐成为画坛的主流。明代绘画大致可分为前期、中期和晚期三个阶段，这三个阶段各有特点，但并非完全独立，而是相互交织、交替发展。

清代时期，文人画逐渐成为画坛的主流，山水画与水墨写意画尤为盛行。在清代初期，被称为"四王"的王时敏、王鉴、王原祁、王翚因受到皇室的扶持，成为画坛的正统派代表。他们主张摹古，对董其昌和元四家极为推崇，并深入研究笔墨之韵，其影响力贯穿了整个清代时期的山水画坛。与此同时，"四僧"弘仁、髡残、朱耷、石涛逐渐崭露头角，他们个性鲜明，主张表达真实情感，具有强烈的艺术创新精神，对后世产生了深远的影响。

在康乾盛世时期，宫廷绘画在皇室的推动下达到了鼎盛。与此同时，扬州地区兴起了"扬州画派"，他们接过石涛、朱耷"反传统"的旗帜，以革新者的姿态登上画坛。扬州画派的画家们偏爱梅、兰、竹、菊等题材，并擅长运用泼墨写意的手法进行创作。其中，郑板桥的绘画作品对近现代的花鸟画产生了深远的影响。

在清代时期，文人画逐渐占据了画坛的主导地位，其中山水画的创作及水墨写意风格尤为盛行。这一时期,清初的"四王"(即王时敏、王鉴、王原祁、王翚)因受到皇室的青睐与支持,成为画坛的正统派代表。他们致力于摹古,推崇董其昌和元代四大家的艺术风格,并深入研究笔墨的韵味,对清代整个山水画坛产生了深远的影响。与此同时,"四僧"(弘仁、髡残、朱耷、石涛)逐渐崭露头角。他们个性鲜明,主张在绘画中抒发个人情感,其作品感情真挚,且富有强烈的艺术创新精神,对后世产生了较大的影响。在康乾盛世期间,宫廷绘画在皇室的扶持下迎来了一个繁荣时期。而扬州地区则兴起了"扬州画派",他们接过石涛、朱耷的"反传统"大旗,以革新的面貌活跃于画坛。这些画家偏爱梅、兰、竹、菊等题材,并擅长运用泼墨写意的手法进行创作。例如,郑板桥的绘画作品就对近现代的花鸟画产生了深远的影响。

【知识链接】

《兰竹双清》郑板桥

图6-7 《兰竹双清》郑板桥(清)

《兰竹双清》(图6-7)画的是郑板桥最为擅长的兰竹。郑板桥以简劲笔锋、淡墨勾勒出坚硬的坡石,坡石基本无皴擦,以行笔顿挫为点苔之意,坡石渐尽处,三株细竹挺拔而起,竹竿极细,但挺拔有姿,绝不柔弱,即使最左处初发嫩枝,亦柔韧有劲。叶肥翠欲滴,以深浅墨笔撇捺而出。郑板桥主张书法入画,以此可见运笔使墨之功力。竹叶聚散有度,磊落潇洒,秀洁清明。旁边坡石夹缝处生出数丛山野之兰,郑板桥撇兰尤显其书法功力,兰叶借草书中竖笔势,长撇运气而成,多而不乱,少亦不疏,兰花如蝶舞清香,如香在鼻。画面左边空白处是郑板桥所题:"深绿叶淡更绿花,唯有青山与翠竹,不分二色合成家。湘雪外,楚孤涯,不同桃李艳,不斗牡丹芽。赤心与素心,千古不争差。赤心留以奉明主,素心留赠良朋好友,一尊酒,一杯茶。板桥居士郑燮。"钤"郑燮"白文印、"直心道场"朱文印。题款四行七十四字,单字皆乱石,狂放不羁;整体已铺阶,通畅如砥。《维摩诘经·菩萨品》:"直心是道场,无虚假故",印文和题诗都赞美了兰竹清心直傲、不与桃李牡丹争艳的高洁风格,可谓诗书画印相得益彰。

八、民间绘画

(一) 版画

版画的发展与刻书业紧密相连,其宋元时期的中心位于福建建安与浙江杭州,而到了明代,则转移至南京与北京。

明代版画的应用范围相当广泛,它不仅作为书籍的插图使用,还被广泛应用于传授绘画技法的"画谱"、文人墨客所钟爱的"笺纸"、制墨名家精心编纂的"墨谱",以及民间娱乐活动中常见的"酒牌"。在画谱方面,较早的代表作是1603年由杭州双桂堂刊印的《顾氏画谱》。而在墨谱领域,万历年间出版的《程氏墨苑》尤为引人注目,这部著作中还有著名画家丁云鹏的参与绘制。谈及酒牌版画创作,不得不提著名画家陈洪绶与徽州黄氏高手的合作。他们共同创作的《水浒叶子》《博古叶子》等作品,历经岁月洗礼,至今仍流传于世,被视为经典之作。在套色版画方面,已知最早的作品是明代刻制的《萝轩变古笺谱》。然而,在影响力和艺术成就上,胡正言刊刻于1633年的《十竹斋画谱》和1644年的《十竹斋笺谱》无疑更为突出。胡正言不仅是明代的知名出版家,还是一位杰出的书画家。

在清代版画中,除享有盛誉的徽派外,北京的殿版版画也同样名声在外。其中,1696年由北京刻手朱圭精心刊印的焦秉贞的《耕织图》,以及1717年刻制的冷枚画的《万寿盛典图》,都是这一时期的代表作。此外,还有一部值得一提的作品,即1679年采用分色水印木刻法制成的《芥子园画传》初集。该书由金陵的画家们根据李流芳的稿本编辑而成,内容精湛,艺术价值极高。此后,《芥子园画传》又相继出版了二集、三集和四集,流传范围极为广泛,对后世产生了深远的影响,成为一部不可或缺的绘画教科书。

(二) 年画

在明代后期,专门印制木版年画的作坊开始兴起,这一趋势在清代前期得到了进一步的扩大和发展。在此期间,全国范围内逐渐形成了多个年画生产中心。这些中心不仅生产能力强劲,而且年画产品的行销范围相当广泛,更重要的是,它们各自都拥有独特的地区特色。其中,最为著名的年画生产中心包括天津的杨柳青、苏州的桃花坞及山东潍县的杨家埠。

天津以西的杨柳青地区,自明代万历年间起,便逐渐兴起了年画作坊,其中最早声名远播的是戴廉增与齐健隆两家。这两家作坊随着时间的推移,不断繁衍出众多相关的店铺,并在乾隆年间达到了发展的巅峰,使杨柳青一跃成为北方地区年画制作的重要中心。杨柳青年画的题材极为丰富,涵盖了神码、生活风俗、历史故事、戏曲小说及娃娃美人等众多领域。在技法上,它追求细腻入微的绘画效果,采用单色制版与人工染色的精湛工艺，刻工精细，色彩鲜艳且富有活力。这些特点使杨柳青年画在北方、东北和西北等地区广受欢迎。其代表作品包括康熙年间的《喜叫哥哥》、乾隆年间的《盗仙草》及道光年间的《庄稼忙》等，这些作品不仅展现了杨柳青年画的高超技艺，而且反映了当时社会的风貌和人民的审美情趣。

桃花坞作为苏州北城工艺美术的聚集地，自明代起便开始印制年画。到了康熙年间，年画作坊如雨后春笋般涌现，而在雍正、乾隆时期更是达到了前所未有的繁荣，其中张星聚、张文聚等画店成为行业的重要代表。桃花坞年画以富有故事性的画面为主要特色，同时热衷于展现城市风貌与市民生活的点滴。在制作上，它采用了套色木刻的方法，并在乾隆时期进一步加强了色彩的晕染效果，呈现出写实、明净且强烈的艺术风格。其代表作品包括《苏州阊门图》《花果山猴王开操》及《百子全图》等，每幅都堪称艺术精品。

在山东潍县城东北的杨家埠，年画生产同样有着悠久的历史。乾隆时期，这里的年画生产已经颇具规模，同治之后更是进入了鼎盛时期。杨家埠年画以神码为主要内容，体裁形式丰富多样，充分展现了民间信仰的丰富多彩。在印制方式上，它主要采用了分色套版的工艺，造型夸张、构图饱满且富有装饰性，色彩对比强烈，风格质朴而生动。其代表作品有《门神》《男十忙》《女十忙》等。

年画欣赏如图 6-8 ~ 图 6-10 所示。

图 6-8　年画 1

图 6-9　年画 2

图 6-10　年画 3

（三）风筝

风筝作为一种兼具娱乐与工艺特性的物品，其历史可追溯至春秋时代，距今已有超过 2 000 年的悠久历史。在南北朝时期，风筝被用作传递信息的实用工具；而到了隋唐时期，民间开始盛行用纸来裱糊制作风筝；至宋代，放风筝逐渐成为人们热衷的户外娱乐活动。

风筝可分为软翅风筝、硬翅风筝和板子风筝。

（1）软翅风筝的主体骨架多数做成浮雕式，骨架有单层、双层和多层之分，升力片（翅）由一根主翅条构成，翅膀的后半部是软性的，没有主条依附。

（2）硬翅风筝的骨架由上、下两根竹条做成，两侧边缘高，中间略凹，翅的端部向后倾，使风能从两翅的端部逸出。

（3）板子风筝即平面型风筝，升力片是主体，无凸出部分，风筝四边有竹条支撑，是少年儿童最喜爱的一种。

风筝欣赏如图 6-11 和图 6-12 所示。

图 6-11　风筝 1　　　　　　　　图 6-12　风筝 2

（四）剪纸

剪纸，又称刻纸、窗花或剪画。在创作时，有的用剪子，有的用刻刀，虽然工具有别，但是创作出来的作品形式基本相同，统称为剪纸。剪纸在表现形式上具有与年画等民俗艺术相似的美化环境、寓意吉祥的特征。

由于剪纸艺术受到材料本身的限制，难以展现多层次且复杂的画面，因此在构图上，它倾向于采用平视构图法，运用简洁的线条进行概括，以突出主要部分及黑白对比关系，同时巧妙运用虚实对比，以此提升作品的表现力。在构图方面，剪纸不受生活常规和题材内容的约束，能够将不同时间和空间的元素巧妙地融入同一画面之中，其终极目标是追求造型的完整和谐，从而满足人们对于圆满美好的心理追求。

从色彩上分，剪纸可分为单色剪纸和套色剪纸。用一种颜色的剪纸刻出来的作品就叫作单色剪纸，是最常见的一种形式，这类作品十分朴素大方；套色剪纸是用不同颜色的剪纸刻出来的作品，色彩相对丰富，作品更加生动形象。

剪纸欣赏如图 6-13～图 6-15 所示。

图 6-13　剪纸 1　　　　　图 6-14　剪纸 2　　　　　图 6-15　剪纸 3

（五）皮影

皮影是对皮影戏和皮影戏人物（包括场面、道具、景物）制品的通用称谓。皮影类似于剪纸，但材料有所不同，皮影是用驴皮、牛皮或羊皮等经过刻镂、染色，装订成各关节可以活动的艺术形象。

根据史料和近代民间皮影艺术流传的实际状况，可以推断和证实皮影艺术起源于两千年前的西汉，成熟于唐宋时代，极盛于清代。皮影艺术在其发展过程中受汉代画像石、古代壁画及明清以来仕女画的影响，为了适合幕影表现形式而形成了一套独特的造型风格，对人物及场景进行了平面化、艺术化、卡通化、戏曲化的综合处理。其脸谱与服饰造型生动而形象，夸张而幽默，所塑造的形象或淳朴而粗犷，或细腻而浪漫。

皮影欣赏如图 6-16 所示。

图 6-16　皮影

音乐艺术

一、音乐的起源及夏商音乐

（一）上古时期的音乐

不少古籍记载了远古时期祭祀、宗庙、大典仪式上"撞巨钟、击鸣鼓、弹琴瑟、吹竽笙"的场面。古籍中记载有尧舜古乐,说明中国音乐起源很早。从上古时期到春秋战国时期,音乐与歌唱、舞蹈都有着密切联系。正因为如此,中国音乐虽然在古代艺术门类中占有很重要的地位,但是从未能以自身为中心获得独立的发展,而是依附于文化的其他领域,发挥着独特的作用。丰富多彩的音乐文物大大丰富了我国可考音乐历史的内容,如龙山文化遗址中出土的一具鼍鼓,是目前我国发现的年代最早的打击乐器。此外,还有河南舞阳县贾湖发现的骨笛、河姆渡遗址中出土的骨哨等。需要强调的是,埙是中国特有的、古老的闭口吹奏的旋律性乐器,在世界艺术史中占有特殊的地位。

(二)夏商周时期的音乐

夏代的代表性乐舞是《大夏》,以歌颂夏禹治水的业绩为内容,还有《九招》和《九歌》。商代社会凡举行祭祀等"礼"时必然要伴以歌舞。商代的乐器对后世影响深远的是钟和磬。周代在礼乐制度上建立了我国第一个宫廷雅乐体系,其典雅庄严,篇幅长而规整,节拍以缓慢、齐奏为主,多呈现肃穆、安静、和谐、平正的气氛。史籍记载的乐器近 70 种,并按乐器制造的材料分成了金、石、土、革、丝、木、匏、竹,称为"八音"。春秋战国时期"礼崩乐坏",郑、卫两国的民歌开始流行。

二、秦汉时期

战国末期,秦始皇在征服六国后,将"六国之乐"集于宫中,并为此设立专门的音乐机构乐府。各地之乐在此交汇和融合。汉袭秦制,汉武帝时期乐府更为兴盛。汉乐府的职能是将贵族、文人的诗词歌赋编配成曲用于宫廷演出。此外,它还担负着采集、加工、整理各地民歌,甚至是征集外域音乐的工作。它的产生促进了汉代民间音乐的繁荣,其中的相和歌、鼓吹乐、百戏较有代表性。汉代是一个海纳百川的时代,在文化上具有很强的包容性,西汉时开辟的丝绸之路,促进了我国与西域各国的经济文化交流,也使音乐得到了丰富和发展。

【知识链接】

《胡笳十八拍》

《胡笳十八拍》是古乐府琴曲歌辞,据传为蔡文姬作。汉末大乱,连年烽火,蔡文姬在逃难中被匈奴所掳,流落塞外,后来与左贤王结成夫妻,生了两个儿女。在塞外她度过了 12 个春秋,但她无时无刻不在思念故乡。曹操平定了中原,与匈奴修好,派使节用重金赎回文姬,于是她写下了著名长诗《胡笳十八拍》,叙述了自己一生不幸的遭遇。琴曲中有《大胡笳》《小胡笳》《胡笳十八拍》琴歌等版本。曲调虽然各有不同,但是都反映了蔡文姬思念故乡而又不忍骨肉分离的极端矛盾的痛苦心情。音乐委婉悲伤，撕裂肝肠。在琴曲中，文姬移情于声，借用胡笳善于表现思乡哀怨的乐声，融入古琴声调之中，表现出一种浩然的怨气。唐代琴家董庭兰以擅弹此曲著称。

三、魏晋南北朝时期

魏晋南北朝的动荡、分裂，使人们不得不在音乐世界中找寻情感寄托。此时琴得到了文人雅士的垂爱，它成为一种风度的体现，一种高尚人格的代表。琴乐也因此得到了空前的发展。此时琴的形制已基本定型，并有了初期的文字谱，与此同时也涌现出了嵇康、阮籍等一批优秀的演奏家及经典的琴曲，如《梅花三弄》《广陵散》《酒狂》《碣石调·幽兰》等。这时音乐不仅能宣泄内心的苦闷彷徨，更能让精神自由穿梭于时空之中，使人们对生活留有希望。

【知识链接】

《广陵散》

《广陵散》在嵇康的时候初具规模，并为明代以后琴乐所传承。"广陵"是扬州的古称，"散"是操、引乐曲的意思，《广陵散》的标题说明这是一首流行于古代广陵地区的琴曲。这是我国古代的一首大型器乐作品，萌芽于秦汉时期，其名称记载最早见于魏应璩《与刘孔才书》："听广陵之清散。"到魏晋时期它已逐渐成形定稿。《广陵散》一度失传，后来明代宫廷的《神奇秘谱》中重新发现了它的踪迹，经过后人的整理，我们才得以聆听今日的《广陵散》。普遍的观点认为，这首曲子与《聂政刺韩王》的琴曲有所关联。《聂政刺韩王》主要叙述了战国时期铸剑工匠之子聂政为报父仇，勇敢地刺杀韩王，并最终自杀的悲壮事迹。关于这一故事，蔡邕在其《琴操》中进行了较为详尽的记载。

四、隋唐时期

从隋朝到唐朝，中国传统音乐迎来了一个前所未有的繁荣时期。在唐代时期，政治稳定、经济繁荣及各民族的和睦共处，为音乐文化的高度发展奠定了坚实的基础，从而催生了气势磅礴的盛唐音乐。在这一时期，最为典型的艺术形式是融合了诗歌、器乐与舞蹈的歌舞大曲。这些歌舞大曲拥有庞大的结构，节奏与速度复杂多变，推动着它们朝着大型化、规范化和程序化的方向不断演进。其中，《霓裳羽衣曲》《破阵乐》及《水调》等作品成为这一时期的代表曲目。

唐代高度重视与东西方各国及境内各少数民族在音乐文化上的交流与融合，广泛吸纳了众多外来音乐元素。例如，在著名的《霓裳羽衣曲》中，就巧妙地融入了西凉音乐的元素。随着音乐的传入，多种外来乐器也随之进入中原，如曲项琵琶（源自波斯的乌德琴）、筚篥、竖箜篌、铜钹及答腊鼓等。在传播过程中，曲项琵琶与本土的直项琵琶相互融合，经过时间的演变，最终发展成为现今人们所见的琵琶。与此同时，中国的音乐也对世界各国产生了深远的影响，尤其是亚洲国家中的日本和朝鲜，更是深受其熏陶。

【知识链接】

《霓裳羽衣舞歌》

唐代大曲数量很多，仅仅留下曲名的就有60多个，著名的有《凉州》《甘州》《剑器》《绿腰》《薄媚》《春莺啭》《雨霖铃》等。其中代表作《霓裳羽衣曲》是一部法曲类型的大曲。这部歌舞大曲据传是唐玄宗基于河西节度使杨敬述所呈献的《婆罗门曲》进行改编而成的，并赢得了诸多诗人的赞誉与赋诗。从白居易的《霓裳羽衣舞歌》中可以窥见，唐代歌舞大曲的结构大致分为三个部分：第一部分名为"散序"，是一段节奏自由的散板，主要由器乐独奏及合奏构成，不包含歌唱与舞蹈。第二部分被称为"中序"或"拍序""排遍"，以歌唱为主，节奏相对固定，多为慢板，可能伴随舞蹈也可能不伴舞。在散序与排遍之间，通常会有一个简短的过渡段落，称为"靸"。第三部分始于"入破"，以舞蹈为主，可能包含歌唱，也可能不包含，音乐节奏由慢转快，因此有催拍、促拍、衮遍等称谓。

五、宋金元时期

宋金元时期音乐文化的发展以市民音乐的勃兴为重要标志，较隋唐音乐有了更为深入的发展，有叫声、嘌唱、小唱、唱赚等艺术歌曲的演唱，也有崖词、陶真、鼓子词、诸宫调及杂剧、院本的表演。宋代的词调音乐获得了空前的发展，有令、引、近、慢等词牌形式。宋代姜夔是既会作词又能按词度曲的著名词家、音乐家，宋代郭楚望的古琴音乐代表作《小巷水云》开了古琴流派之先河。元代出现了民族乐器三弦，戏曲也趋于成熟，以元杂剧为代表。随着元代戏曲艺术的发展，出现了最早的总结戏曲演唱理论的专著，即燕南芝庵的《唱论》；周德清的《中原音韵》则是北曲最早的韵书。

六、明清时期

明清时期的音乐文化显著地呈现出世俗化的特征。在明代，民间小曲的内容丰富多彩，其流传之广泛，已经达到了"无论男女老少，人人皆能哼唱"的程度。到了明清时期，说唱音乐更是百花齐放，各具特色，如南方的弹词、北方的鼓词，以及牌子曲、琴书、道情等多种形式。

明清时期，歌舞音乐在各族人民中有较大的发展，如汉族的各种秧歌、维吾尔族的木卡姆、藏族的囊玛、傣族的孔雀舞、苗族的芦笙舞等。明代初期，昆山腔经过南北曲的汇流，形成了昆剧。最早的昆剧剧目是明代梁辰鱼的《浣纱记》，著名的剧目有明代汤显祖的《牡丹亭》、清代洪昇的《长生殿》等。

明末清初，北方以陕西西秦腔为代表的梆子腔得到快速的发展，这种高亢、豪爽的梆子腔在北方各省经久不衰。晚清时期，皮黄腔在北京初步形成，它由西皮和二黄两种基本曲调构成，并催生了影响深远的京剧，其影响力遍及全国。而在明清时期，器乐的发展则体现在民间涌现出了多种乐器合奏的形式。

中国古代乐器

中国戏曲艺术

中国戏曲的历史，实质上就是民俗与民众生活的历史，它深刻地反映了人民的生活状态，并细腻地表达了人们的喜、怒、哀、乐。戏曲在民间广泛传播，成为下层民众获取道德观念、历史知识和民族情感的主要途径。它不仅具有讽喻现实、劝善惩恶的功能，还承担着教化人伦、美化风俗的重要职责。同样，博大精深的中国传统戏曲，也经历了从萌芽、草创到繁荣和成熟的演变过程，与其他艺术形式一样，展现出了其独特的艺术魅力和生命力。

一、中国传统戏曲的发展

（一）先秦萌芽期

戏曲是我国传统的戏剧形式，也是我国具有民族特点和风格的艺术样式之一。其最早可以追溯到上古时代用来娱神的原始歌舞。《尚书·尧典》上说："於！予击石拊石，百兽率舞。"如今在许多偏远古老的农村，还保持着源远流长的歌舞传统，如"傩戏"。《诗经》里的"颂"、《楚辞》里的"九歌"，就是祭神时歌舞的唱词。从春秋战国到汉代时期，在娱神的歌舞中逐渐演变出娱人的歌舞。汉武帝时期，经济发达，国力强盛，表演艺术也繁荣起来。汉代的表演艺术统称为"百戏"。汉帝国的强盛，疆域的辽阔，表现在审美观上是"以巨为美，以众为美"，因而才会有各种表演艺术工具一堂，彼此竞赛。

（二）唐宋发展期

中唐以后，中国戏剧快速发展，戏剧艺术逐渐形成。经济的高度发展促进了戏曲艺术自立门户，并给戏曲艺术以丰富的营养，诗歌的声律和叙事诗的成熟给戏曲带来决定性影响。在唐玄宗时期，宫廷内专门设立了一个用于培养演艺人才的场所，被命名为梨园。排演了《兰陵王》和《踏摇娘》等具有叙述性和情节性的歌舞戏，同时，还表演了以滑稽对话和动作为特点的参军戏。这些表演形式作为戏曲发展的初步形态，对后世产生了深远影响。因此，后世将戏班称为"梨园"，而演员则被称为"梨园弟子"。

宋金时期，中国戏曲逐渐走向成熟，这一时期出现了多种戏曲形式。其中，诸宫调以讲唱和歌舞为主要特点；傀儡戏和皮影戏则注重展现人物故事情节；杂剧则是一种集舞蹈、曲调、念白等表演手段于一体的完备戏曲形式。

（三）元代成熟期

到了元代，"杂剧"在原有基础上蓬勃发展，演变为一种新型戏剧。它不仅具备了戏剧的基本特征，还标志着中国戏剧迈入了成熟的阶段。从12世纪中期到13世纪初期，职业艺术团体和商业演出团体逐渐崭露头角，元杂剧和金院本开始反映市民的生活与观点。此时，关汉卿的《窦娥冤》、马致远的《汉宫秋》、纪君祥的《赵氏孤儿大报仇》等经典作品相继问世，成为那个时代的文化瑰宝。

元杂剧不仅是一种成熟的高级戏剧形式，更因其鲜明的时代特色和独特的艺术创意，被誉为一代文学的主流。最初，元杂剧以大都（今北京）为中心，在北方广泛流传。随着元朝灭南宋，元杂剧迅速发展，成为全国性的剧种，展现出无与伦比的魅力与影响力。

元杂剧的剧本结构大多遵循"四折一楔"的模式。其中，"四折"代表着剧情发展的四个关键阶段，犹如文章中的起、承、转、合紧密相连，层层递进。而"楔子"则是一个简短的开场，通常置于第一折之前，其功能类似于现代戏剧中的"序幕"，为全剧拉开序幕。在艺术表现上，元杂剧融合了歌唱、说白与表演等多种元素。每一折都围绕一个特定的宫调，由若干支曲子组成一套完整的曲牌，且全折只押一个韵脚，这一任务主要由男主角（正末）或女主角（正旦）来承担，形成了独特的"一人主唱"形式。这种安排能够充分发挥歌唱艺术的魅力，使主要人物形象更加鲜明、生动。同时，元杂剧中的念白部分受参军戏传统的影响，常常插科打诨，富有幽默趣味。元杂剧将音乐结构与戏剧结构统一起来，达到体制上的规整，表明其在艺术上的成熟和完善。

（四）明清繁荣期

进入明代，戏曲领域迎来了传奇的蓬勃发展。传奇这一戏剧形式，其根源可追溯至宋元时期的南戏，即南曲戏文的简称。南戏是在宋代杂剧的基础上，融合了南方地区特有的曲调而逐渐演化形成的一种新颖戏剧。与北杂剧在体制上有所不同，南戏并不受四折结构的限制，其形式更加灵活多变。经由文人墨客的精心雕琢，原本较为松散短小的南戏，逐渐蜕变为结构完整、篇幅宏大的长篇剧作。在这一演变过程中，高明的《琵琶记》堪称由南戏向传奇过渡的典范之作。该剧取材于民间传说,通过生动的情节和丰富的戏剧冲突,完整而深刻地讲述了一个故事。其艺术成就斐然,曾被誉为"南戏中兴之祖",为传奇的兴起奠定了坚实的基础。

明代中叶,传奇作家和剧本如雨后春笋般涌现,其中最为杰出的是汤显祖。他的一生创作了众多传奇剧本,而《牡丹亭》无疑是他的巅峰之作。通过杜丽娘与柳梦梅之间生死相依的动人故事,作品深刻地歌颂了反抗封建礼教、追求幸福爱情及个性解放的精神。随着明代后期的到来,舞台上开始盛行以折子戏为主的演出形式。折子戏是从完整的传奇剧目中提炼出的独立片段,尽管它们只是全剧的一部分,却常常在精彩的场面和优美的唱腔中展现出令人陶醉的艺术魅力。折子戏的崛起,既是戏剧表演艺术蓬勃发展的结果,也是时间与舞台的精心筛选。观众在熟悉剧情的基础上,便能尽情欣赏折子戏中那精湛的表演技艺。《牡丹亭》中的"游园""惊梦",《拜月亭记》中的"踏伞""拜月",《玉簪记》中的"琴挑""追舟"等众多的折子戏,已成为精品。

明代的传奇这种戏剧样式一直延续至清代时期,故又被人习惯地称作明清传奇。明清传奇在形式上承继南戏体制,且更加完备。

【知识链接】

汤显祖的《牡丹亭》

《牡丹亭》描写的是杜丽娘与柳梦梅的爱情故事,体现了青年男女对自由爱情生活的追求。杜丽娘是南宋福建南安太守杜宝之女,自幼受到礼教的严格约束。但她是活生生的人,内心蕴藏着青春的活力。她因《诗经》中的《关雎》篇引动情思,为排遣愁闷同丫鬟春香到后花园游赏,更刺激了自己要求身心解放的强烈感情。杜丽娘在游园之后睡去,梦中与少年书生柳梦梅幽会,并接受了他的爱情。可幻梦中的美景,现实里难寻,杜丽娘就此怏怏卧病,作自画像而殁。家人按其遗言将之葬于牡丹亭边的梅树下,并于旁修建了一座梅花观。冥司胡判官查明杜丽娘因梦而亡的经过,允许她的魂魄自在游荡。后柳梦梅在前往临安赴试途中借住梅花观,拾得丽娘画像,又与丽娘幽魂相会。柳梦梅在她的指点下掘墓开棺,使杜丽娘死而复生,两人结为夫妇。但此时的杜宝因平贼有功官至平章,拒不承认女儿的婚事。柳梦梅取中状元,在皇帝的干预下,两人终得美满结局。

二、中国五大戏曲

中国五大戏曲剧种为京剧(有"国剧"之称)、越剧(有"中国第二大剧种""第二国剧"之称)、黄梅戏、评剧、豫剧。

（一）京剧

京剧，曾名平剧，是中国五大戏曲剧种之一。其舞台布景强调意境的表达，音乐以西皮、二黄为主要腔调，伴奏则采用胡琴和锣鼓等传统乐器，被尊为中国的国粹，也是中国戏曲三鼎甲中的"榜首"。

京剧的起源与徽剧有着深厚的渊源。自清代乾隆五十五年（1790年）开始，四大徽班，即三庆班、四喜班、春台班与和春班，相继从南方迁徙至北京。他们与湖北的汉调艺人们携手并进，共同创作，不仅吸纳了昆曲与秦腔的部分剧目、曲调及精湛的表演技艺，还巧妙地融入了地方特色的民间曲调。在这样的文化交流与融合中，京剧逐渐孕育而生。自诞生之日起，京剧便在清朝宫廷内获得了迅速的发展，并在民国时期达到了前所未有的繁荣盛况。

京剧舞台艺术，经由历代艺人的长期舞台实践，在文学、表演、音乐、唱腔、锣鼓伴奏、化妆技巧及脸谱设计等多个维度，形成了一套相互协调、彼此映衬的规范化与格律化体系。自诞生之初，京剧便有幸进入宫廷，其发展历程因此与地方戏曲截然不同。京剧展现的生活图景更为广阔，塑造的人物形象更为多样，技艺体系更为全面完整，对舞台形象的美学追求也更为严苛。然而，与地方戏曲相比，京剧在民间乡土气息方面显得较弱，其纯朴粗犷的风格特征也不如地方戏曲那般鲜明。因此，京剧在表演艺术上更倾向于采用虚实结合的手法，力求突破舞台空间和时间的局限，达到"形神兼备，传神入化"的艺术高度。在表演方面，它追求精致入微，要求演员全身心投入角色；在唱腔上，它讲究悠扬动听，追求声音与情感的完美结合；在武戏方面，京剧并不以火爆勇猛为卖点，而是更加注重"武戏文唱"，展现出独特的艺术魅力。

（二）越剧

越剧是中国第二大剧种，有第二国剧之称，又被称作"流传最广的地方剧种"。越剧起源于"落地唱书"，又称它为"女子科班""绍兴女子文戏""的笃班""草台班戏""小歌班"等。1925年9月17日，在小世界游乐场演出的"的笃班"，首次在《申报》广告上自称为"越剧"。中华人民共和国成立后，统一称为越剧。越剧被列为中国文化部第一批国家级非物质文化遗产。

越剧以抒情见长，其核心在于动人的唱腔，声音悠扬悦耳，表演细腻真挚，风格唯美且典雅，充满了江南的灵秀韵味。其剧目多以"才子佳人"的爱情故事为题材，深受观众的喜爱。

（三）黄梅戏

黄梅戏原名黄梅调、采茶戏等，起源于湖北黄梅，是安徽省的主要地方戏曲剧种。

黄梅戏的唱腔体系属于板式变化体，有花腔、彩腔和主调三大主要腔系。其中，花腔主要用于演绎小戏，其曲调健康明快、质朴优美，充满了浓郁的生活韵味，并融入了丰富的民歌小调元素。

黄梅戏的语言以安庆地区的方言为根基，它属于北方方言体系中的江淮官话。其显著的特点是唱词结构通常采用七字句和十字句。

黄梅戏的角色行当体系是在"二小戏"和"三小戏"的基础上逐渐发展而来的。随着整本大戏的不断上演，原有的角色逐渐分化并丰富为正旦、正生、小旦、小生、小丑、老旦、奶生及花脸等多个行当。

黄梅戏的服饰继承了汉民族的传统，尤以唐代、宋代和明代的服饰为典型。与京剧的戏服相比，黄梅戏的服饰色彩更为淡雅，风格更为朴素，少了些浓重的装饰和艳丽，却多了份清新的雅致和自然的韵味，形成了一种独特的风情。

黄梅戏的优秀剧目有《天仙配》《牛郎织女》《槐荫记》《女驸马》《孟丽君》《夫妻观灯》《打猪草》《柳树井》《蓝桥会》《路遇》《王小六打豆腐》《小辞店》《玉堂春》等。

黄梅戏代表作《女驸马》是一部极富传奇色彩的古装戏，说的是湖北襄阳道台之女冯素贞与李兆廷自幼相爱，由母亲做主定亲。后来李家衰落，素贞母亲也去世。素贞继母嫌贫爱富，竟逼李兆廷退婚。素贞被逼女扮男装进京寻兄冯少英，又冒李兆廷的名字应试。不料竟中状元，被招为驸马。洞房之夜素贞将真情告诉公主。皇帝迫于形势赦免素贞，命李兆廷顶状元之名并与素贞完婚。公主也与改名做了八府巡按的冯少英成亲。《女驸马》中经典唱词"为救李郎离家园，谁料皇榜中状元。中状元，着红袍，帽插宫花好啊好新鲜"为大家熟知。

（四）评剧

评剧是中国北方流传广泛的一个戏曲剧种，深受广大人民群众的喜爱。它起源于清末时期河北滦县一带的民间小曲"对口莲花落"，并在此基础上逐渐发展成型。最初，评剧主要在河北农村地区流行，后来传入唐山，因此又有"唐山落子"之称。评剧分为东路和西路两派，现在盛行的是东路评剧。

评剧的艺术特色在于其卓越的唱功、清晰的吐字，以及浅显易懂的唱词，使演唱如同倾诉般明白无误。其表演风格贴近生活，带有浓郁的民间色彩和亲切感。形式上，评剧活泼自由，尤其擅长描绘现代人民的生活，因此无论是在城市还是乡村，都拥有广泛的观众群体。

评剧的行当体系借鉴了京剧、梆子等其他剧种的分类经验，根据表演需求逐步发展完善，形成了包括生、旦、净、丑在内的完整门类。

（五）豫剧

豫剧起源于中原（河南）是中国五大戏曲剧种之一、中国第一大地方剧种，在浙江各地广为流传,被西方人称赞是"东方咏叹调"。豫剧是在河南梆子的基础上不断继承、改革和创新发展起来的。中华人民共和国成立后因河南简称"豫",故称豫剧。

豫剧因地域方言的差异,孕育出各具特色的艺术流派。清末民初,洛阳等地的豫剧多采用下五音,悠扬而沉稳;开封等地则偏爱上五音,清脆而高亢。这两者之间形成了鲜明的对比,展现出豫剧丰富多彩的地域文化。

豫剧的角色行当由"生、旦、净、丑"四大类别构成。通常的分类方式是四生、四旦、四花脸。戏班的组织结构也是依照"四生四旦四花脸,四兵四将四丫鬟;八个场面两箱官,外加四个杂役"的模式来安排。

豫剧以其悠扬的唱腔而著称,在剧情的关键时刻总是精心设计富有表现力的大板唱段。这些唱段流畅而节奏明快,口语化特征明显,通常吐字清晰、行腔酣畅淋漓,便于听众理解,展现了其独特的艺术魅力。豫剧的风格首先体现在其激情四溢、阳刚之气十足的特点,擅长演绎气势恢宏的大场面戏剧,情感表达强烈有力;其次是其浓郁的地方特色,质朴通俗、自然本色,紧贴民众生活;最后是其鲜明的节奏感和尖锐的矛盾冲突,故事情节完整,人物性格鲜明。

较有代表性的豫剧有《春秋配》《对花枪》《花木兰》《三上轿》《抬花轿》。

书法艺术

一、书法的起源

汉字起源的旧说法有五种,即结绳说、八卦说、河图洛书说、仓颉造字说和图画说。

(一)结绳说

我国古代文献中关于结绳记事的记载主要见于《周易》《老子》《庄子》《说文解字》等书中。原始部落在文字出现之前,以结绳记事的方法,把战争、猎获、会盟、选举、庆典、联姻、生育、疾病和灾害等大大小小的事件记录下来。从民俗学的大量材料来看,文字产生以前,确实存在着漫长的结绳记事时期。但结绳只是一种辅助记忆的方法,不能用来记录语言,它不是文字。但先民在造字时,有个别地方可能借鉴了此法。

(二)八卦说

《易经·系辞下》、孔安国《尚书·序》认为汉字起源于八卦。《纲鉴易知录五帝纪·太昊伏羲氏》中还说:"太昊德合上下。天应以鸟兽文章,地应以龙马负图,于是仰观象于天,俯观法于地,中观万物之宜,始画八卦。卦有三爻,因而重之为卦六十有四,以通神明之德。作书契,以代结绳之政。书制有六:一曰象形;二曰假借;三曰指事;

四曰会意；五曰转注；六曰谐声。使天下义理必归文字，天下文字必归六书。"正如《文心雕龙》所说："文象列而结绳移，鸟迹明而书契作。"

从现有的考古资料和文献来看，我国最早的书契作品有玉雕、陶文、壁画和木刻。这一漫长的阶段是"文志"的阶段，是朝文字过渡的形态，它仍然是汉字的胚胎期。

（三）河图洛书说

河图、洛书是阴阳五行术数之源。汉代儒士认为，河图就是八卦，而洛书就是《尚书》中的《洪范九畴》。河图、洛书最早记录在《尚书》中，其次在《易传》中，诸子百家也多有记述。《河图玉版》云："仓颉为帝，南巡狩，登阳虚之山，临于玄扈洛汭之水，灵龟负书，丹甲青文以授之。"传说伏羲氏时，有龙马从黄河出现，背负"河图"；有神龟从洛水出现，背负"洛书"。历代皆认为，它们是"龙马负之于身，神龟列之于背"，使此说具有神秘主义色彩。

（四）仓颉造字说

在战国时即已流行。《荀子·解蔽》《吕氏春秋·君守》《淮南子·本经训》都有仓颉造字说法的记载。许慎《说文解字·叙》："黄帝之史仓颉，见鸟兽蹄迒之迹，知分理之可相别异也，初造书契。""仓颉之初作书，盖依类象形，故谓之文。其后形声相益，即谓之字。"传说仓颉是黄帝的史官，颛顼部族人那时制定历法需要文字记载，制定神谕也需要行文，各部落联盟也需共享的交际符号，于是收集及整理共享文字的工作便交于史官仓颉。他"观奎星圜曲之式，察鸟兽蹄爪之迹"，创造出了代表世间万物的各种符号。他给这些符号起了个名字，就叫作字。现代学者认为，成系统的文字工具不可能完全由一个人创造出来，如果确有仓颉其人，应该是文字整理者或颁布者。据此推测，四五千年前，我国的文字就比较成熟了。

（五）图画说

唐兰在《古文字学导论》中，曾提出"文字的起源是图画"的主张。图画作为一种艺术形式，其表达手段在于形象塑造；而作为文字表达的一种形式，图画则通过图示来展现。在甲骨文中，那些独立的图形，也就是独体字，是通过图示的方式形成的字或词的标志。这些独立的图形还可以作为构成元素，组合成更为复杂的图形，即合体字。合体字的图示功能则是通过其构成元素各自的图示作用来实现的。以"逐"字为例，在甲骨文中，该字的形态表现为"足"的前方有一头"豕"。将这一字形与其字义相联系，即可理解为追赶野猪。虽然"追逐"的含义需要依赖整个构图的呈现，但是表意的基础是由"足"字引申出的追、跑之意。由此可见，"足"与"豕"的图示作用在构成"逐"字时起到了关键作用。汉字起源于原始图画，现已被多数学者接受。

一些出土文物上刻划的图形，很可能与文字有渊源。史学界普遍认同中国最早的文字是甲骨文，距今 3 600 多年。中国考古界先后发布了一系列较殷墟甲骨文更早、与文字起源有关的出土资料。河南舞阳的贾湖刻符经碳 14 物理测定，距今已有 7 700 多年历史。在距今 6 000 多年的西安半坡遗址中共发现各种不同的简单符号 113 个。这些符号都是刻在饰有宽带纹或大的垂三角形纹饰的直口钵的外口沿部分。符号笔画简单，形状规则，共 30 多种，竖、横、斜、叉均有。郭沫若曾说："刻划的意义至今虽尚未阐明，但无疑是具有文字性质的符号……可以肯定地说就是中国文字的起源，或者中国原始文字的孑遗。"在同属于仰韶文化遗存的临潼姜寨遗址发现的刻划符号共 42 种，分别刻在 102 件完整的陶器或陶片上，学界认为这是中国文字的原始形态或原始阶段，是中国文字的起源。

二、书法艺术的发展

（一）先秦书法

在学术界，我国最早的古汉字资料被普遍认为是商代中后期（公元前 14 至前 11 世纪）的甲骨文和金文。从书法艺术的角度审视，这些早期汉字已经展现出诸多书法美的元素，包括线条的美感、单字结构的对称美、变化美以及布局美和风格美等。从商代晚期直至秦朝统一中国（公元前 221 年），汉字的演变总体趋势是从复杂到简化。这种演变在字体和字形的转变中得到了具体体现。商周时期出现的金文，又称"钟鼎文"，是指铸刻在青铜器上的铭文，其笔法变化丰富，起笔、收笔都比甲骨文要圆润，线条遒劲、结构优美、布局整齐妥帖。金文的代表作有《毛公鼎》《散氏盘》《墙盘》，其办法的艺术性已逐渐地完全起来。

春秋战国时期，各诸侯称王争霸、社会动荡不安，在各自不同的文化理念下，各诸侯国朝着自己的审美趋向发展，形成了丰富多彩的书法艺术形式。随着社会的发展，毛笔已开始在书法上广泛应用。毛笔的书法技巧是中国书法的重要元素，书法的笔法、结子、章法、墨法及书法家的性情、审美趣味都依赖用笔技巧去表现。

另外，从这一时期的石鼓文可以发现，此时的大篆结子要比金文更有规律性，其笔画遒劲凝练，结构更加浑厚茂密，并开始向小篆转化，为后来统一文字奠定了坚实的基础。

（二）秦代书法

在春秋战国时期，各国的文字存在着显著的差异，这成为制约经济与文化发展的一个重大障碍。秦始皇兼并天下，臣相李斯主持统一全国文字，使之整齐划一，这在中国文化史上是一个伟大功绩。

秦统一全国后，所使用的文字被命名为秦篆，也称作小篆，这一文字体系是在金文和石鼓文的基础上，经过简化与整理而诞生的。著名的书法家李斯的代表作品《泰山刻石》在历史上一直备受赞誉，被历代书法爱好者视为瑰宝。秦代是一个既继承传统又勇于创新的变革时期，文字的统一便是这一变革精神的体现。《说文解字序》说："秦书有八体，一曰大篆，二曰小篆，三曰刻符，四曰虫书，五曰摹印，六曰署书，七曰殳书，八曰隶书。"这基本概括了此时字体的面貌。

隶书的出现是汉字书写艺术发展中的一个重要里程碑，它引发了书法史上的深刻变革。隶书不仅促使汉字的形态变得更加规范和标准，还在笔法上突破了中锋运笔的局限，为后世各种书体和流派的形成与发展奠定了坚实的基础。此外，秦代还留下了诸多风格各异的文字作品，如诏版、权量、瓦当和货币等。秦代书法在我国书法史上占据着举足轻重的地位，它与宏伟的万里长城和壮观的兵马俑一样，彰显了宏大的气势和开创性的成就，充分展现了中华民族非凡的智慧和创造力。

【知识链接】

《泰山刻石》的作者秦相李斯，可称得上是我国书法史上第一个有记载的书法家。《泰山刻石》的书体是秦统一后的标准字体——小篆。内容是歌颂秦始皇统一中国的功绩，颂辞144字，二世诏78字，共计222字（图6-17）。李斯手书。碑石四面环刻，书体为小篆。其书法浑厚谨严、平稳端正、字形端庄匀称、婉转修长，线条圆润流畅、厚重劲健、亦圆亦方，结构横平竖直、左右对称、上紧下松、端庄雄伟、疏密适宜，风格精致典雅，给人以端庄稳重的感受。唐张怀瑾称颂李斯的小篆是"画如铁石，字若飞动，骨气丰匀，方圆妙绝"。

图6-17　秦·李斯《泰山石刻》

（三）汉代书法

汉代是书法艺术的成熟期。在这个阶段，隶书定型，草书、行书、楷书也应运而生，形成了隶书盛行、诸体皆备的辉煌局面。

隶书的出现是汉字书写的一大进步，是书法史上的一次革命。隶书的出现不但使汉字趋于方正楷模，而且在笔法上突破了单一的中锋运笔，为以后各种书体流派奠定了基础。隶书萌芽于战国时期，兴盛于汉代，传为秦吏程邈获罪后在狱中所创。篆书向隶书的演变在文字史上称为"隶变"。

西汉时期，隶书已演变成熟，字形由长趋扁，体势展向左右两边，世称"八分书"。到了东汉时期，隶书已成为一种高度完美成熟的书体。东汉树碑之风盛行，传世的著名隶书碑刻多为东汉时所刻，如《礼器碑》（图6-18）、《张迁碑》（图6-19）等。汉代隶书除碑刻外，书于竹木简牍的汉简隶书亦蔚为大观，典型的有山东临沂银雀山汉简、湖南马王堆汉简、甘肃的居延汉简等。

图6-18　《礼器碑》拓片

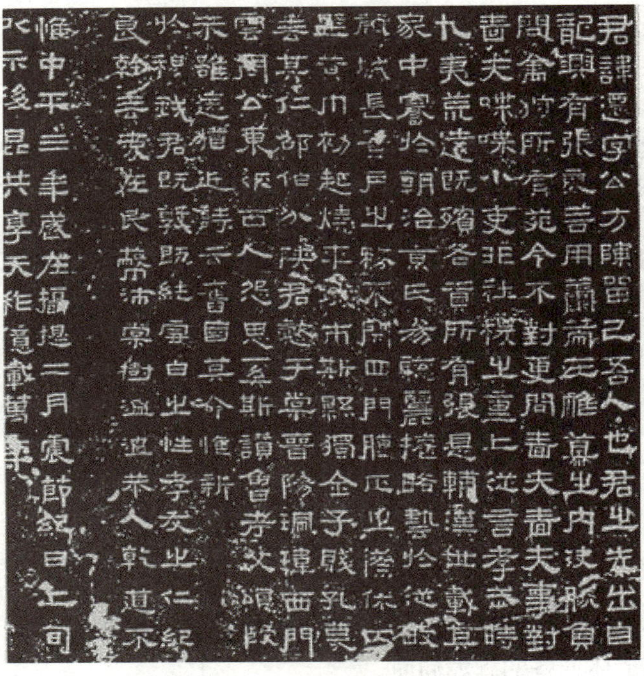

图6-19　东汉《张迁碑》拓片局部图

（四）魏晋书法

从汉字书法的发展历程来看，魏晋时期是书体演变的关键历史阶段，它承前启后，具有重要的地位。这一时期见证了篆、隶、真、行、草等书体的完善与发展。汉隶确立了现代方块汉字的基本形态。在隶书的产生、发展和成熟过程中，孕育了真书（楷书），而行草书几乎与隶书同时出现。真书、行书、草书的定型发生在魏晋的两百年间，它们的成熟无疑是中国汉字书法史上的一次重大变革。这一书法史上的辉煌时代，孕育了两位承前启后、影响深远的大书法革新家——钟繇和王羲之。他们开启了中国书法发展史的新篇章，确立了真书、行书、草书的美学典范。自那以后，历代书法家，乃至东邻日本的学者，都以"钟王"为宗法对象。王羲之及其子王献之被誉为"二王"，王羲之更被尊称为"书圣"。此外，王羲之的侄子王洵擅长行书，留下了著名的《伯远帖》。

钟繇（151—230年）字元常，三国魏颍川（今河南许昌）人。因其曾担任太傅一职，世人尊称其为"钟太傅"。钟太傅的书法艺术，师承曹喜、蔡邕、刘德升等大家，汲取各家之长，擅长多种书体，尤其以小楷见长。其作品结构朴实而严谨，笔势流畅自然，开创了从隶书向楷书过渡的新风格。与晋代书法巨匠王羲之齐名，被誉为"钟王"。钟太傅的书法作品历来受到人们的高度重视。遗憾的是，钟太傅的真迹已不复存在，自宋代以来，法帖中所收录的小楷作品如《宣示表》《荐季直表》等，均为晋唐时期的临摹本。梁武帝萧衍称赞《宣示表》"势巧形密，胜于自运"。笔法质朴浑厚、雍容自然。

王羲之（303—361年），字逸少，出生于琅邪临沂（今属山东）。他曾官至右军将军和会稽内史，因而后人称他为"王右军"。自幼，他便跟随当代著名女书法家卫夫人学习书法，打下了坚实的基础。后来，他渡江北上，游历名山，广泛吸取各家之长，最终形成了自己独特的风格，正如他所言："兼撮众法，备成一家"。王羲之的成就不仅体现在楷书上，更在行书和草书中熠熠生辉。他被誉为"书圣"，作品有《乐毅论》和《兰亭序》等。

【知识链接】

《兰亭序》生动地展现了艺术美在内容与形式上的完美融合（图6-20）。这篇序文是王羲之于东晋永和九年（353年）三月三日，与名士谢安等人在山阴（今浙江绍兴）兰亭聚会时所作。序中描绘了兰亭周围秀丽的山水和聚会时的欢愉，抒发了对美好时光短暂、人生无常的深切感慨。在这样的背景下，《兰亭序》的书法如行云流水，灵动自如，变化丰富。它在平稳中透出自然的多样性，给人一种明媚、温润而含蓄的美感。书法的形式与内容相得益彰，和谐共存，既各具特色又不相抵触，真正实现了完美的统一。

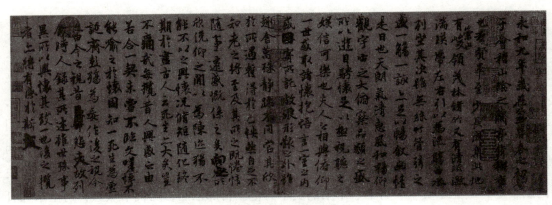

图 6-20　王羲之《兰亭序》

（五）南北朝书法

自八王之乱导致王室内斗，晋朝的势力开始逐渐衰退。北方地区随着西晋的覆灭，进入了被称为"五胡十六国"的动荡时期。随后，拓跋氏统一十六国，建立了北魏，实现了长达一百四十九年的相对稳定。这段历史被称为北朝。与此同时，晋室东迁并持续至其灭亡，从公元317年至公元420年，这一时期被称为南朝。在这一时期，书法艺术得到了继承和发展，从帝王到普通士人，都对书法有着浓厚的兴趣。南北朝时期的书法家如繁星般众多，其中无名书家占据了主流。他们不仅继承了前代书法的优秀传统，还创作出了许多无愧于前人的杰出作品，为唐代书法的繁荣发展奠定了坚实的基础。

在南北朝时期，书法艺术以魏碑为杰出代表。"魏碑"这一术语泛指北魏及其风格相近的南北朝时期碑志石刻书法作品，它标志着从汉代隶书向唐代楷书过渡的书法发展阶段。康有为曾评价道："凡魏碑，随取一家，皆足成体。尽合诸家，则为具美。"唐代初期的几位楷书大师，如虞世南、欧阳询、褚遂良等，他们的书法成就正是直接继承并发扬了智永的笔法，汲取了六朝书法的精髓。

（1）爨宝子碑。南朝沿袭晋制，禁止立碑，故碑刻极少，而云南"二爨"（爨宝子碑、爨龙颜碑）可谓灿若星辰，光耀夜空。爨宝子碑是云南边陲少数民族的首领受汉文化的熏陶，仿效汉制而树碑立传的。此碑刻于东晋大亨四年（405年）。书体是带有明显隶意的楷书体。碑中一部分横画仍保留了隶书的波挑，但结体方整而近于楷书。用笔以方笔为主，端重古朴，拙中有巧。看似呆笨，却飞动之势常现。康有为在《广艺舟双楫》中评此碑为"端朴若古佛之容"是很恰当的。

（2）爨龙颜碑。爨龙颜碑矗立于南朝宋大明二年（458年），比爨宝子碑晚53年，这两块碑刻可视为同一时期的产物。其结构主要呈现方正之态，然而在转折处已融入圆润的笔法，与爨宝子碑的矩形折角不同，更显楷书之风范。从爨龙颜碑的笔画中，人们可以感受到圆润而刚劲的力量，其笔法源自篆书，起笔虽有方圆之别，但每一笔画都显得异常厚重。在手法上，爨龙颜碑展现了俯仰、揖让的技巧，疏密有致；在结构上，它呈现出奇逸的姿态，舒展与收敛自如。康有为评说："下画如昆刀刻玉，但见浑美；布势如精工画人，各有意度，当为隶楷极则。"

（3）郑文公碑。郑文公碑即魏兖州刺史郑羲碑，北魏摩崖刻石，宣武帝永平四年（公元511年）撰刻。书写者是郑羲的儿子郑道昭。书法多用圆笔，变化巧妙；结体宽博，气魄雄伟。清代包世臣说："北碑体多旁出，郑文公字独真正，而篆势分韵草情毕具其中。布白本乙瑛，措画本石鼓，与草同源，故自署曰草篆。不言分者，体近易见也。"是"真文苑奇珍也"。

（六）唐代书法

唐代的建立标志着自西晋以来近三百年的动荡岁月的终结。在唐朝建立初期的20年里，国家实现了文治与武功并重的"贞观之治"。随后，从武则天时期到唐玄宗的开元年间，唐代迎来了超越两汉时期的空前繁荣景象。唐代文化博大精深、光辉灿烂，达到了中国封建文化的巅峰，被誉为"书至初唐而极盛"。相较于前代，唐代流传至今的书法作品数量更为丰富，众多碑版也保存了珍贵的书法艺术遗产。整个唐代的书法艺术既承袭了前代的优良传统，又在此基础上进行了创新与发展。初唐时期涌现出了虞世南、欧阳询、褚遂良、薛稷、陆柬之等杰出的书法家，而到了后来，李邕、张旭、颜真卿、柳公权、释怀素、钟绍京、孙过庭等人则带来了书法艺术的新风貌。此外，唐太宗李世民和诗人李白在书法艺术上的造诣也不容小觑。楷书、行书、草书在唐代均达到了新的艺术高度，呈现出鲜明的时代特色，并对后世产生了深远的影响，这种影响远超以往任何时期。

颜真卿（709—785年），唐京兆万年人，字清臣。开元进士，迁殿中侍御史，为杨国忠所恶，出为平原太守，故世称颜平原。安史之乱，颜抗贼有功，入京历任吏部尚书，太子太师，封鲁郡开国公，故又世称颜鲁公。德宗时李希烈叛，宰相卢杞衔恨使真卿往劝谕，为希烈所留，忠贞不屈，被缢杀。真卿为琅琊氏后裔，家学渊博，工于尺牍；从褚遂良、张旭得笔法，其正楷端庄雄伟，气势开张，行书遒劲舒和，一变古法，自成一格，人称"颜体"。宋欧阳修评云："颜公书如忠臣烈士道德君子，其端庄尊重，人初见而畏之，然愈久而愈可爱也。其见宝于世者不必多，然虽多而不厌也。"

【知识链接】

颜真卿所撰写的《颜卿礼碑》（图6-21），全称为《唐故秘书省著作郎夔州都督府长史上护军颜君神道碑》。神道碑，顾名思义，是置于墓道前，用以记载逝者生平事迹的石碑。碑文末尾署有"曾孙鲁郡开国公真卿撰并书",明确指出这是颜真卿为其曾祖父颜勤礼所撰写的墓碑。该碑高268厘米、宽92厘米,采用楷书书写。碑文四面环刻,正面19行,背面20行,每行均为38字;左侧刻有5行,每行37字;而右侧的铭文在北宋时期已被磨平。此碑立于唐代宗大历十四年(779年)。宋代学者欧阳修在《集古录》和赵明诚在《金石录》中均有记载。到了宋元祐年间,石碑已失散。直至1922年,该碑在西安市社会路重见天日,但碑身已断。随后,碑石被移至新城。次年,何梦庚在碑侧加刻跋记,由宋伯鲁书写。1948年,碑石被迁至西安碑林。如今,它被保存在西安碑林博物馆。

图 6-21 《颜卿礼碑》(局部)

(七)五代书法

五代十国期间兵戈迭起。书法艺术虽承唐末之余续,但因兵火战乱的影响,有了凋落衰败的趋向。尽管如此,受盛唐以来书法革新浪潮的深远影响,书坛上仍有一些较为出色的名家,如后周的郭忠恕、南唐的徐弦等,尤其是南唐后主李煜,多才多艺,在诗、词、书、画等方面都有较高的造诣,并将前人执笔法——"二王"的拨镫法传于后世。在五代时期,书法艺术中尤为引人注目的人物是杨凝式。杨凝式的书法作品多以墙壁为纸,笔势奔放而有力。黄庭坚曾游历洛阳,遍览僧院壁上的墨迹,他赞叹道:"杨少师书,无一字不造微入妙,当与吴生画为洛中二绝。"他还评论说:"有晋以来,难得脱然都无风尘气似'二王'者,惟颜鲁公、杨少师仿佛大令尔;鲁公书今人随俗多尊尚之,少师书口称善而腹非也。欲深晓杨氏书,当如九方皋相马,遗其玄黄牝牡乃得之。"此后,书法界开始将"颜杨"并称。杨凝式流传下来的墨宝已为数不多,其中最为著名的当属《韭花帖》(图6-22)。杨凝式在书法上突破了晋唐楷书和行书的固有法度,黄庭坚在诗中指出:"俗书只识兰亭面,欲换凡骨无金丹。谁知洛阳杨

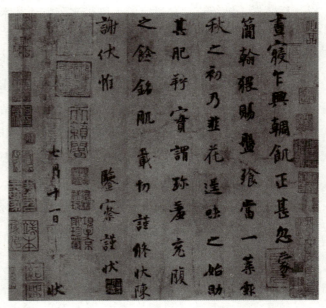

图 6-22 《韭花帖》

风子，下笔便到乌丝栏。"

（八）宋代书法

宋代书法承唐继晋，开创了一代新风。宋代书法在楷书上不及李唐，然以行草为胜。书法家大多借书法表现哲理、学识、情性和意趣。宋太宗赵光义对书法艺术情有独钟，广泛收集历代帝王和名臣的墨宝，并指派侍书王著在宫中进行摹刻，最终编纂成十卷珍贵的《淳化阁帖》。"凡大臣登二府，皆以赐焉。"《淳化阁帖》中收录了大量"二王"即王羲之和王献之的书法作品。因此，宋代初期的书法风格深受"二王"影响。随后的《绛帖》《潭帖》等作品，大多是基于《淳化阁帖》的翻刻本。这种经过多次转刻的法帖，与原作的差异逐渐增大。因此，尽管宋代书法家也效仿"二王"，但与唐代相比，他们的作品在艺术成就上有所不及。一些评论家认为，随着帖学的盛行，书法艺术本身开始走向衰落，这也是宋代书法不振的一个原因。

宋朝书法尚意之风盛行，出现了追求表现自我意志情趣的书学理论，并涌现出一批对后世影响巨大的著名书家，其中苏轼、黄庭坚、米芾和蔡襄被人称为"宋四家"。宋徽宗赵佶独树一帜，亦堪称道，他的书体被称为"瘦金体"，如图 6-23 所示。

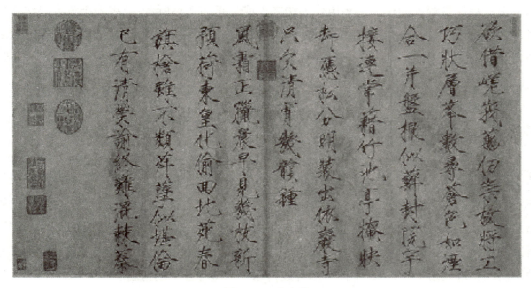

图 6-23　瘦金体

苏轼是中国文化史上罕见的全能艺术家，在古文、诗词、书画诸方面都卓有成就，其书法为"宋四家"之首，是尚意书风的首创者，开一代风气。基于书法艺术的深刻理解，他运用传统技法进行艺术创作，同时在创作过程中丰富和发展了这些技法，而非机械地模仿古人。他在执笔方法上采用了与众不同的特殊技巧，并且注重对书写工具的革新。其代表作有《天际乌云帖》《洞庭春色赋》《中山松醪赋》《春帖子词》《爱酒诗》《寒食诗》《蜀中诗》《醉翁亭记》等。

（九）元代书法

元代书法是一个以复古为革新的时期。在元初时期，经济和文化的发展并不显著，书法领域尤其崇尚复古，主要效仿晋、唐两代，创新较少。纵观整个元代的书法成就主要体现在真、行、草书上。篆书和隶书虽有几位名家，但整体表现并不突出。这种以真、行、草书为主流的书法风格，直到清代才有所改变。整个元代的书风，仍然延续宋代的帖学传统，同时尊崇唐代和晋代的书法，虽然各有其独特之处，但是未能形成一家之言，占据书坛的主导地位。与文学、绘画等其他艺术领域相比，书法在元代显得相对冷清，成就也较为有限。这一时期的代表主要有赵孟頫、鲜于枢、康里巎巎等，主张书画同法，注重结字的体态。

赵孟頫是元代初期极具影响力的书法家。《元史》本传记载："孟頫篆、籀、分、隶、真、行、草，无不冠绝古今，遂以书名天下。"其赞誉之高可见一斑。据明代学者宋濂所述，赵氏书法早年师从"妙悟八法，留神古雅"的思陵（即宋高宗赵构）书法，中年则学习"钟繇及羲献诸家"，晚年则以李北海为师。此外，他还临摹了元魏的定鼎碑及唐代虞世南、褚遂良等人的作品，集历代书法之大成。正如文嘉所言："魏公于古人书法之佳者，无不仿学。"因此，赵孟頫能在书法领域取得如此卓越的成就，与他善于汲取前人之长密不可分。其代表作品有仇锷墓碑铭、汲黯传、福神观记、胆巴碑、兰亭帖十三跋、雪晴云散帖、洛神赋、妙严寺记等。

康里巎巎（1295—1345年），字子山，号正斋、恕叟，也称蓬恕叟，蒙古族杰出书法家。《元史》记载他："善真行草书，识者谓得晋人笔意，单牍片纸，人争宝之，不啻金玉。"他的楷书学习虞世南，行草书则上溯至钟繇、王羲之，并融合了米芾的豪放风格，在当时普遍追求赵孟頫书法的妩媚风格时，他依然能够开创属于自己的艺术道路。明代学者解缙评价他的书法："子山之书犹如雄剑倚天，长虹驾海。"康里巎巎作为少数民族书法家，在书法界独树一帜，其留下的作品虽不多，但《唐元缜行宫诗》的行草书作转折圆润而有力。《渔夫辞册》和《草书述笔法》展现了唐代和晋代的书法风范。他所书写的李白的《古风第十九首》，字体秀逸奔放，深得章草和狂草的精髓。

（十）明代书法

明代书法承宋元之势，帖学盛行，整个明代书体以行楷居多，篆书、隶书及魏体作品几乎绝迹，而楷书皆以纤巧、秀丽为美，但从总体上看，明代书法呈江河日下之势。明代虽出现了一些有造诣的大家，但没有重大的突破和创新。

明初盛行"馆阁体"，字体呆板齐整，缺少神气，书法成就较高的应推宋克、宋璲、宋广、沈度和沈桀。其中，宋克、宋璲、宋广均以草书见长，以宋克成就最高，他的

《急就章》影响深远。

明代后期出现了祝允明、文徵明、董其昌、米万钟、邢侗等影响较大的书法家，张端图、徐渭等有创新的书法家，其中董、米、邢、张被称为"晚明四大家"。

（十一）清代书法

清代历经二百六十余年，在中国书法史上被誉为书道中兴的重要时期。清代初年，统治阶级实施了一系列稳定政局、促进经济文化发展的政策，为书法的繁荣创造了有利条件。此时，部分明末遗民选择出仕清朝，而另一部分则隐居山林，各自创造出风格独特的书法作品。顺治皇帝喜好临摹《黄庭经》与《遗教经》；康熙时期，董其昌的书法备受推崇，一时间书坛尽皆模仿董书之风。然而，在这一潮流中，傅山与王铎却能独树一帜，展现出独特的艺术风格。到了乾隆年间，赵孟頫的行楷书尤为受到重视，此时，一部空前宏大的书法集帖《三希堂法帖》得以刻成，而清廷内府所藏的大量书法珍品则被著录于《石渠宝笈》之中。乾隆时期，帖学达到了鼎盛，涌现出了一批深谙帖学精髓的书法大家。

到了清代中期，大量古代的吉书、贞石、碑版被发掘，这促使了金石学的兴起。在嘉庆、道光年间，帖学已濒临绝境，而刘墉、邓石如等集大成者开创了碑学的先河，阮元和包世臣则对书法界的创作经验与理论进行了总结。咸丰年间至清朝末年，碑学更是达到了鼎盛。康有为、伊秉绶、吴熙载、何绍基、杨沂孙、张裕钊、赵之谦、吴昌硕等大师相继涌现，成功地推动了变革与创新。由此，碑学书派迅速发展，并对后世产生了深远的影响，直至今日。

纵观清代260余年的历史，书法艺术经历了从继承传统到变革创新的过程，成功扭转了自宋代以来逐渐衰落的趋势。其成就足以与汉唐时期相媲美，各个书体领域都涌现出了众多技艺精湛的书法大师，这无疑标志着书法艺术的复兴时期。

文化践行

一、课程实践

1. 主题：班级情景剧。

形式：情景剧表演。

材料：通过参与班级"情景剧"表演或各种幕后工作，获得戏剧艺术作品的亲身体验，从而提供艺术创造力和鉴赏力。班级集体讨论剧本，可以自己撰写，也可以用影视作品改编，还可以直接用网络上的成熟剧本。然后分配工作，如导演、编剧、演员、旁白、布景人员、服装师、道剧师等，尽量保证每个人都投入情景剧创作中。

2. 主题：临摹古诗词书法。

材料：学习书法，既可以修身养性、陶冶情操，又可以更加深刻地了解中华传统文化的内涵与本质，增强民族自豪感和自信心。请临摹颜真卿书法字帖（图 6-24），创作一幅属于自己的富于美感的书法作品。

二、各抒己见

1. 在中华大地上，几乎每个地方都有自己的特色地方剧种，你家乡的地方剧种是什么？你对其有哪些了解？请思考并和同学一起讨论：你家乡的"地方戏"有何艺术魅力？它们现在的传承状况如何？

图 6-24　颜真卿书法字帖

2.《千里江山图》是我国传世名画之一，描绘了庐山和鄱阳湖一带的景色，虽属于写意之作，但不乏工美佳作，集北宋以来水墨山水之大成。观摩中国十大传世名画之一北宋王希孟创作的《千里江山图》，谈谈自己的心得体会。

三、测一测

（一）填一填

1. 明代画家_____的《富春山居图》是中国山水画的巅峰之作。

2. 在中国古代绘画中，_____是绘画的基本技法之一，它要求画家在绘画时注重墨色的浓淡变化。

3. 宋代画家_____的《清明上河图》是中国古代风俗画的代表作。

4. 战国末期，秦始皇在征服六国后，将_____集于宫中，并为此设立专门的音乐机构乐府。

5.《广陵散》是古琴曲中的_____，由嵇康创作。

6. 中国五大戏曲剧种依次为_____、_____、_____、_____、_____。

7. 被称为"天下第一行书"的是王羲之的_____。

（二）选择题

1. 在中国古代雕塑中，以下（　　）作品是宋代的代表作。
   A. 秦始皇陵兵马俑　　　　　　　B. 龙门石窟卢舍那大佛
   C. 敦煌莫高窟　　　　　　　　　D. 宋徽宗《听琴图》

2. 在中国古代雕塑中，以下（　　）作品是汉代的代表作。
   A. 马踏飞燕　　　　　　　　　　B. 昭陵六骏
   C. 云冈石窟　　　　　　　　　　D. 龙门石窟卢舍那大佛

3. 以下不是我国古代著名的音乐家的是（　　）。
   A. 伯牙　　　　　B. 子期　　　　　C. 韩湘子　　　　D. 鲁班
4. （　　）剧种被称为"国剧"。
   A. 京剧　　　　　B. 越剧　　　　　C. 黄梅戏　　　　D. 评剧
5. 戏曲表演中的"生、旦、净、末、丑"指的是（　　）。
   A. 角色类型　　　B. 表演技巧　　　C. 乐器种类　　　D. 戏曲剧本结构
6. 下列书法家被誉为"书圣"的是（　　）。
   A. 王羲之　　　　B. 颜真卿　　　　C. 柳公权　　　　D. 赵孟頫

（三）简答题

1. 简述中国古代雕塑的特点。
2. 描述宋代绘画的特点。
3. 结合具体作品，探讨中国传统音乐在表达情感和营造意境方面的特点。
4. 简述中国戏曲的起源和发展历程。

第七章　中国传统建筑文化

本章提要

　　建筑是凝固的艺术，它起源于人类劳动实践和日常生活遮风雨、避群害的实用目的。我们在母系氏族社会就有了氏族聚落的住房，如在浙江河姆渡遗址中发现的木结构房屋和西安半坡遗址的半地穴式房屋。中国的宫殿等建筑的出现，凝聚了人类的智慧和才华，展现出了时代风貌和民族风貌，成为至今仍让人赞叹不已的艺术瑰宝。

宫殿艺术

　　宫殿建筑群是专为帝王设计，用于处理国家政务及满足其日常生活需求的建筑集合。在封建社会中，宫殿不仅是帝王居住的地方，更是王权的象征。因此，历代帝王都不遗余力地投入大量物力与人力，精心打造他们的宫殿。这些宫殿建筑不仅彰显了特定历史时代的文化精髓，而且代表了当时建筑技艺的巅峰水平。

一、北京故宫

　　北京故宫旧称紫禁城，位于北京中轴线的中心，于明成祖永乐四年（1406年）开始建设，到永乐十八年（1420年）建成。故宫是一座长方形城池，南北长961米，东西宽753米，严格地按《周礼·考工记》中"前朝后市，左祖右社"的帝都营建原则建造（图7-1）。故宫的建筑艺术语言和表现手法极为丰富，涵盖了空间、形体、比例、均衡、节奏、色彩、装饰等多个方面。前部的宫殿群以太和殿、中和殿、保和殿这三大殿为核心，其建筑造型宏伟壮观、庭院明亮宽敞。太和殿位于紫禁城对角线的焦点，气势磅礴，威震四方。后部的内廷则以乾清宫、交泰殿、坤宁宫这后三宫为主，庭院幽深，建筑布局紧凑，排列有序，井然有序。此外，宫灯的对称布置和精美的绣榻几床，更是彰显了皇家生活的奢华。走过内廷，便来到了御花园。这里，四季常青的苍松翠柏挺拔而立，玲珑剔透的假山由奇石堆砌而成，楼台、亭阁、水榭错落有致，构成了一幅幽静而美丽的画卷。据传，故宫拥有 9 000 间殿宇宫室，被誉为"殿宇之海"，它不仅是中国古代宫廷建筑的瑰宝，而且是世界上现存规模最大、保存最为完好的木质结构古建筑群之一，被尊称为"世界五大宫殿之首"。

图 7-1　北京故宫

二、北京天坛

北京天坛（图 7-2）矗立于故宫正南稍偏东的位置，坐落于正阳门外的东侧区域。其设计与建造工程始于明朝永乐四年（1406 年），历经 14 载的精雕细琢，终于在永乐十八年（1420 年）竣工。天坛的总占地面积高达 273 公顷，这一面积甚至超过了故宫。历史上，这里曾是明清两代帝王举行祭天大典的神圣场所，如今，它作为中国现存最为完整、最具重要性和规模宏大的封建王朝祭祀建筑群而备受瞩目。此外，天坛还是我国古代建筑艺术中的瑰宝，为我们提供了极为珍贵的实物资料和历史遗产。1961 年，国务院正式将天坛列为"全国重点文物保护单位"。1998 年，天坛又被联合国教科文组织认定为"世界文化遗产"。而在 2009 年，北京天坛更是荣登中国世界纪录协会，被誉为中国现存最大的皇帝祭天建筑。

北京天坛由两重环绕的墙壁构成，形成了一个内外相连的"回"字形结构。南侧的转角是笔直的直角，而北侧则呈现出优雅的圆弧，象征着"天圆地方"的哲理。圜丘坛位于南端，祈谷坛则坐落于北端，两者沿同一南北轴线排列。圜丘坛区域的主要建筑物包含圜丘坛与皇穹宇，而祈谷坛区域则囊括了祈年殿、皇乾殿及祈年门等关键建筑。这两个区域之间设有隔墙进行分隔，并通过一条长 360 米、宽 28 米、高度为 2.5 米的砖砌甬道——"丹陛桥"来连接圜丘坛与祈谷坛，从而构成内坛的南北向中轴线。

祈谷坛为坛殿结合的圆形建筑，坛分为 3 层，高 5.6 米，四面出阶，下层直径为

91米，中层直径为80米，上层直径为68米；正中的祈年殿为圆形，高为38米，直径为32.7米，是天坛的象征。大殿为木质结构，用28根楠木大柱与36根枋桷衔接支撑。祈年殿结构雄伟，内部空间向中心逐渐聚拢，具有强烈的动感。

图7-2　天坛

三、布达拉宫

布达拉宫（图7-3）巍然矗立于中国西藏自治区拉萨市中心的红山之巅，其东西向延伸超过360米，且坐落于海拔3 650米的高地之上。该宫殿占地总面积达36万余平方米，而建筑总面积约为13万余平方米。整座宫殿的设计充满了浓郁的藏式风情，它依山势而建，展现出一种非凡的气势与宏伟。因此，布达拉宫被世人誉为"世界屋脊上的璀璨明珠"。1994年，这座宏伟的宫殿被联合国教科文组织列为世界文化遗产。

公元7世纪，松赞干布选定拉萨作为政治中心，并为迎娶文成公主下令建造了宏伟的布达拉宫。这座宫殿不仅是历代达赖喇嘛在冬季的居所，更是西藏地区实行政教合一统治的权力象征。在将藏传佛教寺庙与宫殿元素巧妙融合的众多建筑中，布达拉宫无疑是最为杰出的代表之一，它是在中国乃至全世界范围内都堪称建筑杰作。

布达拉宫的主体建筑群由白宫、红宫及其周边和谐的附属建筑共同构成。白宫矗立于两侧，作为历代达赖喇嘛处理政务、宗教事务及日常生活的核心区域，其建筑面向南方，共设有7层，装饰奢华，墙面上精心绘制着佛教相关的精美图案。红宫位于布达拉宫的心脏地带，共6层，主要用于供奉成千上万尊佛像以及安置历代达赖喇嘛的灵塔。红宫的装饰极其华丽，搭配着色彩斑斓的壁画，且其中镶嵌着黄金及各种珍贵宝石。此外，布达拉宫还囊括了山上的僧官学校、僧舍、东西庭院，以及山脚下的雪老城、西藏地方政府办公地马基康、印经院、监狱、马厩、布达拉宫后园、龙王潭等一系列附属建筑。

图 7-3　布达拉宫

　　布达拉宫巍峨耸立，宛如一座巨大的石雕，层层楼阁依山而建，气势磅礴。宫墙用坚固的石块砌成，底宽上窄，展现出独特的美感。墙面涂成鲜艳的红与白，在高原蔚蓝的天空下形成鲜明的对比，仿佛在诉说着历史的厚重。成排的窗洞如同点点繁星，构成了一幅韵律优美的画卷。倾斜的登道栏墙打破了传统建筑的直线条，增添了立体感与动感，令这座宏伟的建筑更显生机。顶层装饰以镏金，金色屋瓦错落有致，宛如在阳光下闪烁的宝石，形成了建筑的巅峰之美。

　　布达拉宫整体采用木石结构，其外墙基础深植于岩层之中，厚度为 2～5 米。屋顶与窗檐均以木结构构建，屋角优雅地翘起，装饰以鎏金铜瓦和宝瓶，房梁与立柱则绘有绚丽的彩画，彰显了浓郁的藏传佛教文化特色。

　　布达拉宫不仅在整体建筑艺术上实现了突破性的创新，其建筑装饰艺术同样取得了卓越非凡的成就。宫殿的墙面被五彩斑斓的色彩覆盖，每一面墙都绘有精美的壁画，仅西大殿二楼就藏有 698 幅壁画，这些壁画内容丰富，涵盖了历史人物、宗教神话、佛经故事等多种题材。此外，"唐卡"这一藏族艺术中的瑰宝也在布达拉宫中得到了完美展现，它是在绢、布或纸上绘制的卷轴画，并以彩缎精心装裱。唐卡的内容主要聚焦于宗教人物、宗教历史事件、教义等，同时也涉及西藏的天文历算、藏医藏药等主题。布达拉宫珍藏着近万幅唐卡，其中最大的唐卡长度可达几十米，堪称艺术巨制。除了壁画和唐卡，布达拉宫还汇聚了众多珍贵的雕塑作品，包括泥塑重彩、木雕、石刻，以及数量众多的金属塑像。这些雕塑作品造型精致、技艺精湛，融合了中国、印度和尼泊尔等国的佛教艺术技法，展现了不同文化间的交流与融合。此外，宫内还保存着大量具有浓郁宗教色彩和藏族艺术风格的工艺品，如藏毯、卡垫、经幡、华盖和幔帐等刺绣贴缎织物，这些精美的装饰品使布达拉宫更加璀璨夺目。

布达拉宫不仅凝聚了藏族劳动人民的智慧，还融合了汉藏文化的精髓，成为西藏的象征，同时也是世界建筑史和宗教史上的一颗璀璨明珠。

四、曲阜孔庙

山东曲阜是我国著名思想家教育孔子的故乡。孔庙（图7-4）仿照皇宫建筑形式修建，分三路布局，九进院落，东西贯穿于一条中轴线上。前三进均为覆满苍郁松柏的引导性庭院，设置了金声玉振牌坊、石桥、棂星门、圣时门、弘道门和大中门。第四进为被誉为"中国古代十大名阁"的奎文阁。奎文阁后为大成门，其间隔一条东西两侧有门的横街。路边设有13座形体宏大的碑亭，其中金、元各一座，其余均为明、清所建。

图7-4 孔庙

跨过大成门就是孔庙的核心建筑大成殿。大成殿取《孟子》中"孔子之谓集大成"之意为名。大殿中心供奉着孔子，两边奉有十二哲像。建筑整体面宽九间，进深五间，采用重檐歇山顶，并覆以黄色琉璃瓦。大成殿的梁柱更是它一道独特的景色：共有三层梁柱环绕着大殿，分别是内金柱、外金柱和檐柱。除裹以金粉、熠熠生辉的内、外金柱外，前廊的十根蟠龙檐柱，由整石雕刻而成。柱上飞龙戏珠、云蒸霞蔚，柱脚浪花翻腾、莲瓣轻漂，刻画生动，栩栩如生。大成殿前的庭院正中是一座亭子，称为杏坛，相传这里是孔子当年讲学的地方。

孔庙内除了庙宇殿阁庄严肃穆，还保留了许多各个年代的碑碣石刻及画像石作品。内容题材广泛，字体更是多变，是研究我国历史文化资料的珍贵资料，更是书法艺术的宝库。2000多年来，孔庙仍基本保存当时的历史风貌，这得益于历朝历代一直延续的修缮、祭奠。这使各朝代的建筑风貌在这里都有所体现，宛若一部中国古建筑史画卷。同时，这也说明传统儒家思想在我国丰厚的文化积淀及其悠久的历史渊源。

【知识链接】

古代建筑的特点

中国素以"礼仪之邦"而闻名于世，礼制在我国历史悠久，深深植根于中华民族的传统价值观。显然，古代建筑也无法逃脱这一文化的影响。

大致说来，中国古代建筑的特点主要表现在以下 10 个方面：建筑规模、屋顶、屋顶饰物、台基、踏道、面阔间数、斗拱、彩画文饰、色彩、门钉。下面对其一一进行介绍。

（1）古代的建筑规模，主要分为殿式、大式和小式三种。

①殿式建筑：代表了建筑的最高规格，专为帝王及其后妃的居所设计。其风格以宏伟壮观和华丽精致著称，瓦饰、建筑色彩以及装饰绘画均具有特定的象征意义，如使用黄琉璃瓦，采用重檐庑殿顶式结构、朱红色的漆门及彩绘龙凤图案等。

②大式建筑：适用于各级官员和富裕商人的住宅。其设计遵循一定的规范，不使用琉璃瓦，斗拱和彩绘装饰也受到严格限制。

③小式建筑：为普通民众的住宅。其外观色彩主要以黑、白、灰为主。

（2）在中国木构架建筑中，最常用的屋顶主要有六种，即庑殿顶、歇山顶、攒尖顶、悬山顶、硬山顶、卷棚顶（图 7-5）。其中，庑殿顶、歇山顶、攒尖顶又分单檐（一个屋檐）和重檐（两个或两个以上屋檐）两种。重檐建筑的等级高于单檐建筑，具体层级次序为重檐庑殿顶、重檐歇山顶、重檐攒尖顶、单檐庑殿顶、单檐歇山顶、单檐攒尖顶、悬山顶、硬山顶、卷棚顶。

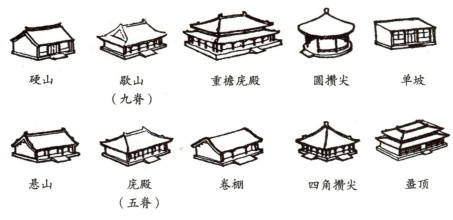

图 7-5 屋顶

中国古代的屋顶形式多样、等级分明。其中，重檐庑殿顶庄重雄伟，是古建筑屋顶的最高等级。

（3）古代建筑的屋顶饰物有脊兽和角兽（图7-6）。角兽按列均由单数组成，一般采取1、3、5、7、9数列排列（即阳数），最高为10个。其排列顺序为龙、凤、狮子、天马、海马、狻猊、狎鱼、獬豸、斗牛、行什。最前面有仙人骑兽。建筑地位越高，角兽数目越多。以紫禁城为例，太和殿是举行大典的场所，象征着皇权，设神兽10个；乾清宫为帝王理政、居住的地方，地位仅次于太和殿，设神兽9个；坤宁宫为皇后寝宫，清代为祭神及结婚之用，设神兽7个；东西六宫是妃子住所，设神兽5个；最少的为次要角门，只设神兽1个。

图7-6 太和殿（唯一有10个饰物的建筑）

（4）台基又称基座，是建筑物底部高于地面的结构，旨在支撑建筑物本身，并具备防潮和防腐功能，赋予建筑物宏伟壮观的外观。

（5）所谓踏道，是建筑物出入口供人蹬踏的辅助设施，分为阶梯形和斜坡式。最常见的是阶梯形踏道，也称踏跺或台阶。阶梯形踏道可分为三个等级：

①一般台阶（如意台阶）：由几块大小不一的石头从大到小、由下至上叠砌而成，三面都可以供人上下，用于次要房舍及主要建筑的次要出口；

②高级台阶（垂带台阶）：用长短一致的石条砌成，并在其左右两边各垂直铺设石条一块，用于高级建筑；

③较高级台阶：在垂带台阶的两边加上石栏杆，用于较高级建筑。

斜坡式踏道又称斜道或御道，具有平缓的倾斜度，适合车辆通行。它们可以细分为两种类型：一种是铺设光滑或带有图案的方形砖块；另一种是采用砖石以露出棱角的方式侧向砌筑。自七世纪起，许多宏伟建筑，尤其是皇宫和庙宇的大殿前，开始采用三阶并列或分列的布局。随着时间的推移，御道的制作越发考究，开始雕刻龙凤图案，并饰以波浪纹样，象征皇帝的专属，而其两侧则成为大臣们进出的台阶。经过长期的发展，斜道逐渐演变成一种装饰性建筑。

（6）"间"指的是由四根柱子界定的空间，而"面阔"指的是横向的间数，"进深"是指纵向的间数。开间通常以单数命名，其尺寸可以相等或依次递减。特别地，"九五"这一规格专属于皇帝，意味着皇帝的正殿拥有九开间和五进深。根据明朝的规定，公侯的府邸大门应为三间，并装饰有金漆兽面和锡制门环；前厅、中堂和后堂各七间；三品至五品官员的厅堂也各为七间，大门使用黑漆并配以锡制门环（王府则使用朱漆大门）；六品至九品官员的厅堂各为三间，正间一间，大门为黑色并配有铁环；普通百姓的正房不得超过三间。

（7）斗拱由方形的斗、矩形的拱和斜向的昂构成，其用于满足建筑梁柱的承重需求（图7-7）。它将屋顶的巨大荷载通过斗拱有效传递到柱子上，使屋架在承受水平外力的同时，具备一定的适应能力，从而在一定程度上抵御地震和台风等自然灾害。斗拱所体现的等级规则也十分明确：有斗拱的建筑优于无斗拱的；斗拱数量多的建筑优于数量少的；层次丰富的设计优于层次简单的。

（8）彩画纹饰是施于建筑物上的绘画。明清时期的彩画主要分为和玺彩画、旋子彩画和苏式彩画三种类型。在这三者之中，和玺彩画是等级最高的，它通常被用于皇宫的主要殿宇之上；旋子彩画则较为常见地应用于官衙、庙宇的主殿，以及宫殿、坛庙的次要殿堂；而苏式彩画则更多地被用于私家宅邸与园林之中。

图7-7　斗拱

（9）色彩是指古代建筑的用色。一般排列为黄（金）、赤（红）、青（有时被认为是黑）、蓝、黑、灰。《春秋谷梁传注疏》中说："楹，天子丹（赤），诸侯黝（黑），大夫苍，士黈（黄）。"根据五行学说，赤色象征喜富，故宫的宫墙、檐墙、门窗、柱一律用红色，文学作品中多用"丹楹""朱阙""丹楔""朱棂"等描写。

（10）朱红色的大门上镶嵌着璀璨的金黄色门钉，这些门钉不仅承担着构造上的实用功能，还兼具装饰之美。关于门钉使用的数量，在明代以前并没有明确的规章制度进行规范。直至清代，才对门钉的数量有了具体的规定。在皇宫的城门上，每扇门都装饰着九排门钉，每排九个，共计八十一个；而亲王府的正门有五间，其门钉排列为纵九横七；世子府的规格则稍低，正门同样是五间，但门钉数量需减去亲王府门钉总数的2/7；

中国建筑艺术发展历程

郡王、贝勒、贝子、镇国公、辅国公及世子府的门钉规格相同；公爵府的门钉则是纵横皆为 7 个；至于侯爵以下至男爵的府邸，门钉数量则依次递减，但均为铁制。

寺院建筑

寺院建筑是指宗教信徒进行宗教活动的相关场所。在我国传统建筑中大体包含佛教寺院与道教寺院两种寺院建筑。佛教寺院常常又被人们称为寺庙，道教寺院一般称为道观，有时又被称为宫。河南洛阳白马寺是我国现存最早的佛教寺庙；山西五台山南禅寺是目前我国现存最古老的木结构寺庙建筑；陕西周至县的楼观台道观是我国最古老的道观之一，其历史可追溯到西周时期。

一、悬空寺

悬空寺始建于北魏太和十五年（491 年），距今已有 1 500 多年的历史（图 7-8）。之所以将寺院修建于百丈悬崖上，相传是因为寺前山脚下浑河河水常常泛滥成灾，人们相信是有金龙作祟，便修建浮屠来镇压。此外，这里也曾经是南去五台、北往大同的重要通道，将寺庙建在这里，正好方便了来往的信徒进香，以满足佛教传播的需要。修建悬空寺之初经过了科学精心的选址，将主体建在崖壁凹回去的部分，借两边山崖缓解了风势，东边天峰岭遮挡了太阳，因此千百年来风吹、雨淋、日晒对其造成的危害不算很大。全寺为木质框架式结构，依照力学原理，在崖上凿洞，插入方形的横木以支撑探出崖壁的部分。在横梁下又有立柱，立柱的落点也都是经过精心计算，以使整座悬空寺保持平衡。特别是只有当一定质量压在上面的时候，其支撑作用才能够得到发挥。这些横木和立柱由当地的特产铁杉木加工而成，而且都用桐油浸过，可以防腐、防虫蛀。

悬空寺不仅外观奇险，其建筑布局更是精巧合理，内容丰富多彩。虽然整体面积只有 152.5 平方米，却建有大小殿阁 40 间。不同于传统寺庙的规整对称，悬空寺依山而建，自然也就充分利用崖壁错落，度势而构。依据空间变化或高低相峙，或遥相呼应，将布局立体化。在建筑与自然之间创造了一种微妙的和谐。寺院、禅房、佛堂等多种建筑风格形式在这有限的空间里都可见到，或单檐、或重檐、或正脊、或垂脊，交错纵横，如诗如画。

在悬空寺中还有一个与众不同的奇景，那就是"三教合一"。在寺院北端最高层的三教殿中，我国佛、道、儒三大教派的教主释迦佛、老子、孔子各端坐一方。这在我国传统宗教建筑中实属罕见。这也许正是因为置身悬空寺中，已恍若叛梦于仙境，才将人间各种纷争抛于世外。难怪古人曾有诗云："飞阁丹崖上，白云几度封。蜃楼疑海上，鸟到没云中。"

图 7-8 悬空寺

二、洛阳白马寺

河南洛阳白马寺（图 7-9）的历史可追溯到汉朝，是我国官方最早建立的一座佛寺。该寺院布局呈长方形，占地面积广阔，约为 4 万平方米。白马寺的兴建，对佛教在中国乃至东亚、东南亚地区的传播与发展起到了积极的推动作用。正因如此，时至今日，白马寺依然吸引着众多国家的佛教信徒前来朝拜，被视为佛教圣地。

图 7-9 白马寺

189

三、五台山佛教建筑

山西省五台山是中国著名的佛教圣地,山上保存的古代佛教建筑多达58处,其中较著名的寺庙建筑有建于唐朝的南禅寺和佛光寺。南禅寺是中国现存最早的一座木结构寺庙建筑,如图7-10所示;佛光寺在建筑上荟萃了中国各个时期的建筑形式,如图7-11所示,寺内的建筑、塑像、壁画和墨迹被誉为"四绝",无不展示着佛教艺术的辉煌与精湛。

图 7-10 南禅寺

图 7-11 佛光寺塑像

四、青羊宫

青羊宫作为道教的一处全国重点宫观,坐落于四川省成都市的中心地带,享有"川西第一道观"与"西南第一丛林"的美誉,是全国范围内备受瞩目的道教圣地之一,如图7-12所示。据传,青羊宫的历史可追溯至周代,最初名为青羊肆,后在唐朝时期经历了大规模的扩建。然而在明朝时期,其宏伟的殿宇不幸毁于战乱。幸运的是,在清代康熙六年至十年间(即公元1667年至1671年),青羊宫得以逐步重建,并发展至今,现已形成占地约12万平方米的宏伟宫观建筑群。

青羊宫的主要建筑群包括山门、三清殿、唐王殿等重要场所。在这些建筑中,八卦亭以其保存最为完好且造型最为华丽的姿态脱颖而出,亭内供奉着老子骑青牛的塑像,极具宗教与历史价值。此外,青羊宫内还藏有一部极为珍贵的文物《道藏辑要》,这部典籍不仅是道教资料中的瑰宝,更是全球范围内保存最为完整、珍贵的道教经典之一。

图 7-12 青羊宫

【知识链接】

寺院建筑的特点

佛寺、石窟、塔三者是佛教的建筑，原来本是一体的，后在 2 000 年的发展过程中，由于种种原因或分离或孤立存在，成为三种类型的建筑物。佛寺是供僧众礼佛、居住的建筑，是佛教传入中国后才兴建的建筑。中国第一座佛教寺院是白马寺。最初把塔译作"浮图"或"佛图"，因而也有人把寺院称为佛图寺、佛图祠。塔的梵文原名窣堵波（stūpa），是坟冢的意思。中国最早的塔是楼阁式塔，形状犹如一座四方形的摩天高楼，如北魏洛阳永宁寺塔。随后有了密檐式、亭阁式、覆钵式（喇嘛塔）、花塔、过街塔、金刚宝座塔等不同类型。塔的用途除埋藏舍利（骨灰）、礼佛拜佛外，还有登临眺览、点缀山川名胜、导航指路的作用。石窟本来也是佛寺的一种形式。在印度约公元前 2 世纪就有石窟寺，是一些僧侣为静修而在山中开凿的洞窟寺庙（Cave Temple）。魏晋时，石窟寺逐渐传入中国，它不仅是著名佛教寺院，而且是收藏丰富的雕塑、壁画和文物的宝库。中国的佛寺、塔和石窟寺三种佛教建筑不仅数量大，而且具有极高的历史、艺术和科学价值。

陵墓艺术

在中国古代，陵与墓是有严格区别的。陵是指帝王及其后妃安葬的地方；墓是指士大夫、显贵阶层及普通人安葬的地方。陵一般规模宏大、建筑精美，特别是地下的陵寝和地上的建筑、石雕，都是中国古代建筑艺术的最高水平。墓葬规模的大小视墓主身份和地位而定，一般来说，身份越显贵，墓葬规模越大，有的可与帝王陵墓比美，也有个别清廉高官的墓葬却很简陋。

一、秦汉唐皇陵

秦汉唐皇陵是指集中在今陕西境内秦、汉、唐三个朝代遗留下来的帝王陵墓群，除秦始皇陵外，还有西汉 11 个皇帝的陵墓、唐代 18 个皇帝的陵墓，其中著名代表有秦始皇陵墓、汉茂陵墓、唐昭陵墓。

（一）秦始皇陵墓

秦始皇陵坐落于陕西省西安市骊山北麓，是中国最为人知的陵墓，距今已有 2 000 多年历史，如图 7-13 所示。现存陵体为三层方锥形夯土台，东西约 345 米，南北约 350 米，高 47 米。周围有内外两重城垣，内垣周长为 3 000 米，外垣周长为 6 300 米。陵北为渭水平原，陵南正对骊山主峰。陵自始皇即位初兴工，至公元前 210 年入葬，经营约 30 年。陵东侧附葬大冢 10 余处，可能为殉葬的近侍亲属。在秦始皇陵东 150 米处，发现了大规模的兵马俑队列的埋坑。此外，坑内还有一些青铜剑、戟等兵器，秦始皇陵墓位于骊山北坡，为防止山洪冲刷，沿山麓修建东西向防洪沟，拦截山洪引向东流，而后折北入渭河。陵区本身发现掏水管及石水道，地上有大量瓦砾，表明曾有规模宏大的地面建筑。

尽管出于文物保护的考虑，这座传奇的陵墓至今仍未被考古学家揭开面纱，但通过在咸阳附近出土的秦兵马俑，我们已能窥见这位中国第一位皇帝陵墓的壮丽与辉煌。

图 7-13　骊山秦始皇陵

（二）汉代陵墓

西汉诸陵少数位于渭水南岸，多数在咸阳以西渭水以北，陵体宏伟。陵的形状承袭秦制，累土为方锥形，截去上部称为"方上"，最大的"方上"约高 20 米，"方上"斜面堆积许多瓦片，可证其上曾建有建筑。如茂陵是西汉武帝刘彻的陵墓，也是西汉皇陵中修建时间最长、规模最大的陵墓，陪葬的宝物也最多，被称为"中国的金字塔"，如图 7-14 所示。在其陵旁边陪葬有李夫人、卫青、霍去病、霍光等人的墓葬。陵内置寝殿与苑囿，周以城垣，陵旁有贵族陪葬的墓，坟前置石造享堂，其上立碑，再前于神道两侧排列石羊、石虎和附翼的石狮。另外，模仿木建筑形式建两座石阙。石阙的形制和雕刻以四川雅安高颐阙最为精美，是汉代墓阙的典型作品，如图 7-15 所示。此外，东汉墓前有些还建有石墓表。在结构上，汉初仍采用木椁墓，以柏木作主要承重构件；防水措施仍以沙层与木炭为主。战国末年先后出现的空心砖和普通小砖逐步应用于墓葬方面，墓室结构由此而得到改变。墓道用小砖，而墓顶用梁式空心砖。不久，墓顶改为两块斜置的空心砖，自两侧墓壁支撑中央的水平空心砖，由此发展为多边形砖拱。到西汉末期又改为半圆形筒拱结构的砖墓。东汉初期又改为砖穹窿。在多山的地区，崖墓较为盛行，其中以四川白崖崖墓最为突出。在长达 1 千米的石岸上共凿有 56 个墓。由于砖墓、石墓等崖墓的发展，商、周以来长期使用的木椁墓逐渐减少，至汉末时期几乎绝迹。

图 7-14　西汉武帝刘彻茂陵

图 7-15　四川雅安高颐阙

（三）唐昭陵墓

唐昭陵墓主要利用山形，因山而坟。唐太宗李世民与文德皇后长孙氏的合葬陵墓位于今陕西省咸阳市礼泉县昭陵镇，是唐代以山为陵的典型代表，如图 7-16 所示。其规模宏大，陵园广阔，内部还设有 17 座陪葬墓，用于安葬功臣贵戚。昭陵地上地下都是珍贵的文物，最负盛名的是唐代雕刻精品"六骏图"。

图 7-16　昭陵

二、明清皇陵

明清两代皇陵是中国帝王陵墓中保存最为完整的。

明朝皇帝的陵墓群主要位于北京昌平区的十三陵。十三陵坐落于北京市昌平区天寿山脚下的一个三面环山、南向开口的小盆地之中,如图 7-17 所示。在这个小盆地的山坡上,13 位帝王的陵墓错落有致地分布,整个陵区占地面积约为 40 平方千米。在这片陵区内,除 13 位皇帝外,还安葬着 23 位皇后及众多的妃子、皇子、公主、陪葬的宫女等。

图 7-17　明十三陵

明十三陵以其宏伟壮观的规模、苍秀迷人的景色以及雄浑磅礴的气势,成为国内现存最为集中且保存最为完整的陵园建筑群。在这片陵园中，最为引人注目的两座陵墓是长陵（明成祖朱棣之陵）与定陵（明神宗朱翊钧之陵）。经过考古发掘，人们发现定陵的地宫采用了坚实的石拱结构，其四周的排水系统设计巧妙，确保了地宫内积水极少，且石拱结构至今无一塌陷。这一发现充分彰显了中国古代工匠在建造地下建筑方面所展现出的高超技艺。

在中国现存的陵墓建筑中，规模最大、建筑体系最为完整的皇家陵寝当属清东陵，其占地面积约78平方千米。这里安息着清朝的5位皇帝、14位皇后及百余名嫔妃。清东陵内的主要陵墓建筑保存完好，其精美程度和考究的工艺令人赞叹。

【知识链接】

陵墓的特点

中国几千年一直通行厚葬，于是便有了陵墓。奴隶主和封建帝王将相的陵墓建筑之精美、宝藏之丰富，不亚于地上宫殿，因此被称为地下宫殿。帝王陵墓封土形式有三：一为"方上"（堆土为尖锥体）；二是依山丘为陵；三是宝城宝顶（用砖石砌墙后再垒土封顶）形式。陵墓建筑除封土坟头外，还有祭堂、墓道、墓穴三部分。坛庙、祠堂是祭祀性的建筑，又称为礼制性建筑。古代中国人信奉各种神灵，人们对天地鬼神、山岳川河、祖宗先烈、圣哲先贤以至植物精灵祭祀。帝王祭天祈谷的地方叫作天坛，祭祀孔子的叫作文庙，祭祀关羽的叫作武庙。祭祀五岳的庙苑：祭祀东岳泰山的庙为岱庙，祭祀华山的庙为西岳庙，祭祀衡山的庙为南岳庙，祭祀恒山的庙为北岳庙，祭祀嵩山的庙为中岳庙。宗族祠堂几乎遍及中国所有城乡，其中广州的陈家祠的建筑雕塑艺术为清代建筑艺术的代表作。

园林艺术

中国古代园林修建时间非常久远，大致可追溯到商周时期。商代的沙丘台苑（在今河北邢台市广宗县附近）是目前已知的最早园林建筑之一，史书记载的"酒池肉林"就在这里。从类型上，中国古代园林可分为两类：一类是供帝王及王公贵戚享乐的"皇家园林"，著名的有颐和园、承德避暑山庄等；另一类是达官显贵或民间富豪修建的私家园林，比较著名的有苏州拙政园、无锡的寄畅园、上海的豫园、广东佛山的清晖园等。

一、颐和园

颐和园位于北京的西北部，始建于清乾隆十五年（1750年）。在19世纪末至20世纪初，这座皇家园林遭受了英法联军和八国联军的两次破坏，但随后均得到了精心的修复，至今仍较为完整地保存下来。颐和园的主要部分包括万寿山和昆明湖。万寿山位于北部，横向延伸，海拔高度为60米。昆明湖则位于南部，呈现出北宽南窄的三角形状。整个园林可以划分为宫殿区、前山前湖区、西湖区及山后湖区四个主要景区。

东宫门作为主要的园门，位于昆明湖的北角，恰好位于湖泊与山峦的交汇之处。一踏入此门，便进入了宫殿区域，臣子们可以在此近距离觐见，无需深入园林内部。这里的宫殿延续了严谨对称的布局，但相较于紫禁城的庄重氛围，这里显得更为轻松，建筑的规模也相对较小。

绕过宫殿区的主殿仁寿殿，沿着一条曲折蜿蜒、被植被遮掩的小径前行，便步入了前山前湖区。此刻，周围的景致骤然变换：眼前是一片开阔的湖面，波光粼粼，远处重峦叠嶂，尽收眼底。玉泉山的塔影被巧妙地引入园中，与近岸一排错落有致的乔木相映成趣，这些乔木如同一扇扇自然的画框，起到了"透景"的效果，不仅丰富了景观的层次，还进一步增强了园林的空间感。

万寿山的形态较为单一，但在其南麓，一座宏伟的佛香阁拔地而起，与北面的琉璃阁共同打破了山体的自然轮廓。阁下建有高台座，它位于南坡而非山顶，这不仅强调了其与昆明湖的紧密联系，更主要地展现了它与山体的和谐共生。通过人工建筑来补充自然景观，两者相得益彰。体量庞大、造型宽厚的楼阁成为整个园林构图的核心。

在佛香阁下山脚与湖岸之间，建造了东西长达700米的世界最长的长廊，把山麓的众多小建筑统束起来，如图7-18和图7-19所示。

图7-18　颐和园佛香阁

图7-19　颐和园长廊

在长廊的西端，水面上矗立着一座石舫，其建筑风格为石制的西洋巴洛克式。这种风格在圆明园的"西洋楼"景区尤为常见，由在宫廷服务的西洋画师所设计。

由佛香阁大台座南眺，整个湖区的景色尽收眼底。对面那座郁郁葱葱的大岛，是在建园初期东扩湖面时特意保留的,岛上树木繁茂,楼亭时隐时现,与佛香阁遥相呼应,这种布局手法称为"对景"。而位于颐和园昆明湖上的十七孔桥,同样与万寿山及佛香阁遥相凝望。这座桥造型典雅,远远望去,宛如一条晶莹的玉带轻轻漂浮在昆明湖的碧波之上,如图7-20所示。

颐和园的前山和前湖区展现着开朗宏阔的气质,这里有着真实的山峦和水域,呈现出大场面与大境界,色彩华丽,风格富丽堂皇。

在昆明湖西侧,构筑起西堤,西堤以西,水面被自然分隔为两处,各自孕育着一座岛屿,连同龙王庙岛,共同形成了传统皇苑中"一池三神山"的经典布局,这一区域被命名为西湖区。万寿山北麓是后山后湖景区。后湖实为一串小湖,以弯曲河道相连,夹岸幽谷浓荫,性格幽曲窈窕。在后湖中段,两岸仿苏州水街建成店铺,有江南镇埠风味。

通过颐和园的布局,我们可以领略到皇家园林的核心理念,即追求"宛若天成"的境界。其具体手法借鉴了私家园林的设计,但更加注重各个景区之间性格的鲜明对比,以此来增强整体的观赏体验。

图7-20 颐和园十七孔桥

二、拙政园

苏州拙政园始建于明正德四年(1509年),属江南大园,现存园貌主要形成于清末(19世纪)。拙政园最初由因官场失意而还乡的御史王献臣修建并命名,积水建池,造三十一景,风格自然。后园东部部分辗转到了刑部侍郎王心一手中,被其经营改造为

"归田园居"，修有荷池及秋香楼、芙蓉榭、泛红轩、兰雪堂、漱石亭、桃花渡、竹香廊、啸月台、紫藤坞、放眼亭等建筑。清代该园被售予大学士陈之遴，被大肆修葺装饰，栽植名贵植物，后格局基本不变。拙政园分为东、中、西和住宅四个部分。住宅是典型的苏州民居；东部原称"归田园居"；中部是拙政园的主景区，为精华所在；西部原为"补园"，布局紧凑。拙政园中有水区域占园林面积的1/3，基本上保持了明代"池广林茂"的特点（图7-21）。

图 7-21　拙政园"小飞虹"

【知识链接】

中国园林的主要类型及特点

中国园林在三大体系中历史最悠久、内涵最丰富。中国园林萌发于商周，成熟于唐宋，发达于明清。中国园林的类型划分为4种：皇家园林、私家园林、寺观园林以及邑郊风景区和山林名胜。其中以华北皇家园林与江南私家园林最具代表性。

江南私家园林有以下特点。

（1）规模较小，通常仅几亩至十几亩，园林设计师的核心理念是在有限的空间内运用含蓄、抑扬、曲折、暗示等手法激发人们的主观想象力，创造出一种深邃无垠的景观效果，从而拓展人们对实际空间的感受。

（2）通常以水域为核心，周围分布着各种建筑，形成一系列景点，由多个景点共同构成一个景区。

（3）以修身养性、闲适自娱作为园林的主要功能。

（4）园主出身于文人雅士，精通诗画，擅长鉴赏，其园林风格追求清高风雅、淡素脱俗，充满了浓厚的书卷气息。

与私家园林相比，皇家园林具有以下特点。

（1）其规模极为宏大，充分利用自然山川作为造园的基本元素，因此在选址上尤为讲究，造林手法之精妙，几乎可以媲美诗歌创作的艺术性。

（2）皇家园林的景区范围更为广阔，包含的景点数量更多，景观类型也更加丰富多样。

（3）相较于私家园林，其功能、内容以及活动规模都更为丰富和盛大。通常，它们都会配备宫殿建筑，这些宫殿多位于园林的主要入口附近，作为听政的场所，而园林内部也设有供居住使用的殿堂，以满足不同功能的需求。

（4）风格偏向于豪华，营造出一种皇家的氛围。造型也显得庄重，体现了华北地区的地域特色，与江南地区轻盈灵秀的风格形成鲜明对比。

无论是私家园林还是皇家园林，都非常注重自然美与建筑美的营造，将两者巧妙融合，实现了"虽由人作，宛若天开"的艺术效果。

中国园林的真正精髓与核心在于其文化之美。在古典园林中，广泛运用了楹联、匾额、碑刻及书画题记等元素，这些不仅装饰了园林，更将自然之美、建筑之雅和文化之深融为一体。

传统民居艺术

传统民居是指我国古代民间修建的主要用于生活住宿的建筑类型。由于受地域文化和气候等因素的影响，各地形成了不同风格的民居建筑艺术。北方由于冬天气温低下，风大雪大，因此房屋一般建得稳重封闭，墙体厚实，窗户较小，房顶较缓。南方由于天气相对暖和，雨水较多，房屋墙体较薄，屋顶较陡，开窗大以便通风。为避免潮湿，有些地方还升高房屋底层建成"吊脚楼"，比较著名的是土家族"吊脚楼"。福建一些地方为抵御土匪等外敌，还将房屋修成碉堡的模样，形成著名的土楼。

一、北京四合院

北京四合院作为老北京人世代居住的主要建筑形式，驰名中外，世人皆知。自元代正式建都北京，四合院就与北京的宫殿、衙署、街区、坊巷和胡同同时出现了（图7-22）。据元末熊梦祥所著《析津志》载："大都街制，自南以至于北谓之经，自东至西谓之纬。大街二十四步阔，三百八十四火巷，二十九街通。"

北京的四合院不仅院落宽敞明亮，为人们的日常生活提供了极大的便利，而且蕴含着深厚的文化底蕴，是中华传统文化的生动展现。在四合院的建造过程中，风水理论占据了举足轻重的地位，从选址、定位到每一栋建筑的具体尺寸确定，均需严格遵循风水原则。事实上，风水学说便是中国古代的建筑环境科学，构成了中国传统建筑理论的宝贵组成部分。四合院的装修细节、雕刻装饰及彩绘艺术，无不渗透着民俗风情与传统文化，映射出特定历史时期人们对于幸福、美满、富裕和吉祥生活的向往。踏入这样的庭院，仿佛穿越至一座充满中华传统文化魅力的殿堂之中。

图 7-22　北京四合院

二、福建土楼

客家的祖先源自黄河流域的汉族人群。在东晋时期，为了躲避战乱，他们首次迁徙至赣水中游地区。随后，在唐末至北宋年间，他们再次迁移，定居于广东路的韶关、循州、梅州、惠州等地。南宋以后，大多数客家人主要聚居在岭南的山区地带，同时也有部分客家人继续向其他地方迁移。由于移民的背景，客家人的住宅多采用群聚一楼的形式，这些建筑高耸且墙体厚实，采用土夯筑造，形成了独具特色的土楼。它是一种供家族聚居且具备防御功能的民居建筑。这种建筑形式起源于古代中原地区的生土版筑建筑工艺技术，早在宋元时期便已出现，明清时期达到顶峰，并一直传承至今。在结构上，它以坚固的夯土墙作为承重结构，内部则采用木构架。常见的类型包括圆楼、方楼、五凤楼（府第式）、宫殿式楼等。楼内集生产、生活、防卫设施于一体，是中国传统民居建筑中的一种独特类型。福建土楼含福建省永定区的高北土楼群、洪坑土楼群、初溪土楼群和衍香楼、振福楼，南靖县的田螺坑土楼群、河坑土楼群，云水谣的和贵楼、怀远楼，华安县的大地土楼群。其中最出名的是永定土楼。

位于南靖县书洋乡上坂村的田螺坑土楼群,由1座方楼(步云楼)、3座圆楼(和昌楼、振昌楼、瑞云楼)和1座椭圆形楼(文昌楼)组成,方楼居中,其余4座楼环绕周围,依山势错落布局。田螺坑土楼群的精美建筑组合,构成了人文与自然巧妙之成的绝景,给人强烈的观赏冲击,令人叹为观止。楼与楼之间,鹅卵石阶曲折相连。每座楼皆为三层的石基土墙木结构,通廊式,底层是厨房,中层是谷仓,顶层是卧室,中为共享的庭院,皆有一口清澈的水井。除方楼设4个楼梯上下外,4座圆楼皆设2个楼梯上下,1个大门出入。从第一座始建于清嘉庆年间至最后一座竣工于1966年,繁衍生息在这里的黄姓子孙前后历经了近200年,方才造就了此般人间奇景(图7-23)。

图7-23 福建土楼

三、乔家大院

山西多大院,明清两代500年间,那些显赫一时的晋商,无不不遗余力地为自己和子孙后代营建一个极其豪华的宅院,但不是所有的晋商大院都能完好地保存到今天。乔家大院作为清代著名商业金融资本家乔致庸的府邸,亦称"在中堂",便是其中的佼佼者。这座大院始建于清朝乾隆年间,其间经历了两次增修和一次扩建,至民国时期,已经发展成为一座气势磅礴的建筑群。在山西现存的明清民居建筑中,乔家大院以其保存完好的状态、丰富的历史内涵与艺术价值,成为晋商大院中的杰出代表。其建筑布局严谨有序、工艺水平高超,充分展示了清代北方民居建筑的独特风格,因此具有很高的观赏价值、科学研究价值及历史研究的重要性。

乔家大院是一座气势恢宏、构造精细的建筑群落，整体布局庞大而有序，洋溢着和谐的整体美感（图 7-24）。自高空俯瞰，其院落轮廓巧妙地呈现出双"喜"字形；而从外部审视全院布局，深宅大院所特有的威严与高大，以及那份整齐端庄的气质，无不跃然眼前。步入院中，细细品味其建筑格局，无论是设计的精巧绝伦，还是秩序的井然有序，都令人叹为观止，深感其匠心独运。大院占地 8 724 平方米，建筑面积 3 870 平方米，分 6 个大院，内套 20 个小院，313 间房屋。大院形如城堡，三面临街，外围全是封闭式砖墙，高 10 米有余，上边有掩身女儿墙和瞭望探口。大门坐西朝东，上有高大的顶楼，对面是砖雕百寿图照壁。大门以里，一条平直甬道将六幢大院分隔两旁，院中有院，院内有园。北面三个大院从东往西依次是老院、西北院、书房院，南面三个大院从东往西依次是东南院、西南院、新院。甬道的西尽头是乔家祠堂，与大门遥相对应。大院有主楼四座，门楼、更楼、眺阁共六座，院与院相衔，屋与屋相接，各院房顶上有通道与堞墙相连，便于巡更护院。整个大院，布局严谨规范而富有变化，建筑风格浑然天成，显得气势宏伟、威严气派。

图 7-24　乔家大院

四、窑洞

窑洞是西北部黄土高坡地区特有的民居形式，目前仍有超过 4 000 万人居住在这种独特的住宅中。根据建造材质的不同，窑洞可以分为土窑、砖窑和石窑三种。这些窑洞结构坚固,历经几百乃至上千年仍能屹立不倒。此外,窑洞还具有冬暖夏凉的特性,非常适合人类居住,甚至有说法认为居住窑洞有助于延年益寿(图7-25)。

图 7-25　窑洞

五、蒙古包

蒙古包是蒙古游牧民族的传统住房,古时称作"穹庐"。"包"就是满语中家、屋的意思。蒙古包一般是圆顶的羊毛毡帐,四周用条木结成网状围壁,在西南壁留一木框,用以安装门板。伞形圆顶与侧壁相连,顶部中央有一圆形天窗,以便采光、通风、排放炊烟。蒙古包易于拆装,利于放牧时搬迁流动。蒙古族以右为尊,包内右侧都是长者和尊者的居位(图7-26)。

图 7-26　蒙古包

文化践行

一、课程实践

1. 主题：建筑设计与模型制作。

形式：建筑设计与模型制作。

材料：制作建筑模型是建筑设计中的重要步骤，也是建筑设计师探索、验证自己建筑艺术的重要手段。同学们心中都有对于建筑的想象和期望，通过制作建筑模型，将自己心中的"最美建筑"展示出来，培养创造美的能力。制作完成后，对全班同学的模型进行集体展示。各位同学介绍自己建筑模型的建筑尺寸、设计理念、建筑功能、人居环境、设计亮点等，说一说自己的建筑模型美在何处。

2. 主题：参观古建筑。

形式：参观。

材料：我国历史悠久，古建筑遍布各地，这些古建筑不仅承载着丰富的历史文化，也是我国传统文化的瑰宝。然而，随着现代城市化的快速发展，许多古建筑面临着拆除或损毁的风险。为了让学生更好地了解和传承我国古建筑文化，提高学生的实践能力，学校组织开展古建筑实践课程。本次实践课程旨在让学生亲身体验古建筑的历史韵味，感受古建筑的魅力，提高学生的审美素养和动手能力。

二、各抒己见

1. 经略台真武阁被誉为"天南杰构"，真武阁采用穿斗式构架，把近3 000根大小不一的格木构件凿榫卯眼，斜穿直套，串联嵌合，彼此扶持，互相制约，以杠杆结构原理组成一个稳固的统一体，就像一座精密的天平。请你通过网络了解经略台真武阁的相关知识，对其进行赏析。

2. 中国人往往有"乡土情结"，民居是地域文化的活化石，也是游子家乡情的外在寄托。你家乡的传统民居（包括祠堂、牌坊、戏楼等）是什么样的？你觉得家乡民居美在何处？试着说一说并与同学分享。

三、测一测

（一）填一填

1. _____是指专供帝王处理政务和日常生活的建筑群。
2. 古代的建筑规模主要分为_____、_____和_____三种。
3. 北京天坛有两重垣墙，形成内外坛，形似_____字。
4. _____是中国帝王的陵墓中保存最为完整的。

（二）选择题

1. 建筑群组合方式不属于中轴对称方式的是（　　　）。
　　A. 宫殿　　　　　　B. 私家园林　　　　　C. 寺庙　　　　　　D. 书院
2. 故宫保和殿的屋顶形式为（　　　）。
　　A. 重檐庑殿顶　　　B. 重檐歇山顶　　　　C. 歇山顶　　　　　D. 悬山顶
3. 高出地面的建筑物底座称为（　　　）。
　　A. 台基　　　　　　B. 斗拱　　　　　　　C. 普通台基　　　　D. 最高级台基
4. 我国古代建筑装饰及色彩特征的真实写照是（　　　）。
　　A. 墙倒屋不倒　　　B. 雕梁画栋　　　　　C. 画像石墓　　　　D. 梁杨彩画

（三）简答题

1. 简述中国园林的主要类型及特点。
2. 简述我国古建的屋顶形式。
3. 简述福建土楼和乔家大院的区别。

第八章 中国古代科技文化

本章提要

中国是发明火药、指南针、造纸术和印刷术的文明古国,这四大发明曾有力地改变了世界历史的进程。四大发明的出现绝非偶然,中国科技文明离不开一度相对领先的科学技术思想和方法,离不开一度相对领先的科学技术学科群。了解中国古代科学技术发展概括,目的是鉴古知今,继往开来。

天文、数学、中医药学

一、中国古代天文学

我国的传统天文学伴随着农业文明的诞生而兴起。由于农业生产与自然界的季节变化和日月更替有着天然的联系,这种联系推动了中国传统天文学的早期进步和取得了显著成就。

《诗经》记载了发生在周幽王六年(公元前776年)的日食事件,这被认为是世界上有确切时间记载的最早的日食记录。《春秋》记载了从鲁隐公三年(公元前720年)至鲁哀公十四年(公元前481年)期间的37次日食,其中32次的记载被证实是准确的。1978年,在湖北随县曾侯乙墓出土的漆器盖上,发现了二十八星宿的图案,这表明在春秋战国时期,即便是像曾国这样的小诸侯国,天文学也有所发展。古人将黄道和赤道附近的恒星划分为二十八个星区,每个星区都有一个主要的恒星,统称为二十八星宿。在战国时期,齐国人甘德(也有说法是鲁国人或楚国人)所著《天文星占》和魏国人石申所著《天文》,两者合称为《甘石星经》,测定了黄道附近一百二十颗恒星的位置,这被认为是世界上最早的恒星表,尽管这份文献已经失传。

在汉代,《史记》的"历术甲子"篇章中记录了宝贵的四分历历谱,其中一年的长度被确定为365.25天,闰年周期为"十九年七闰"。该篇章还揭示了五大行星的逆行现象(即行星从西向东运动为顺行,反之为逆行),以及135个朔望月周期内月食的发生规律,并编制了一份包含522颗恒星的星表,积累了大量精确的天文观测数据。汉代的天文观测工具包括用于测量日影以确定冬至的圭表和计时的漏壶；在宇宙结构理论方面，有盖天说、浑天说和宣夜说等学说。东汉时期的张衡是浑天说的主要代表，他提出月亮本身不发光，而是反射太阳光，并正确解释了月食的形成原因，同时记录了超过2 500颗恒星的观测数据。

在魏晋时期，天文学和历法学取得了一个重大突破，即"岁差"现象的发现。在晋代之前，人们普遍认为太阳从一次冬至到下一次冬至总是经过相同的固定点，即太阳完成一个完整的年周期，也就完成了一个完整的天周。然而，东晋时期的虞喜首次观察到冬至点实际上是在逐渐移动的，这意味着一个太阳年并不等同于一个恒星年，两者之间的差异被命名为"岁差"。随后，南北朝时期的祖冲之通过自己的观测和计算，进一步证实了岁差现象的存在，这在世界天文学史上是一项开创性的发现。

隋唐时期标志着我国天文学发展的黄金时代，无论是在天文观测与计算，还是在天文仪器的制造领域，都取得了显著的成就。僧一行领导的司天机构成功制造了黄道游仪、水运浑天仪（自动天文钟的鼻祖）、覆矩等仪器，并组织了大规模的大地测量活动。开元十五年（公元727年），一行及其团队完成了新历《大衍历》的编纂，该历法在月离、日食、月食及五星运动的计算精度上都有显著提升，并且收集了关于北极出地高度、日夜长度和昼夜漏刻等宝贵数据。此外，他们还在世界上首次测量了子午线每度的长度，得出的数值为315里80步（约131千米），与现代测量结果相比，误差仅约20千米。

宋元祐元年，即公元1086年，苏颂与韩公廉受朝廷之命，着手重新制造浑仪。历经两年的精心研制，他们成功创造出了一种新型的天文仪器——水运仪象台，民间常称为天文钟。该仪器集浑仪、浑象及报时装置于一体，整体构造分为三层，总高度约为12米。具体而言，顶层被设计为观测室，专门用于安置浑仪，以便进行天文观测；中层则巧妙地设置了能够旋转的浑象，用以模拟天体运行；而底层则囊括了报时钟和动力装置，利用水力作为驱动源，并通过一系列精密的变速与传动装置，确保了浑仪、浑象及报时装置三者之间的协调运作。水运仪象台的制作工艺之精湛、结构设计之复杂、功能配置之全面，在当时堪称世界之最。

元代杰出的科学家郭守敬（1231—1316年）不仅在天文学、数学和水利学方面造诣深厚，而且在天文学领域取得了卓越的成就。他发明并改进了包括简仪在内的13种天文仪器，主持了全国26个地区的天文观测工作，在大都建立了司天台，积累了宝贵的天文观测数据。

在明清两代，国家专门设立的天文机构——"钦天监"，肩负起全面进行天文观测的重任。位于北京建国门内的古观象台，其历史可追溯至明朝正统七年，即公元1442年。这座古观象台的台顶，精心陈列了一系列大型铜质天文仪器，以供天文观测之用。而观象台之下，则建有紫微殿、漏壶房及晷影房等一系列配套设施，它们共同构成了一个功能完备、体系健全的天文观测系统。

【知识链接】

历法编制

历法是指年、月、日等计时单位,以一定的法则组合以计算较长时间的系统。它与天象的观测、太阳的出没、月亮的盈亏规律有着密切的关系。昼夜交替的周期为1"日",月相变化的周期为1"月",寒暑交往的周期称作"年"。我国的历法现在通用阳历和阴历。阳历即公历,它始创于罗马,后经罗马教皇格里哥利命人修订,所以又称格里哥利历,是现今世界大多数国家运用的历法。阴历又称农历,它是我国使用历史较长的历法。

我国民间还流行用干支纪年、纪月、纪时的做法。干指天干,有甲、乙、丙、丁、戊、己、庚、辛、壬、癸共10干。支指地支,即子、丑、寅、卯、辰、巳、午、未、申、酉、戌、亥共12支。10干与12支依次相配,正好是60个单元。每个单元分别代表1年或1天。60个单元用完后,可再循环。因此,人们常将60年称为一甲子。干支纪月法在《史记·历书》就有记载。1年12个月,以"夏历"为例,配置见表8-1。

表8-1 夏历配置

夏历	子	丑	寅	卯	辰	巳	午	未	申	酉	戌	亥
	十一月	十二月	正月	二月	三月	四月	五月	六月	七月	八月	九月	十月
	冬		春			夏			秋			冬

干支纪时法,民间一般将一天24小时分为12个时辰,用12地支表示。每一时辰相当于现在的2小时,每一时辰中又细分为初、正两种。前一小时为初,后一小时为正。其对应关系见表8-2。

表8-2 干支纪时法

时辰	子	丑	寅	卯	辰	巳	午	未	申	酉	戌	亥
初	23	1	3	5	7	9	11	13	15	17	19	21
正	24	2	4	6	8	10	12	14	16	18	20	22

二、古代数学

数学又称"算学",在中国的起源可以追溯到原始社会的新石器时代的结绳记事。在世界古代数学中,古希腊欧几里得几何学的辉煌成就可以说是为人们所熟知。其实,中国古代的数学成就非常突出，中国先民大约在原始社会后期已经掌握了数的概念，并且在生活和生产之中采用了十进位制。在商代甲骨文和周代钟鼎文里，已见一、二、三、四、五、六、七、八、九、十、百、千、万这十三个计数，在《尚书》中也屡见亿、兆等数，这是最先进、最科学的记数法。

殷商时已经有了四则运算，春秋战国时正整数乘法口诀"九九歌"已形成，从此"九九歌"成为普及数学知识的基础之一，一直延续至今。

三国时期，刘徽运用割圆术求圆周长度，他认为无限增加圆内接正多边形的边数，其周长则接近圆周长，"割之弥细，所失弥少"。他运用这种方法，求得圆周率 $\pi=3927/1250$。后来，祖冲之又将圆周率进一步精确到 $3.1415926 \sim 3.1415927$，为了便于计算，祖冲之还求得了两个用分数表示的圆周率，即 355/113（密率）和 22/7（约率）。

隋代的刘焯开创了等间距二次内插法；唐代的僧一行创立了不等间距二次内插法；王孝通则发现了求解三次方程的方法；到了宋元时期，人们掌握了高次方程组的求解法及一次同余式解法等。这些成就在当时均处于领先地位。

在计算工具方面，殷商时就发明了"算筹"，算筹是圆形小竹棍，后来又有了骨制、铁制的。以算筹表示数目，有纵、横两种形式，如"2"可表示为"="或"//"。以算筹为工具进行的计算称"筹算"，计算时纵式表示个位、百位……，横式表示十位、千位……，遇零则空一个位置。

算盘起源于唐宋时期，其外形为长方形，四周设有框架，内部设有直柱，中央有横梁（图8-1）。横梁上方有两颗珠子，每颗代表数值5；下方则有五颗珠子，每颗代表数值1。通常情况下，算盘有9～15挡。在进行计算时，通过定位拨动珠子来完成运算。到了明清时期，算盘成为工商贸易中不可或缺的工具。由于其便携性以及运算的准确性和速度，算盘在相当长的一段时间内扮演了极其重要的角色。

图8-1 算盘

【知识链接】

中国古代数学专著

《周髀算经》

《周髀算经》约成书于公元前1世纪,原名《周髀》,它是我国最古老的天文学著作,同时也是一部最早的数学著作,主要阐明当时的盖天说和四分历法。唐初规定它为国子监明算科的教材之一,故改名《周髀算经》。

中国古代,按所提出的宇宙模式的不同,天文学共有三家学说,"盖天说"是其中之一,而《周髀算经》是"盖天说"的代表。这派学说主张:天似盖笠,地法覆槃(天空如斗笠,大地像翻扣的盆)。《周髀算经》上面还记载周公与商高的谈话,其中就有勾股定理的最早文字记录,即"勾三股四弦五",也被称作商高定理。《周髀算经》采用最简便可行的方法确定天文历法,揭示日月星辰的运行规律,囊括四季更替、气候变化,包含南北有极、昼夜相推的道理。《周髀算经》体现中国人民勤劳和智慧,可以称得上是世界古代科学技术的一座不朽丰碑。

《九章算术》

《九章算术》在唐宋时期也被称为《九章算经》或《黄帝九章算经》,是中国古代数学领域中最为重要的经典著作之一。根据魏晋时期数学家刘徽在《九章算术注》序言中的记载,西汉时期的数学家张苍和耿寿昌在秦始皇焚书后残存的文献基础上,对这部著作进行了修订和补充。现代学者普遍认为,《九章算术》并非由单一作者完成,而是历代数学家共同努力的成果,其最终成书时间应为西汉末年至东汉初年。在中国,该书作为数学教育的教材使用了逾千年,其影响力也扩展至国外,朝鲜和日本都曾采用它作为数学教学的课本。《九章算术》共收集二百四十六个应用问题,按问题的性质类别分为九章,主要部分采取了以算法统率应用题的形式。《九章算术》取得的数学成就是全面的、杰出的,称它为中国算经之首是毫不过分的。该书对以后的数学著作产生了极其深远的影响。从内容上看,《九章算术》的九部分内容确定了中国古代数学的基本框架,形成了中国古代数学以计算为中心的特点;九章二百四十六个问题,大都来自人们生产、生活的实际需要,开创了数学理论密切联系实际的风格;全书没有任何数字神秘主义的内容,体现了朴素的唯物主义观点,并为以后的数学著作树立了榜样。从全书结构上看,《九章算术》一般有"题""答""术"三个部分,这种以术统题的方法,逐渐形成了中国古代数学著作的一种基本形式。《九章算术》以后,中国古代数学著作主要采取两种模式:一种是以该书为楷模编写新的著作;一种是为该书作注。

三、中医中药学

中医中药学是中华传统文化的独特贡献之一。它秉持着将人体视作一个有机整体的观念，巧妙地运用各类天然物质（即药物），并通过辨证施治的方法，构建了一套博大精深的理论体系。时至今日，中医中药学依然在医学领域中占据着举足轻重的地位，其作用是西医西药所难以完全取代的。

春秋战国时期，出现了大量医学著作。长沙马王堆三号墓出土的大批简帛医书，就涉及经络、脉法、医方、养生、胎产等知识。这些医书大多为春秋至秦汉时期的著作，其中，《足臂十一脉灸经》和《阴阳十一脉灸经》是迄今发现的论述经络的最早文献。《黄帝内经》是战国时期的医学家假托黄帝之名创作的对医学经验的总结性著作，是我国现存最早的中医理论典籍。该书的内容涉及人的生理学、病理学、诊断学、治疗原则和药物学等各方面，它对于人体的解剖、生理、治疗原则和方法做了全面的阐述。书中所运用的阴阳五行学说等哲学思想，极大地丰富了我国古代医学的内容。《黄帝八十一难经》是一部可以与《黄帝内经》相媲美的古典医书，传说为秦越人扁鹊所著。其内容主要是补充《黄帝内经》之不足，对《黄帝内经》中的某些疑难问题进行了探讨和阐释。可以说，《黄帝八十一难经》与《黄帝内经》共同为中医学的理论体系奠定了基础。

到了汉代，中医学既出现了丰富的医学著作，还出现了许多名医。《神农本草经》是汉代人假托神农氏之名而创作出的我国现存最早的药物学专著，它对先秦、两汉以来众多的药物学成就进行了总结。该书共收录药物365种，并对每一种药物的性味、产地、采集时间、主治疾病等都进行了详细的记载，其后历代的本草著作都是以《神农本草经》为基础创作的。汉代的名医包括东汉的张仲景和华佗等人，张仲景著《伤寒杂病论》，经后人整理成《伤寒论》和《金匮要略》二书，名医华佗发明麻醉剂——麻沸散，成为医家经典。

魏晋南北朝时期，涌现出多部杰出的医药学著作。其中，皇甫谧的《针灸甲乙经》、东晋葛洪的《肘后备急方》，以及刘宋时期雷敩所著的《雷公炮炙论》，均为该时期的代表性作品。此外，梁代陶弘景所著的《神农本草经集注》是对《神农本草经》这一古典医籍的较早注解版本，该书实际为《本草》与《名医别录》两书的合编之作。其内容结构严谨，分为序录、玉石部、草部、本部等多个部分，共记载了700余种药物，详尽阐述了这些药物的性味、产地、采集时节、形态特征、鉴别方法及炮制技术等。

隋唐五代时期，医学基本理论得到了显著发展，其中隋代巢元方所著的《诸病源候论》便是杰出代表。该书共50卷，细分为67门，涵盖了1 700多种疾病候，深入探讨了内科、外科、妇科、儿科及五官科等各类疾病的病因、病理及临床表现。在临床医学领域，孙思邈的《千金方》与王焘的《外台秘要》两部巨著交相辉映。孙思邈的《千金方》被誉为临床实用的百科全书，他秉持"人命至重，有贵千金，一方济之，德逾于此"的崇高理念，书中记载了 5 300 多个方剂，对后世医学产生了深远的影响，孙思邈也因此被尊称为"药王"。进入宋元时期，药物学领域新著迭出，其中北宋唐慎微所著的《经史证类备急本草》尤为突出。该书收录了 1 700 多种药物，内容翔实，分类清晰，在《本草纲目》问世之前，一直是本草学领域的权威范本。与此同时，该时期医学流派纷呈，其中金元四大家——金代的刘完素、张从正、李杲及元代的朱震亨，各自独树一帜，提出了独特的医学见解和治疗方法，为中医学的继承与发展做出了不可磨灭的贡献。

明清时期，药物学领域迎来了一部划时代的巨著——《本草纲目》。这部由李时珍精心编撰的鸿篇巨制，共分为 52 卷，字数高达 190 万，其中详尽地收录了 1 892 种药物，并辅以 1 109 幅精美插图，堪称图文并茂。书中不仅对各种药物的命名、药性、应用及制备过程进行了全面而深入的阐述，还纠正了前人的一些错误认识，展现出了卓越的学术价值。在传染病防治领域，明代医学家们展现出了非凡的创新精神。他们发明了接种人痘的方法来预防天花，这一创举在当时无疑是一项重大的医学突破。到了明末，吴有性所著的《温疫论》更是首次系统地提出了温病学说，为中医药学体系注入了新的活力与内涵。进入清代，温病学说得到了进一步的发展与完善，逐渐形成了一个完整而系统的理论体系。在这一时期，涌现出了众多杰出的医家，如叶天士、王士雄等，他们各自在温病学说的研究与实践中取得了卓越的成就，共同推动了中医药学的发展与进步。

中医还有一套独特的针疗体系，针灸就是针法和灸法，即在病人身体某一部位用针刺或用火的温热烧烤，它在世界上是独一无二的疗法。早在新石器时代就已出现了砭石疗法，周代出现了针灸用针。魏晋时皇甫谧的《针灸甲乙经》是世界上最早的针灸学专著；隋唐时孙思邈曾绘制大型针灸挂图，明确地标出了人体十二经脉的位置。北宋王惟一修编了《铜人腧穴针灸图经》，还制成了模仿人体的针灸铜人供学习、练习针灸使用。明代杨继洲的《针灸大成》、徐凤的《针灸大全》、高武的《针灸聚英》，被称为明代的"三大针灸巨著"。

中国古代科学技术对欧洲的影响

农学、水利、造船、纺织、冶炼等技术

一、农学

由于自然地理环境的多样性，我国各地区的农业构成与耕作方式呈现出鲜明的地域特色。追溯至 7 000 多年前的远古时期，黄河流域中游与长江流域下游的原始种植业便已开始沿着两条不同的路径发展。即北方黄河流域为种粟类作物的旱地农业、南方长江流域为种稻类作物的水田农业。

由于我国自然地理环境的多样性，我国各地区的农业构成和耕作方式各具鲜明特色。早在7 000多年前的史前时期，黄河流域中游与长江流域下游的原始种植业就开始朝着两个截然不同的方向发展：黄河流域逐渐形成了以旱地农业为主，主要种植粟类作物；而长江流域则发展成了以水田农业为主，主要种植稻类作物。

到了四五千年前的新石器时代晚期，黄河、长江乃至珠江流域的部分地区，氏族部落的经济形态已经较为普遍地转型为以原始种植业为主导，同时兼营家畜饲养、渔猎和采集的多元化经济模式。从考古发掘的文物中可以清晰看出，当时人们已经驯养了"六畜"——狗、猪、牛、羊、马、鸡。此外，石制与骨制的渔猎工具，如箭头、矛、石弹丸、鱼叉、网坠、木桨等，以及大量的果壳（如榛果、栗子、松果、栎果、朴树果）和螺蛳壳、蚌壳等遗物，都充分证明了渔猎和采集经济在当时人们的生活中仍然占据着相当重要的位置。

与此同时，这一时期还出现了长期定居的住房和大规模的村落定居遗址。这些住房周围的窖穴数量比以前更多，容积也更大，这反映出定居的农业生活已经相当发达。这些考古发现为我们揭示了史前人类经济生活和社会发展的真实面貌。

在夏、商、西周这三个历史阶段，黄河流域的广大区域以及长江流域的部分地区，其耕作区域持续扩张，这一过程使游牧活动逐渐向北、西北方向的偏远山区退缩。与此同时，我国的农具发展迈出了重要步伐：一方面，中耕除草农具开始崭露头角；另一方面，金属材质（特别是青铜）被应用于农具制造。青铜农具不仅在使用磨损后能够回炉重铸，而且相较于木制农具，其轻巧且锋利的特性显著提升了劳动效率。因此，青铜农具的引入与使用，成为商周时期劳动工具进步的一个显著标志。面对杂草和害虫对农业生产的严重威胁，这一时期的先民已初步探索出应对策略：杂草生长则及时锄除，害虫滋生则采取火烧的方式灭杀。中耕除草的农具种类繁多，如钱、镈等便是其中的代表。此外，夏商西周时期的大田生产技术也取得了显著进步，特别是在土壤耕作方面，垄作技术的出现尤为突出，标志着农业生产技术的又一次革新。

在春秋和战国时期，中国社会经历了深刻的变革，农业生产也迈入了一个新的历史阶段。铁器的广泛使用和牛耕技术的逐步推广，使大量荒地得以开垦，形成了以数口之家为单位的自给自足的小农经济，显著提升了社会生产力。牛耕技术的应用，更是将人们从繁重的耕地劳动中解放出来，这在农业技术史上标志着动力使用的革命性进步。与此同时，为了应对农业灌溉的需求，一系列宏伟的农田水利工程如漳水渠、郑国渠和都江堰等被大规模兴建。此外，井水的利用也在这一时期得到了发展。为了提高提取井水的效率，人们发明了利用杠杆原理减轻劳动强度的提水工具——"桔槔"。在长期的生产实践中，人们还发现，除草后让杂草在田间腐烂，以及"火耕"后将草木灰留在田里，都能促进庄稼的繁茂和产量的增加。这些经验的积累，逐渐引导我国的农业生产走上了施肥增产的道路。

战国时期，由于战事连绵，无论是军事行动还是日常生产，都对能够快速奔跑且具备强大挽力的良马与良牛有着迫切需求。同时，这些重要的家畜在频繁的使用中也难免会受到创伤或罹患疾病，因此亟须得到有效的治疗。在此背景下，相畜术（即鉴别和培育优良家畜的技术）与兽医技术均在这一时期得到了显著的发展与提升。

秦朝和两汉时期见证了种植业的飞速发展。为了应对作为国家经济核心的黄河流域干旱缺水的挑战，政府在该地区大力推广水利工程。尽管这些工程在一定程度上缓解了局部地区的灌溉难题，但它们并未能根本性地改善整个黄河流域的自然条件。因此，人们开始探索适应黄河流域自然环境的耕作技术，如代田法和区田法等。在农业生产方面，人们还创造了穗选法、留种田、绿肥轮作制、嫁接技术、温室培育，以及利用天敌进行害虫防治等先进技术。此外，还发明了如耧车和翻车等农业机械。这些创新和发明在当时处于世界领先水平。

自东汉末年历经三国、两晋至南北朝期间，长江以南、五岭以北的广大区域及巴蜀之地，因长期免受战乱侵扰，逐渐取代了饱受摧残的黄河流域农耕区，崛起为新的农业生产重心。特别是江南地区，得益于水利工程的兴修、北方先进农耕技术的引入，以及人口与劳动力的不断增加，其农业生产水平已能与屡经战乱的黄河中下游地区相提并论。与此同时，东北的辽河流域与西北的河西走廊的种植业也迎来了快速发展。在西南地区的少数民族聚居区，特别是云南，种植业同样步入了稳步发展的轨道。

隋、唐、宋、元时期标志着南方水田农业技术的显著进步。隋文帝杨坚完成全国统一后，南方的农业生产迎来了迅猛的发展。进入唐中期，特别是在玄宗天宝年间之后，长江下游地区逐渐崛起，成为全国粮食生产的核心区域，农业生产的重心也由此前的黄河流域逐渐转移到了长江流域。

在南宋时期，我国的农业重心发生了显著的南移。伴随着北方劳动人民第二次大规模的南迁浪潮，他们与南方的农民并肩合作，深入开发了江南地区，使该区域的农田面积持续扩大。棉花的种植区域也迅速扩张，不仅跨越了南岭和东南丘陵地带，还进一步向长江和淮河流域推进。汉魏时期所发明的翻车，在宋代已经得到了广泛的普及和应用。这种工具不仅被用于农田的灌溉，还发挥了排涝的重要作用。到了元代，翻车技术更是取得了进一步的发展，出现了牛转翻车和水转翻车等新型工具，畜力和水力被巧妙地引入了提水灌溉中，同时水田生产工具也得到了改进和创新。在唐代，气候温暖湿润的地区已经成功实现了稻麦两熟制。而到了宋代，这一先进的耕作制度在长江流域得到了广泛的推广和应用。稻麦两熟制的形成和推广，无疑是我国耕作技术史上的一个重大里程碑。此外，在这一时期，园艺业也迎来了迅速发展，为我国的农业生产增添了新的活力和色彩。

根据《齐民要术》的记载，北魏时期我国的果树种类有 34 种、蔬菜种类有 31 种。到了宋代，果树种类增加到了 70 种，增长了大约 120%；蔬菜种类增加到了 39 种，增长了大约 26%。

在园艺栽培领域，这一时期的一个显著特征是专业户的兴起。例如，在唐代，已经出现了专门从事柑橘栽培的"橘籍"，而到了宋代，出现了以种植花卉为生的花户和专门从事嫁接花卉的接花工。此外，唐宋时期，我国的农学研究达到了前所未有的高度，诞生了大量农书。这些农书的内容在很多方面都具有创新性。在众多农学著作中，宋代陈旉的《农书》和元代王祯的《农书》尤为突出，它们对农业知识的贡献不容忽视。

明清时期，我国传统农业技术迎来了深入发展与持续提升的崭新阶段，在栽培技术和田间管理领域均涌现出众多创新成果。在这一时期，水稻成功跃升为粮食作物的佼佼者，小麦则稳固占据了北方主食的地位，而甘薯、玉米等粮食作物也逐步崭露头角，成为不可或缺的粮食来源。同时，耕作制度也在此期间取得了飞速发展。在北方的黄河流域，农民们创造性地实施了二年三熟制和三年四熟制的耕作模式，极大地提高了土地利用率和粮食产量。而在南方的长江流域，则广泛推广了多种形式的一年二熟制，使农业生产效率显著提升。更为惊人的是，在闽江和珠江流域，农民们更是实现了一年三熟的高效耕作制度，进一步推动了农业生产的繁荣。此外，从明代中期开始，一批原产于美洲新大陆的作物，如玉米、甘薯、烟草和花生等，相继传入我国，为我国的农作物结构带来了新的变化。这些新作物的引入，不仅丰富了我国的农作物种类，而且为农业生产带来了新的活力和机遇。

回顾我国农业的发展历程，我们始终坚守着精耕细作的优良传统。得益于一系列精细的农艺技术的创造，我国的粮食产量达到了古代世界最高的单产水平。我国农业的另一显著特点是，在数千年的农业历史长河中，尽管遭受了无数次大大小小的自然灾害和人为灾难的考验，但从未因技术指导上的失误而导致重大失败。在长达 4 000 年的有文字记载的历史中，农业文化始终稳定且未曾中断。

【知识链接】

四大农书的科技成就

古代中国农学著作众多，据统计有 830 多种，其中最为著名、最具代表性的是《氾胜之书》《齐民要术》《王祯农书》与《农政全书》4 种。

《氾胜之书》由西汉末年的氾胜之所著，成书时间大约在公元 1 世纪后期，是我国现存最早的一部个人专著农书。此书在《汉书·艺文志》中被著录为《氾胜之十八篇》，但遗憾的是，到宋末元初时已经失传。现今我们所见的辑佚本，是后人从贾思勰的《齐民要术》及《太平御览》等古籍中辑录而成的。氾胜之曾在汉成帝朝担任议郎、御史等官职，并在关中地区负责指导农业生产，他大力提倡种麦，并取得了显著的成效。《氾胜之书》的内容主要涵盖了三个方面：首先，它提出了耕作栽培的总原则，即"凡耕之本，在于趣时和土，务粪泽，早锄早获"，并对这一原则进行了深入的阐述；其次，书中详细介绍了禾、黍、麦、稻、稗、大豆、小豆、枲、麻、瓜、瓠、芋、桑共13种作物的栽培方法，从选种、耕地、播种、施肥、保墒、灌溉、管理到收获、储藏等各个环节都进行了详尽的描述；最后，书中还介绍了一些精耕细作的技术，其中最为突出的是"区田法"和"溲种法"。"区田法"是一种高效的耕作方法，而"溲种法"是一种独特的种子处理技术。这种方法是在种子表面涂覆一层粪肥作为种肥，随着种子的生长，包衣内的营养物质会被植物根系逐渐吸收，输送到幼苗的各个部位。这种方法有助于培育出健壮的幼苗，提高作物的抗倒伏性和抗病虫害能力。此外，《氾胜之书》还详细记述了耕田法、种麦法、种瓜法、种瓠法、穗选法、调节稻田水温法、桑苗截干法等多种农业技术。这本书不仅总结了当时关中地区的农业生产经验，还继承并发展了自战国时期以来的农学知识，为我国综合性农书的发展奠定了坚实的基础。后来的重要综合性农书大多以《氾胜之书》为蓝本，沿袭了其编纂结构。书中记录的各类农耕技术，代表了当时最先进的农业生产水平，其中一些原理至今仍在实际应用中发挥着重要作用。例如，在我国北方旱作地区播种小麦和谷子时，部分方法就是基于"区田法"的原理；而现代种子包衣技术的原理也源于"溲种法"。

　　《齐民要术》的作者贾思勰出生于益都（今山东青州），在北魏末年担任高阳郡守。他基于广泛收集和整理的农业生产知识，通过采访经验丰富的农民，并结合自己在黄河流域的实地观察与试验，撰写了这部农业科学技术巨著——《齐民要术》。该书内容详尽，从耕作到食品加工，无所不包，系统性地总结了秦汉以来黄河流域的农业科学技术成就。书中对土壤耕作技术进行了全面的梳理，特别关注了黄河流域农业生产中的关键问题，总结了有效的抗旱保墒耕作技术，标志着当时北方以耕—耙—耢为核心的抗旱保墒耕作技术体系已经形成。同时，书中对种子的选择、保存和纯化进行了系统性的总结，强调了种子的高产性、稳定性和优质性。此外，贾思勰还详细论述了13种粮食作物和22种蔬菜的生产技术，涵盖了土壤管理、种植时机、种子选择、播种、施肥、轮作、保育、病虫害防治、收获及贮藏等多个方面。书中还介绍了11种果树和13种林木的品种选择与培育技术，总结了有性繁殖和无性繁殖在果树培育中的应用经验。对于畜禽的选种育种、饲养管理、相畜术、兽医术，以及乳制品加工和羊毛制毡技术，书中也有详尽的叙述。此外，贾思勰还对鱼类养殖进行了总结，并记录了约169种菜肴及其制作方法。《齐民要术》是我国现存最早、最完整的一部农书，也是世界农学史上的名著之一，对后世的农业生产有着深远的影响。

《王祯农书》的作者王祯，原籍山东东平，元成宗元贞元年（1295年）任宣州旌德（今属安徽）县令，在任九年，于大德八年（1304年）调任信州永丰（今江西广丰）县令。在二县任内，体察民情，劝课农桑，廉政爱民，治绩颇著，其《农书》即在二县任内写成。《农书》全书共分为《农桑通诀》《谷谱》《农器图谱》三大部分。《农桑通诀》包含六卷，是一部农学总论性质的著作，内容涵盖了从垦耕、播种、中耕、肥水管理到收获、储藏的全过程，同时还涉及果木栽培、栽桑养蚕、畜禽养殖、养鱼及养蜂等多个方面。《谷谱》分为十一卷，详细论述了谷物、蔬菜、瓜类、果树、竹木、水生植物、棉花和茶叶的栽培技术。该书首次全面涵盖了北方旱地和南方水田的生产技术，并进行了比较分析。此外，《农器图谱》占据了二十卷的篇幅，详细介绍了260种农器，其中主要为各种农机具，同时也包括部分农产品加工工具和其他与农业相关的设施。每种农器都配有精美的插图和详尽的文字说明，并附有诗赋，使全书图文并茂，极具参考价值。此后的许多农学著作中的农器图谱大多源自王祯的《农书》，因此，王祯的《农书》被誉为中国古代农器图谱的开创之作。

《农政全书》的作者徐光启，字子先，是明末松江府上海县（今上海闵行区）人。在崇祯年间，他官至内阁大学士，成为朝廷重臣。然而，真正使他名垂青史的，是他对天文、历算、水利及农业学科的深厚研究。他编撰的60卷本《农政全书》是中国农学史上的一部里程碑式巨著。全书内容涵盖农本、田制、农事（以屯垦为核心）、水利、农器、树艺（包括谷物和园艺）、蚕桑、蚕桑广类（涉及木棉、苎麻等）、种植（经济作物）、牧养、制造（农副产品加工等）、荒政等12个方面，内容相较于前代农书有了显著的扩展，例如屯垦、水利、荒政主题在以往的农书中鲜有涉及。该书以系统性地编纂前人（包括同时代人）的文献为主，同时融入了徐光启自己的研究成果和翻译作品；在编纂前人文献时，他进行了精心挑选，并常常通过评注的方式表达自己的观点。徐光启本人的文字占据了全书约1/9的篇幅，这些内容大多基于他的实地调查或试验，代表了当时农学领域的最高成就。

二、水利

水是农业的命脉，中国古代很重视水利，因此在这方面有突出的成就。在春秋时期，楚国的孙叔敖主导修建了芍陂蓄水灌溉工程，这一工程堪称我国历史上最早的大型水库。芍陂不仅因其悠久的历史和庞大的规模而闻名遐迩，更在中国塘堰水利史上占据着举足轻重的地位，其建设时间比著名的都江堰和郑国渠还要早350多年。芍陂的灌溉效益显著，极大地促进了春秋时期楚国淮南地区的经济发展。寿春（现今的安徽寿县）得益于芍陂灌区的繁荣和交通的便捷，逐渐兴盛起来。此后，芍陂在屯田济军、推动地区经济发展等方面持续发挥着重要作用。历经 2 600 年的沧桑变迁，芍陂虽几经兴衰，但至今仍然在为世人带来福祉。芍陂这一古老而巨大的陂塘蓄水工程，在技术成就方面也为人所称道。

战国时期，魏国的西门豹主持了引漳灌邺工程这一壮举，他开凿了 12 条渠道，成功地将黄河、淮河与长江三大水系相互贯通。这一工程不仅极大地便利了水上交通，更使灌溉变得极为便利。与此同时，在秦国，李冰父子带领四川人民修建了著名的都江堰水利工程。该工程不仅有效解决了岷江的水患问题，还灌溉了广袤的农田，使蜀地因此成为肥沃的"天府之国"。此外，秦国还借助韩国水工郑国的专长，修建了郑国渠，这条渠道灌溉了 18 万公顷的农田，使关中地区也变成了肥沃之地。这四项水利工程被誉为春秋战国时期的杰出代表。从秦朝至东汉时期，农田水利建设取得了显著的发展。秦始皇时期，开凿了灵渠，这一工程对水利交通和灌溉都起到了重要作用。到了汉武帝时期，人们创造了井渠法，这种方法主要用于开凿地下水渠。而在东汉时期，王景负责治理黄河，他采用了疏浚和修堤的方法，取得了显著的治理效果。这时期出现了中国第一部水利通史《史记·河渠书》和专记西汉水利史的《汉书·沟洫志》。在魏晋南北朝时期，水利工程逐渐向江淮地区扩展，建造了众多的塘堰。隋朝时期，在原有的汴渠、邗沟基础上，开凿了京杭大运河，这条运河成为当时全国重要的交通动脉，是世界上最长的运河之一。到了元代，又开凿了济州河等新的运河，水利工程进一步向东南沿海及珠江流域推进。从明清时期开始，长江流域的水患问题日益严重，荆江、岳阳、武昌、九江等地成为重点的防洪区域。该时期的水利文献极其丰富，钦定的有《河渠书》，地方性的有《三吴水利录》《长江图说》等。重要的水利文献有元色目人赡思的《河防通议》、明代谢肇淛的《北河纪略》、清代傅泽洪的《行水金鉴》，都是治水经验的总结。它们为战胜旱涝灾害，夺取农业稳产高产创造了条件。

三、造船

在船舶制造领域，新石器时代已经见证了筏子的诞生，古人称为"桴"。随后不久，独木舟也应运而生。自秦汉时期起，中国的造船业开始逐步壮大，尤其在秦汉、宋元及明代等几个历史阶段，发展速度更是显著加快。到了秦汉时期，各种类型的船只纷纷涌现，造船技术已达到相当高的水平。例如，汉代打造的楼船，其甲板层数可达三层，用途极为广泛。宋元时期，造船业迎来了前所未有的繁荣景象。在这一时期，无论是造船技术还是船只数量，中国都遥遥领先于世界各国。特别是海船的制造，更是达到了极高的水平，其中泉州所造的海船尤为著名。这些海船体积庞大，承载能力强，成为海上交通的重要力量。1974 年在福建泉州发掘出土的宋代古船现场，进一步印证了宋元时期造船业的辉煌成就。

在明代，郑和曾七次远航至西洋，最远抵达非洲东海岸。他所乘坐的船只被称为"宝船"，其船身长度为 140 多米，宽度为 57 米，桅杆高度为 11.07 米，装备有 12 张帆，排水量超过万吨。郑和的航海壮举展现了当时中国船只的规模之大和建造质量之高，这是其他国家难以匹敌的。然而，到了明末清初，特别是清代，由于朝廷实行闭关锁国政策，频繁颁布禁海令，中国的造船业遭受了重大打击，逐渐衰落。

四、纺织

纺织技术在中国拥有源远流长的历史，其起源可追溯至原始社会，当时纺织机具的雏形已初步显现。中国纺织业以卓越的丝织和棉织技艺而举世闻名，正因如此，古代中国被西方赞誉为"丝绸之国"。中国的丝织业尤为繁荣，长沙马王堆汉墓出土的素色纱制襌衣便是明证。这件襌衣长度达到 128 厘米，而质量却仅为 49 克，其轻盈与精致程度令人叹为观止，充分展现了中国古代丝织技艺的高超水平。在汉代，丝织品种类繁多，包括绵、绫、绮、罗、纱、绢、缣、缟、纨等多种质地和风格的丝织品，满足了不同人群的需求。自张骞出使西域后，中国丝绸开始走向世界，赢得了世人的广泛赞誉。此后，中国丝织业在历代均得到了持续的发展，工艺水平不断提高，品种也日益丰富。例如，唐代的"纬锦"便是一种采用纬线起花、以二层或三层经线变纬织法制成的丝织品，其富丽华贵的风格深受人们喜爱。在纺织机械的发展历程中，原始社会时期人们已使用纺缚进行纺织。到了西汉时期，手摇纺车逐渐定型，同时提花机也初具规模，为纺织业的发展提供了有力的支持。进入宋代后，水转大纺车的出现标志着纺织技术的又一次重大进步。元代时期，黄道婆对旧纺车进行了显著的改进，进一步提高了生产效率。而在宋元时期，中国的纺织机已经发展成为多锭型，相比之下，欧洲直到 14 世纪才开始使用单锭纺车，这充分展示了中国纺织机械技术的领先地位。

五、冶炼

中国古代的冶炼技术始于殷商时期。在这一时期，人们已经掌握了通过观察火焰颜色来辨别青铜纯度的技术，并且青铜铸造技术也相当发达，例如著名的后母戊大方鼎，其质量达到了惊人的 875 千克，便是这一时期的杰出代表。在炼铜方面，古代中国主要采用胆铜法。到了春秋战国时期，人们又掌握了生铁冶铸技术，并在此基础上逐渐发展出了炼钢技术。在炼钢的过程中，古代工匠广泛采用"百炼钢"法，通过反复锤炼和折叠，使钢材中的杂质得以去除，从而提高钢材的质量和性能。到了魏晋南北朝时期，灌钢技术应运而生，成为当时最先进的炼钢技术。这一技术的出现，标志着中国古代冶炼技术又迈上了一个新的台阶。

在古代冶炼技术的发展中铸造技术占据了举足轻重的地位。古代的铸造技术主要包括泥范铸造、铁范铸造和熔模铸造，其中熔模铸造法因其精密性而备受推崇。该方法涉及使用精心调配的油蜡来制作模型，随后在模型外部覆盖泥料以形成模具。通过加热，油蜡模型被熔化并移除，之后将模具放入窑中烧制，并在模具仍热时进行浇铸。与此同时，冶炼工具和设备也随着冶炼工艺的进步而不断改进，如冶炼炉和鼓风设备。早在春秋时期，中国已经开始使用竖炉来炼铜，并采用高炉进行冶铁。到了东汉时期，出现了利用水力驱动的"水排"鼓风技术。到了宋明时期，人们采用了活门式木风扇和活塞式木风箱，这些技术在当时都领先于世界。

中国古代四大发明

提及中国古代的科技成就，四大发明是不可或缺的话题。指南针、火药、纸张及印刷术的创造，不仅对中国文化产生了深远的影响，同时也推动了全球文明的进步。

一、指南针与航海术

大约在公元前5世纪，中国人就发现了磁铁的指极性。指南针的前身就是出现于战国时期的一种名为"司南"的小玩意，司南的设计十分巧妙，它由一个平滑的底盘和一个形似勺子的物品组成。这个勺子是由天然磁石精心雕琢而成，其重心恰好位于勺底的正中央，使勺子能够自由地在底盘上旋转。当勺子停止旋转时，它的勺柄会稳定地指向南方。这一独特的性质使司南在当时具有极高的实用价值。例如，郑国的商人在远赴他乡采玉时，就会利用司南来确保自己不会迷失方向。司南的发明和应用，不仅展示了古代中国人民的智慧和创造力，也为中国古代航海和地理探索提供了重要的技术支持。司南利用的是地球磁场的作用。地球是一个大磁体，它的两极分别在接近南极和北极的地方，因此地球表面的磁体自由转动时，就会因磁体同性相斥、异性相吸的性质指示南北（图8-2）。

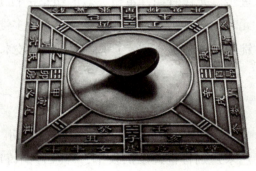

图8-2　司南

进入4世纪，东晋的居民创造了一种名为"指南鱼"的趣味游戏。制作过程包括取一片薄铁片，将其剪裁成鱼的形状，两端微微翘起，腹部略微凹陷，形似小船。经过磁化处理后，它能在水面上漂浮并指示南北方向。磁化步骤是将铁片置于火中加热至红热状态，然后将其放置在指向子午线的方向上。此时，铁片内的分子变得活跃，铁分子会沿着地球磁场的轴线排列，从而实现磁化。这仅是中国古代利用磁化效应的众多小发明之一。

在公元9至10世纪期间，中国人不仅发明了指南针技术，还将其广泛应用于实际生活中。到了公元10世纪，中国人进一步创新，发明了缕悬式指南针。这种指南针的设计相当精妙，它将一枚小巧的磁针悬挂在高高的梁柱之上，磁针的下方则设置了一个标有二十四向的圆形方位盘。在地磁场的作用下，磁针能够稳定地保持在磁子午线的切线方向上。人们只需通过观察磁针在方位盘上的指向，就能准确地判断出当前的方位。

在12世纪，中国人创造了一种名为"指南龟"的导航工具：将一块天然磁石嵌入木制乌龟的腹部，并在其下方挖出一个光滑的小孔。将这个乌龟放置在带有竹钉的木板顶端，使其能够自由旋转并找到支点。当静止时，乌龟的头部和尾部自然指向南北方向。

北宋时期，指南针开始被应用于航海领域。然而，由于航海人员对其性能尚不熟悉，因此在航行过程中，他们主要还是依赖传统的导航方式：夜晚观星，白天观日，而仅在阴天时才使用指南针作为辅助工具。随着时间的推移，到了元代，航海者对指南针在航海中的重要性有了充分的认识。无论是白天还是黑夜，无论是晴天还是阴天，他们都依靠指南针来确定航行方向。为了确保指南针的准确性和安全性，船上专门设置了"针房"来存放指南针，并配备了专业人员负责管理和维护。

值得注意的是，当时的指南针技术尚处于较为初级的阶段，其常见的应用方式是将指南针放置于水中，人们称为"浮针"。随着技术的发展，人们开始将指南针与罗盘相结合，这一创新使指南针的使用范围逐渐扩大。

指南针的发明极大地推动了中国航海事业的发展。中国人通过对潮汐、季风等自然现象的细致观察，在航海实践中创造了一套极具实用价值的导航技术体系。正是依靠这套先进的导航技术，诸如郑和下西洋这样的伟大航海壮举才得以实现，从而将中国的航海事业推向了一个崭新的历史阶段。

二、造纸术和文明的传播

战国时有一位思想家惠子，与庄子是朋友。惠子是逻辑学家，他很有学问，人们说他"学富五车"——今天中国人常用这个成语形容有学问的人。惠子的学问再大，怎么能读完装满五车的书？原来，当时的书不是写在纸上，而是刻在竹简上的。

人类创造了文字之后，便需要寻找书写的方法。在中国悠久的历史长河中，诞生了多种书写方式：早在3 000多年前，人们就在龟甲上锲刻文字，这被称为甲骨文；还有将文字铸刻在青铜器上的，被称为金文；此外，还有将文字锲刻在石头上的，被称为碑文；同时，人们也曾在竹简上刻写文字，或者在布帛上书写。然而，龟甲和石头上的文字书写都相当困难，且写成的作品既不易携带，也不便于广泛传播。至于青铜器上的金文和布帛上的帛书，则因为材料价格高而难以普及。正是鉴于这些不便和限制，人类才逐渐发明了纸张作为书写材料。

众所周知，蔡伦在造纸方面有着杰出的贡献，但实际上，在东汉蔡伦大规模推广造纸技术之前，中国人已经掌握了造纸术。这一点得到了20世纪在中国各地出土的众多西汉时期古纸片的证实。这并非要贬低蔡伦的造纸功绩，而是强调蔡伦的造纸术并非凭空产生，而是建立在长期技术积累的基础之上的。西汉时期出土的植物纤维纸，可以被视为蔡伦造纸术的前身。蔡伦在造纸技术上的创新之处在于，他扩大了造纸原料的来源，不仅使用破布、渔网等纺织废弃物，还引入了树皮、麻头等新材料，其中树皮造纸更是他的独创。此外，蔡伦的造纸工艺也更为精细，使得造纸术不再仅仅是纺织业的附属品，而发展成为一种独立的工艺技术。

在东汉末年，蔡伦所改进的造纸术得到了广泛的应用。进入公元3—5世纪的两晋时期，人们开始普遍使用纸张作为书写材料，并在此基础上发展出了独具魅力的纸上书法艺术。与此同时，纸张也成为绘画的重要载体。随着时间的推移，造纸技术不断进步，一些具有特殊性质的纸张也应运而生，其中对中国书法和绘画艺术影响深远的宣纸便是典型代表。

中国的造纸技术逐渐传播至周边国家，首先传到了越南、朝鲜和日本，随后在公元7世纪前后又传入了印度。此外，造纸术还经由陆上丝绸之路传向了西亚和欧洲。到了公元10世纪左右，阿拉伯地区涌现了大量的造纸工厂。而欧洲的造纸工业则大致起始于公元12世纪，在此之前，欧洲人主要依赖羊皮等昂贵材料来书写，据说抄写一本《圣经》就需要耗费300多张羊皮，足见书写材料的珍贵与稀缺。造纸工业的蓬勃发展，无疑为人类文明开启了一个全新的时代。

三、传播知识的印刷术

在电子媒介尚未诞生的年代，书本是知识传递的主要媒介。如今，我们难以设想，如果没有书本，知识的传播将会面临怎样的困境。仅凭口耳相传，其传播范围和力度都极为有限。而书本通过印刷技术，能够实现大规模的复制，使众多人能够阅读到相同的内容，从而促进了知识的广泛传播和思想的深入交流。因此，印刷术对人类文明的发展极为重要。有人说印刷术是"文明之母"。这是一点也不过分的。

中国悠久的历史与印刷术的发明紧密相连。作为拥有五千年文明史的国家，中国一直高度重视历史的传承。早在很久以前，中国人就创造了文字，并且这套文字系统一直沿用至今。借助文字，思想和知识能够跨越千山万水，代代相传，成为全民族的共同财富，这始终是中国人民不懈追求的理想。

在大规模地复制书写的印刷术产生之前，有两件事的出现尤为重要，它们可以被视为印刷术的前声。

一是印章。中国拥有超过3 000年的印章制作历程，至今，我们依然能够亲眼见到3 000多年前的印章实物。印章的制作过程涉及将姓名（以及其他文本内容）雕刻在铜器表面，或是镌刻于石头上，以此作为身份和权威的凭证。从本质上讲，印章也是一种复制技术。

二是碑刻拓印。书法学习中临摹碑帖是不可或缺的环节，其中包括汉碑、魏碑等多种形式。碑刻上的文字大多源自汉代及其以后的时期。这些刻有文字的石碑，有的至今仍保存完好（例如西安碑林就收藏了大量珍贵的碑刻），而有的已经损毁或遗失。幸运的是，它们的内容已被前人通过将纸张覆盖在碑刻上并进行拓印的方式保存下来。这种拓印碑刻的方法实际上也是一种文本复制技术。

因此，印刷术发明出现在中国，一点也不奇怪，这与中国特有的文化传统密切相关。

中国的印刷术经历了从雕版印刷到活字印刷的演进过程。初唐时期，大约公元7世纪，雕版印刷术在中国崭露头角。这种印刷方法通过在木板上精心雕刻出凸起的反字，随后上墨并将纸张覆盖其上，通过按压实现文字的印制。

唐咸通九年印制的《金刚经》是世界上现存最早的有刻印时间的印刷品，这一印刷品的雕版现在藏在英国伦敦大英图书馆。从雕版印刷术的刻印方法也可看出它与印章、碑刻的渊源关系。如印章，也是在石料等上刻上反字，然后蘸墨或印泥，在纸上印出字来。雕版是更大规模的印刻。雕版印刷是中国主流的印刷技术，留下了许多珍贵的传世之作。到了南宋时期，印刷技术又取得了新的突破，出现了彩色套印雕版术。这种技术要求每页雕刻两块版，一块用于印刷文字，另一块用于印刷与之相对应的彩色图案或文字，从而极大地提升了印刷品的艺术价值和视觉效果，同时也对印刷技艺提出了更高的要求。

然而，雕版印刷存在显著的局限性。每当印刷一种新书时，必须从零开始雕刻木板，且每一页都需要单独的版面，这导致效率低下。此外，雕刻工艺要求精细，工作异常艰辛。到了11世纪中叶，毕昇创新性地发明了活字印刷技术。活字印刷采用胶泥制作单个字模，每个字模单独印刷后烧制成型。这些字模被排列并镶嵌在铁板上，通过烘焙和压制等工序制成印版，从而实现印刷。印版上的字模可以被反复使用，极大地提高了印刷效率。继毕昇之后，人们还发明了磁活字、木活字、锡活字、铜活字等多种印刷技术。

借助陆上丝绸之路与海上丝绸之路这两条重要的贸易与文化交流通道，中国的印刷术迅速传播至亚洲、非洲等多个国家和地区，对世界文明的发展产生了深远的影响。意大利旅行家马可·波罗通过他的《马可·波罗游记》，将雕版印刷术介绍到欧洲，引起了轰动。到了15世纪中叶，德国人谷登堡用铅、锡等合金制造成字母文字系统的活字，由此，世界印刷术进入了一个新时代。这个时代一直持续到20世纪40年代计算机发明之时。

四、火药：炼丹术带来的发明

在 13 世纪上半叶，蒙古军队以其骁勇善战的骑兵为依托，向西征讨西亚与欧洲，势如破竹。根据波兰历史学家德鲁果斯在其著作《波兰史》中的记载，1241 年 4 月 9 日，蒙古大军与由波兰人和日耳曼人组成的 3 万联军在华尔斯塔德平原上展开了一场激烈的战斗，并最终取得了胜利。波兰人将这场战役的失利归因于蒙古军队使用了威力巨大的火器。在战斗中，蒙古人从特制的木筒中成束发射火箭，这些木筒上都绘有生动的龙头图案，因此被波兰人形象地称为"中国喷火龙"。

蒙古人所谓的"中国喷火龙"，实则是在中国独创的火药技术基础上精心打造而成的威力巨大的武器。火药的渊源可上溯至中国的古老炼丹术。早在 2 000 多年前的华夏大地，人们便已开始孜孜不倦地探索通过炼丹术炼制出能让人长生不老的"仙丹妙药"。尽管时至今日，我们仍未发现确凿无疑的证据表明有人通过服用这种"仙丹"真正实现了长生不老的神话，但在炼丹过程中采用的某些独特方法，却意外地开启了火药发明的先河。

称其为"火药"，源于中国人最初将其视为一种追求长生不老的药物。炼丹术中使用的三种基本原料包括硝石、硫黄和木炭。当这三种物质混合并点燃时，会产生大量气体。若将混合物封闭包裹，气体迅速膨胀，最终会冲破包裹，引发爆炸。尽管炼丹术未能实现长生不老的愿望，但它意外地催生了"火药"的诞生。

至迟在公元 9 世纪时，中国人就已经将这种原本用于寻求长生的药物应用到了军事领域。唐朝末年，军阀混战频繁，史料中出现了"发机飞火"的记载，描述的是利用抛石机发射火药包的情况。具体操作是，将火药包点燃后产生爆炸力，借助这股力量将石头抛射出去，以此打击敌人。这种利用火药爆炸力的抛石机，可以被视为最原始的火炮。

北宋年间，火药在军事领域的应用越发广泛，国家开始大规模地将火药纳入兵器制造之中。由此，一系列基于火药技术的兵器应运而生，并在实战中得到了广泛应用。时间推进到 12 世纪初，即南宋初期，宋军在与金人的对抗中首次大规模使用了名为"霹雳炮"的火器。在"霹雳炮"轰鸣之际，其巨大的声响震撼四方，紧接着，炮内喷发出大量的纸屑、石灰粉及硫黄等混合物，这些物质在空中弥漫开来，形成了一片混沌。这一战术对以骑兵为主力的金军造成了极大的困扰，金军将士与战马在漫天飞散的沙石中迷失了方向，最终遭受重创，败退而归。

在南宋时期，一位名叫陈规的低级官员，发明了火枪。他将火药填充进长竹竿中，作战时需要两人协作操作，点燃后即可发射。这一发明具有划时代的意义，因为它允许人们控制火药的引爆时机，标志着人类从冷兵器时代迈向了一个新的纪元。随后，元代的工匠在这一基础上进一步发展，制造出了真正的手枪——"火铳"，它采用金属材料，便于手持，威力惊人，因此也被人誉为"铜将军"。

在火药兵器发展的初期，其制造技术被视为国家的最高机密，然而，随着战争的频发与敌对双方兵器的相互展示，这些机密最终还是逐渐流传开来。蒙古人在其横扫欧亚的征途中，不经意间将火药技术传播到了世界各地。公元 14 世纪，意大利人已经开始在威尼斯与热那亚之间的海上贸易争夺战中运用这种热兵器。而后的西方侵略者更是凭借火药制造的强大火炮强行打开了中国的大门，这一历史事件深刻地改变了中国的命运。

从历史发展来看，中国古代的四大发明都是为人类社会生活带来革命性变化的科学发明，这是中国人对世界文明的伟大贡献。

文化践行

一、课程实践

1. 主题：节气之春，文化之根。

形式：青协志愿者。

材料：通过 PPT 讲解二十四节气的背景及来历，邀请话剧社表演关于二十四节气的话剧或者短剧，弘扬中国传统人文思想。传统文化不仅注重社会的和谐，更提出了"天人合一"的思想，追求人与自然的和谐与协调。通过活动有利于加强当代大学生的责任感，把继承和弘扬传统文化当成一种历史责任，更加积极向上。游戏竞赛环节和表演环节有利于加强志愿者的沟通与交流，促进志愿者之间的团结与合作，从而通过志愿活动建立并强化青协组织与各班志愿者之间沟通理解的桥梁。

2. 主题：跨越时空感受古代科技发展的魅力。

形式：科技模型展示活动。

材料：中国是世界文明古国，中国人民是勤劳勇敢的人民。中华民族创造了灿烂的古代科技成就，在中华文明史上留下了浓重的一笔。在古代世界里，中国和世界都有辉煌灿烂的科技成就，其中中国古代的发明和发现长期领先世界。中国古代科技成就有其厚重的人文特质和传统文化体系，学生通过动手制作复现古代科技成就，可以加深对历史的理解，感受古代科技的魅力，树立文化自信，培养家国情怀。基于此，学校策划组织古代科技模型仿制大赛，活动作品在学校校道展出，欢迎师生、家长及社会人员前来观摩，使大家在中国古代科技之中，感受到科技带来的无限魅力。

二、各抒己见

1. 郑和建造的超大型宝船长 140 多米、宽 57 米，是史无前例的。（建造宝船的）巨型船坞在中国历史上亘古未有，在当时世界上也无与伦比。它是中世纪中国造船业在全世界遥遥领先的明证。郑和船队先进的航海技术在当时世界上也是独领风骚的。15世纪初，是中国人称雄海上的时代，这是全世界公认的事实。结合所学知识，追述唐宋时期造船、航海的主要科技成就。

2.中国古代的四大发明，即造纸术、印刷术、火药和指南针，被广泛认为是人类文明史上的重要里程碑。这些发明不仅对中国古代的科技、经济和文化发展产生了深远影响，而且对整个世界产生了巨大影响。试对四大发明进行论述，并进一步论述其意义和影响。

3.随着科技的发展，未来人们的生活将会焕然一新。请思考并与同学一起讨论：未来人们的生活会如何？人类将达到什么样的科技水平？又将会遇到哪些难题？

三、测一测

（一）填一填

1.东汉_____是浑天说的代表人物。

2.明清时期，设有国家天文台_____，总掌天文观测。

3._____是指年、月、日等计时单位，以一定的法则组合以计算较长时间的系统。

4._____是战国时期的医学家假托黄帝之名，创作的对医学经验的总结性著作，是我国现存最早的中医理论典籍。

5.《千金方》是一部临床实用百科全书，_____被后人称为"药王"。

（二）选择题

1.古代中国最早的天文学著作是（　　）。
　　A.《周髀算经》　　　　　　B.《甘石星经》
　　C.《史记·天官书》　　　　D.《春秋繁露》

2.古代中国将黄道和赤道附近的恒星划分为二十八个区域，这些区域被称为（　　）。
　　A.星座　　　B.星宿　　　C.星宫　　　D.星区

3.中国古代农业生产中，农业生产经验不断积累，下列属于元代农业生产经验总结著作的是（　　）。
　　A.《农书》　　B.《齐民要术》　　C.《农桑辑要》　　D.《农政全书》

（三）简答题

1.中国古代的数学专著有哪些？

2.中国四大农书包括哪些？

3.造纸术的发明对人类社会发展产生了哪些影响？

第九章　中华传统文化的传承与发展

本章提要

党的二十大报告指出:"中华优秀传统文化源远流长、博大精深,是中华文明的智慧结晶,其中蕴含的天下为公、民为邦本、为政以德、革故鼎新、任人唯贤、天人合一、自强不息、厚德载物、讲信修睦、亲仁善邻等,是中国人民在长期生产生活中积累的宇宙观、天下观、社会观、道德观的重要体现,同科学社会主义核心价值观主张具有高度契合性。"指导我们更好地学习和传承中华优秀传统文化,推动其创造性转化与创新性发展,促进中华优秀传统文化与革命文化、社会主义先进文化的深度融合,进一步增强文化自信,为建设社会主义文化强国奠定坚实基础,具有极为重要的现实意义。

传统史学在中华传统文化中的地位

中国传统史学是中国文化的主要载体和主干,自先秦时期至清朝末年,它在中国文化中始终占据着非常重要的地位。中国文化的传承与发展,离不开中国史学的支撑。若缺乏充足的史料和历史著作作为依据,中国文化将难以被现代人充分理解和接受,更遑论对传统文化有较深理解了。因此,要深入理解中国文化,首先需要对中国传统史学有一定的认识。只有将中国文化置于中国历史的广阔背景中去感悟,才能真正把握住中国文化的精髓,否则极易流于空疏浅薄。

中国的传统史学源远流长,为我们留下了大量珍贵的史籍。据统计,《隋书·经籍志》史部著录史书874部16558卷,占著录图书总卷数的34%左右。《四库全书总目》和《清史稿·艺文志》著录的史部图书,据粗略统计,更多达3900部左右80000多卷。再加上大量未被著录的史书,其数量就更大了。汗牛充栋的史籍所记的内容包罗万象,涉及中国传统社会的方方面面,堪称传统文化和学术的百科全书。"二十四史"被誉为中华传统文化的宝库,它囊括了从《史记》至《明史》的史籍,始于黄帝时期,终于明朝崇祯十七年(1644年),内容广泛涵盖了传统中国的经济、政治、文化教育、天文历法、军事、人口与物产等诸多领域。例如,在《旧唐书》中就如实记载了均田制、两税法、租庸调等经济制度及具体实施情况。其中，"历书"和"天文志"中还记载了李淳风和僧一行制定的《麟德历》和《大衍历》，保存了珍贵的科技史资料。除官方编纂的正史外，还存在诸多私人修撰的史书、典志体史书、学案体史书及详尽的地方志。这些海量的历史文献为我们打开了一扇窗，使我们得以窥见中华传统文化的深厚底蕴。因此，可以说中国传统史学是中华传统文化这棵参天大树赖以生长的肥沃土壤。从传统史学入手，无疑是了解中华传统文化的一条有效途径。

中华传统文化深邃而广博，它涵盖了传统中国社会的各个层面，从现代人的视角来看，它主要属于历史学的范畴。

从古代目录学上看，西汉刘歆所撰《七略》和东汉班固所撰《汉书·艺文志》之中虽无专门之"史部"，但他们均将史学著作附录于"六艺略"的"春秋类"。将历史作为经典的附庸，足见史学在古代社会中的重要地位。至唐朝初期，确立了经、史、子、集四部分类体系，其中史学作品被单独列为一个专门的部类，紧随经部之后，位列第二。延续到后世，甚至有"六经皆史"的论断出现，进一步彰显了史学在知识体系中的显赫地位。

清代杰出史学家和思想家章学诚认为："六经皆史也。古人不著书，古人未尝离事而言理，六经皆先王之政典也。""六经皆史"之说由来已久，最早源自刘歆的《七略》，其后隋人王通，唐人刘知几、陆龟蒙，宋人刘恕、王应麟，以及元人郝经、刘因等都曾有"经史不分""经即史""五经皆史"等类似的观点，被社会接受并迅速传播。例如，元代刘因曾言："古无经史之分，诗、书、春秋，皆史也。"明代王世贞曾言："天地间无非史而已。"李贽曾说："经史一物也。史而不经，则为秽史矣，何以垂鉴戒乎？经而不史，则为说白话矣，何以彰事实乎？故《春秋》一经，春秋一时之史也。《诗经》《书经》二帝三王以来之史也。而《易经》则又示人以经之所自出，史之所从来，为道屡迁，变易匪常，不可以一定执也。故谓六经皆史也。"可见，章学诚"六经皆史"之论是中国传统史学的一次"层累"的学术构成，也表明中国传统史学涵盖内容之广，涉及传统文化的各个方面。

特别值得注意的是，传统史学对中国人的思维方式产生了深远影响。早在春秋时期的"百家争鸣"时代，众多思想家便通过"借史言事"来阐述和论证自己的观点，他们依据历史事实来构建自己的学说。无论是儒家、墨家、法家还是道家，这些学派的思想家们对历史都持有极高的尊重态度。从《尚书》《诗经》开始，儒家对问题的论证就是以历史为论证手段的。对此，明代的王阳明就说："五经亦只是史。史以明善恶，示训诫。""以事言谓之史，以道言谓之经，事即道，道即事，《春秋》亦经，五经亦史，《易》是包牺氏之史，《书》是尧舜以下史，《礼》《乐》是三代史。其事同，其道同，安有所谓异？"不仅儒家如此，先秦诸子亦几乎无一例外地将历史作为核心的论证工具。他们各自依据历史来构建自己的学说体系，而当时的一般士大夫也同样借助历史来发表自己的观点和言论。

综上所述，中国传统史学在保存至今的典籍、记载的内容以及对中国人思维方式的塑造等方面，均扮演着中华传统文化核心角色的重要角色。因此，深入了解中国传统史学文化，是学习和掌握中华传统文化不可或缺的前提。

优秀传统文化的继承

一、中华优秀传统文化与社会稳定

"和"的思想在中华传统文化中俯拾即是。《论语·学而》中说："礼之用，和为贵。先王之道，斯为美。小大由之。"《孟子·公孙丑下》中说："天时不如地利，地利不如人和。"《荀子·天论》中说："万物各得其和以生。各得其养以成。"《道德经》第四十二章中说："万物负阴而抱阳，冲气以为和。"《庄子·外篇·田子方》中说："至阴肃肃，至阳赫赫，肃肃出乎天，赫赫发乎地，两者交通成和而物生焉。"《中庸》中更提出："中也者，天下之大本也；和也者，天下之达道也。致中和，天地位焉，万物育焉。"诸如此类，不胜枚举。

中华传统文化中的和合精神，着重强调自然、人与自然、人与人之间，以及人与自身之间的和谐共处，其核心理念在"天人合一"的思想中得到了最鲜明的体现。和谐不仅是中华传统文化精神的核心价值，也是推动中华民族不断前行的重要精神支柱。五千多年的中华文明史尽管历经曲折，却从未中断，在这背后，和谐思想扮演了至关重要的角色。若能将这一思想赋予新的时代精神与内涵，必将为人类文明的进步注入强大的动力。

中国传统思想不仅推崇和合理念，还明确指出了实现和谐的根本路径——中庸之道。孔子将中庸誉为至高无上的德行，他曾言："中庸之为德也，其至矣乎！"（《论语·雍也》）然而，中庸之道并非简单的折中妥协，而是中华传统文化中蕴含的高深哲理、政治智慧与人生指南。它要求人们在面对问题时，摒弃极端，秉持不偏不倚、客观中正的立场。这一思想不仅深受儒家推崇，而且得到了道家与佛教的广泛认同。中庸之道在多个层面均有体现：在认知上，它主张避免主观臆断、绝对化思维、固执己见及自我中心；在性格塑造上，它倡导培养"中行"的君子风范；在情感表达上，它强调情感的抒发应合乎礼义规范；在行为选择上，它提倡"时中"，即根据时势变化灵活调整，以求恰到好处。中庸之道对于提升个人修养、化解人际冲突、维护社会和谐稳定具有极其重要的积极作用。

二、中华优秀传统文化与经济发展

中国传统经济思想中有不少积极的观念对现代经济发展有借鉴意义,诸如"有恒产者有恒心,无恒产者则无恒心""仓廪实而知礼节,衣食足而知荣辱"等朴素的唯物论思想,"制民之产"及"庶、富、教"等重视民生的思想,"均无贫,和无寡,安无倾""天道平均"等强调公平的思想等,对社会经济发展有相当的积极意义。

发展经济与保持高尚道德之间的辩证关系,乃是一个古老的问题。中国古代圣贤对此曾有过十分精辟的见解。管子曰:"仓廪实而知礼节,衣食足而知荣辱。"(《管子·牧民》)孔子曰:"足食,足兵,民信之矣。"(《论语·颜渊》)孟子说:"民之为道也,有恒产者有恒心,无恒产者则无恒心。"(《孟子·滕文公上》)也就是说,国民经济富足,可以促进道德完善。虽然在中国古代长期的历史发展过程中,也产生过重义轻利的偏向,但对"义利统一"的主张是没有疑义的。两者是可以统一的。这种义利统一的观点对于显示的经济管理与发展有重大指导价值。

真正健康的经济发展不能背离,也不应排斥人类的道德良知,道德与经济发展之间存在着一种相辅相成的关系,积极的道德观可为经济发展提供正确的方向,以牺牲道德为代价的经济发展是一种畸形的经济发展模式。2008年,始于美国的金融危机为人们敲响了警钟。它告诉人们,缺乏道德的经济行为将会导致多么严重的后果。真正的经济学理论,不会与最高的伦理道德推测产生冲突。我们应该倡导:企业要承担社会,企业家身上要流淌道德的血液。

三、中华优秀传统文化与精神文明

社会主义现代化不仅包括物质文明建设,还包括精神文明建设,两者相辅相成,缺一不可。但是,在许多国家和地区的早期现代化过程中,都出现了物质文明与精神文明发展失调、人际关系冷漠、大量家庭破裂、人们道德堕落、生态环境恶化等诸多问题。梁漱溟曾经说过:"世界文化的未来就是中国文化的复兴。"

中华传统文化十分强调道德主体的自我修养,孔子说:"能行五者于天下,为仁矣",这就是"恭、宽、信、敏、惠。恭则不侮,宽则得众,信则人任焉,敏则有功,惠则足以使人。"(《论语·阳货》)孟子提出"存其心,养其性,所以事天也。殀寿不二,修身以俟之,所以立命也"(《孟子·尽心上》),认为修身养性是安身立命的方法。《大学》中提出的"三纲领"(明明德、亲民、止于至善)和"八德目"(正心、诚意、格物、致知、修身、齐家、治国、平天下),就是对"内圣外王"的人生理想的整体表达,无论是儒家,还是道家、佛教,均赞同这种人生理想。其中最核心的就是修身,"自天子以至于庶人,壹是皆以修身为本"(《大学》)。至于中国传统知识分子所推崇的"穷则独善其身，达则兼济天下"的人生价值取向，则是"内圣外王"之人生观的一种权变，并未变更"修身"的人生宗旨。

中华传统文化倡导的是"天行健，君子以自强不息""任重道远""死而后已"的积极人生志向，"杀身成仁""舍生取义"的崇高精神境界，"三军可夺帅，匹夫不可夺志""富贵不能淫，贫贱不能移，威武不能屈"的独立人格，"君子爱财，取之有道""为仁由己"等，至今仍不减其色。

中华传统文化中的家文化相当发达，"家和"观念被广泛认同。孔子最重孝悌，子曰"孝悌之至，通于神明，光于四海，无所不通。"（《孝经·感应》）儒家视"孝悌"为"仁"的根本。孔子的学生有子说："孝弟也者，其为仁之本与！"（《论语·学而》）这反映了儒家的一贯主张。儒家不仅把孝悌作为处理各种家庭成员间关系的准则，而且把孝悌泛化为处理社会、政治领域中一切关系的准则，作为治理国家社会的一种重要手段与途径。

在人与人的关系问题上，中华传统文化强调人际关系的协调。这些人际关系都是双相的，要处理好各种关系，必须遵循一定的准则，这样才能实现人际和睦、社会和谐。《大学》中提出："为人君，止于仁；为人臣，止于敬；为人子，止于孝；为人父，止于慈；与国人交，止于信。"所有这些社会交往的准则对现代社会仍有着重要的指导价值。以儒家为主干的传统文化倡导的"和为贵""天时不如地利，地利不如人和"的人际关系理想，"仁者爱人""己欲立而立人，己欲达而达人""己所不欲，勿施于人"的忠恕之道等，至今仍然是处理各种人际关系的重要准则。

四、中华优秀传统文化与生态文明

中华传统文化重视人与自然的和谐统一。在人与自然的关系问题上，中华传统文化精神资源中与生态伦理有关的丰富智慧，值得认真总结。老子所谓"人法地，地法天，天法道，道法自然"（《道德经·第二十五章》）"道生之，德畜之，物形之，势成之"（《道德经·第五十一章》）等思想与《易经》的智慧是息息相通的。《吕氏春秋·义赏》中说："竭泽而渔，岂不获得？而明年无鱼。焚薮而田，岂不获得？而明年无兽。"这是多么质朴又深刻的生态伦理思想！

孔子继承了"时行"的思想，提出"时节"。他主张取物以节，"钓而不纲，弋不射宿"（《论语·述而》）；强调节俭，"奢则不孙（逊），俭则固；与其不孙也，宁固"（《论语·述而》）。这基本上反映了孔子对自然的态度，即对自然资源的获取应有节制，反对对自然资源的过度攫取。

孟子曾描述过位于齐国东南的牛山的状况。他说："牛山之木尝美矣，以其郊于大国也,斧斤伐之,可以为美乎?是其日夜之所息,雨露之所润,非无萌蘖之生焉,牛羊又从而牧之,是以若彼濯濯也。"(《孟子·告子上》)意思是说,牛山本来草木茂盛,郁郁葱葱,但由于人们过度砍伐与放牧牛羊,最后变成一座光秃秃的荒山!孟子继承了《易经》中的"时行"及孔子关于"时节"的思想,提出"时取"的主张:"不违农时,谷不可胜食也;数罟不入洿池,鱼鳖不可胜食也;斧斤以时入山林,材木不可胜用也。谷与鱼鳖不可胜食,材木不可胜用,是使民养生丧死无憾也。养生丧死无憾,王道之始也。"(《孟子·梁惠王上》)这就是说,对禽兽草木皆要取之有时,用之有节,尊重自然规律,并把这种"时取"的做法上升到政治上的"王道"的高度。

荀子在继承了孟子"取物以时"的思想时,还突出强调了"时禁"的主张。《荀子·王制》中说:"圣王之制也,草木荣华滋硕之时,则斧斤不入山林,不夭其生,不绝其长也。鼋鼍、鱼鳖、鳅鳝孕别之时,罔罟毒药不入泽,不夭其生,不绝其长也。春耕、夏耘、秋收、冬藏,四者不失时,故五谷不绝,而百姓有余食也。洿池、渊沼、川泽,谨其时禁,故鱼鳖优多,而百姓有余用也。斩伐养长不失其时,故山林不童,而百姓有余材也。"这是说,人虽为大自然的主体,但不可以对自然界为所欲为。

在中华传统文化中,"天人合一"的思想十分重要,无论从本体论还是方法论的角度上说,中国古代先哲总是把人与自然看作一个不可分割的统一的整体,人来自大自然,是大自然的一部分,"天地合气,万物自生"(王充《论衡·自然》),把人与自然的和谐统一视作生命的本源。

传统文化在近代的成就和价值

在中国悠久的古代历史中,曾数次经历大规模的外来文化渗透,其中汉代时期佛学的引入便是一个显著的例子。这些外来文化深深植根于中华传统文化的沃土之中,然而,它们并未撼动传统文化的根本体系和架构。在社会文化的层面上,儒家文化依旧是中华传统文化的核心与主导。及至近代,随着外国殖民势力的入侵,西方文化也随之涌入中国,这一过程被称为"西学东渐"。在此背景下,中国的传统思想文化开始逐渐发生转变。这一转变对中国社会的现代化进程产生了深远且广泛的影响。

面对西方文化的冲击,一批有识之士致力于深入探索中华传统文化。通过他们的不懈努力,近代文化的各个专业领域都迎来了变革。新思想文化元素日益丰富,新的研究方法也逐渐成型,并在传统文化研究中展现出其影响力。学者们不断开拓新的研究领域,并成功创立了一系列新学科。其中,梁启超所著的《中国史叙论》与《新史学》尤为引人注目。在这两部作品中,梁启超运用进化论的观点,首次在理论上和体系上对中国封建时代的史学理论与观念进行了深刻的批判。他主张摒弃旧史学,开创史学新篇章,并反对将史学视为封建帝王家族谱牒的做法。此外，他还明确提出具有重大思想解放意义的史界革命的口号。这表明，近代学者开始创建新的历史哲学理论体系。

此后，史学研究领域经历了显著的变革。1904年，夏曾佑（1863—1924年）所著的《最新中学中国历史教科书》作为新史学的首部著作问世，该书后来更名为《中国古代史》。与此同时，章太炎（1869—1936年）于1904年再版的《訄书》也备受瞩目，刘师培（1884—1919年）则在1905年至1906年出版了《中国历史教科书》。此外，王国维在古史研究方面也取得了丰硕的成果。这些著作在历史分期、基本内容及编纂体例上，均采用了近代史观来研究中古史，具有较高的学术价值。

随着历史学界的变革，众多学者开始倡导以一种怀疑的精神重新审视中国古代的文化典籍与文明史。他们提出了诸多新颖且有力的论据与观点，旨在颠覆那些长久以来被视为理所当然的历史论断。

因此，顾颉刚等学者着手开展系统性的古史辨伪工作，其研究成果被精心编纂为七卷巨著《古史辨》。这些创新的研究方法和所取得的成果，有力地打破了知识界对于古代典籍的盲目崇拜，同时纠正了部分学者无条件"崇古"、过分"拘泥古训"的片面认识。这些研究在古代史料的考证、真伪辨识及校正等方面，至今仍具有不可替代的重要价值。

然而，"疑古"学派亦不可避免地受到时代背景的局限，有时陷入了为"疑"而"疑"的境地，导致否定过度，乃至对一些确凿无疑的事实也持怀疑态度，这无疑走向了极端。真理一旦过度夸大，便容易滑入谬误的深渊。

西方进化论在中国的传播，不仅对传统文化构成了冲击和挑战，同时也为其进一步发展提供了机遇。学术界陆续引入了尼采、叔本华、康德等人的哲学理论，其他哲学流派的学说也逐渐在中国知识界流传开来。这些哲学思想的引入极大地促进了中国哲学史和思想史研究的新探索与拓展。人们开始尝试将传统文化中的变易观与西方进化论相结合，不仅用进化论的视角来阐述中国哲学思想的历史演变，还系统地对西方哲学史进行了介绍和研究。

受西方哲学思想的影响，中国传统哲学在近代时期的发展方向发生了转变，不仅在哲学思维方式上有所革新，其学术特色也明显区别于古代哲学。尽管中国近代哲学仍带有浓厚的政治斗争色彩，但它在古代哲学的基础上，发展出了独特的哲学范畴和体系。古代哲学更多地聚焦于社会政治伦理和社会历史观的探讨。而近代哲学在延续并深化这些内容的同时，也开始着重对自然界及其观念的思索。

自古以来，中国人在接纳外来思想时，总是立足于本民族固有的逻辑框架和文化心态，对外来思想进行筛选、整合与内化，这一特点在引进进化论哲学和机械唯物论哲学时同样体现得淋漓尽致。思想家们基于近代中国的实际情况，汲取古代传统哲学的精髓，对生物进化论进行了创新性的理论提炼与重构,从而构建出独具特色的哲学理论体系。

《天演论》是一个典范,它源自英国学者赫胥黎的著作,由严复首次翻译并引入中国。人们在翻阅此书时,特别关注严复所作的序言和注释。因此,中国近代哲学中的进化论原则与西方的进化论哲学有所不同,尽管它继承了许多进化论的术语和概念,但在对这些原则的理解上却展现出独特的差异。这种差异部分源于中西方文化背景的差异,另一部分则是因为学者们对西方哲学进行了自己的解读,并对其原则内涵赋予了新的内容。这标志着在西方文化的冲击下,中华传统文化在哲学研究领域取得的新进展。

受到西方近代民权与平等观念的深刻影响,清末民初时期对西方近代法学的引介与研究取得了显著成就。这一成果不仅反映了当时政治形势的演变,而且彰显了中西方文化的交流与融合。

在清末时期,设立了资政院(形式上类似于西方国家的议会)和咨议局(相当于地方议会)。民国初期,召开了中国第一届国会,并成立了责任内阁,试图推行政党政治,并采纳了选举制度,这便需要法律作为支撑。同时,动荡的近代社会也需法律的规范与调整。学者们对法律的定义、法学的起源、世界五大法系,以及国际法、刑法、民法、行政法等领域进行了广泛的研究与探讨。然而,这些理论与实践在半殖民地半封建的近代中国难以得到实际应用。

在这样的时代背景下,熟悉中国古代法典的著名人士沈家本,试图以西方近代法律来改革中国的古代法律,他是中国近代法理学的启蒙思想家。法学、政治学中天赋人权、国家概念、民族主义、政体、宪政、地方自治等西方近代法学、政治学中的一系列重要问题,得到当时许多有志于法学、政治学研究的人们的热心探讨。例如,1906年商务印书馆出版了严复所著《政治讲义》,这是中国人自己编著的第一部近代政治学著作。武昌起义以后,湖北革命党人草拟并颁布了《鄂州约法》,此后孙中山代表临时政府颁布了《中华民国临时组织法大纲》和《临时约法》。这些法律文件都是以美国国会制和总统内阁制为蓝本而编写的。

在语言学、文学方面,中国近代学者把西方语言学和文艺学理论与中国古典文学语言学、文学艺术结合起来,取得了创造性的成绩。

鸦片战争以后,外来词汇和新词汇大量增加,还有一些欧化汉语和新的语言,使汉语构成有了某些变化。著名学者马建忠(1845—1900年)应用西洋语法学研究汉语语法,著《马氏文通》,这是我国第一部用新的理论作指导,系统研究汉语语法的专著,他的这部著作为汉语语法学奠定了初步基础。此后,一大批学术工作者对汉语语法做了更加深入的研究,取得了很多重要成果。例如,1892年卢戆章的《一目了然初阶》在厦门出版,正式开始了汉字和汉语拼音的革新。随后,还有劳乃宣的《简字谱录》、朱文熊的《江苏新字母》、王炳耀的《拼音字谱》、沈学的《盛世元音》、蔡锡勇的《传音快字》等也相继提出有关汉语和汉语拼音的改革方案。这些改革方案推动了汉语的现代化进程，而且此时大多数学者摒弃了"废除汉文汉语，改用万国新语"的主张。他们主张以汉语拼音字母作为汉字改革的基础，解决了汉字改革中最迫切的问题。

在文学革新的浪潮中，学者们倡导发起了白话文运动，他们主张文学不应仅仅局限于文人墨客情感抒发的载体，而应成为广大民众表达情感与思想的工具。众多文学家纷纷提出，文学创作应避免空洞矫情的表达，摒弃陈词滥调与过度修饰，不刻意追求对仗与典故，不回避俚语俗话，力求让文学更加贴近民众生活。陈独秀于1904年前后，在安徽创办了《安徽俗话报》，该报采用民众喜闻乐见的形式，运用通俗易懂的语言，广泛传播新思想、新观念，受到了广泛欢迎。白话文的推广，其意义远远超出了文学领域本身，它在文化史上具有深远影响，尤为重要的是，它推动了知识阶层思维模式的转变。

文艺理论同样深受西方影响。学者们就文艺的特性、社会功能及创作手法等一系列核心理论议题展开了深入探讨。例如，鲁迅不仅对外国文学进行了深刻而精准的评析，同时也对中国古典文学进行了全面性的概括与评价。他的著作《中国小说史略》便是这一领域内的杰出成果。此外，王国维也值得一提，他巧妙地运用西方哲学、美学及文艺理论来剖析中国传统文学，如对《红楼梦》这部古典巨著的研究便取得了卓越成就。他在小说、戏曲及诗词领域的探索，在当时具有开创性的意义。

在传统文化的土壤上，文学艺术的创作也呈现出新的变革，诞生了诸多新兴的文艺领域。以翻译小说为例，它从诞生到兴盛，发展速度迅猛。在这一领域，涌现出了以林纾为代表的杰出文学翻译家。大量翻译小说的出版，为人们带来了全新的阅读体验，对中国近代文学家的创作产生了深远的影响，提供了宝贵的参考。

"传统"一词，在汉语中蕴含着继承的含义。在现代社会与传统文化之间，首要的是建立一种继承的关系。然而，文化的传承绝非简单的全盘接受，而是一个经过筛选、改造、取舍，并最终实现创新的过程。因此，传统文化不仅涵盖了古代的文化遗产，而且包括了近代的文化成就。

以一个简单的例子说明，我们现今使用的语言文字，是继承自前人的智慧，但与几千年前相比，即便是与一百年前相比，语言文字也经历了显著的变迁。语言文字的演变并非一夜之间完成，而是一个渐进的演化过程。倘若传统文化被后代一成不变地继承，没有任何更新与进步，那么传统文化便丧失了其生命力。然而，这种情况在现实中是不会发生的。

对于传统文化的取舍、改造与更新，应该是每一代人的正当权利，也是他们的社会义务。中华民族经过几千年而创造的传统文化，具有很强的自新能力，能不断以民族精神与时代精神相调节，对内适应千百年来的时代变迁，对外表现出强大的消化能力与抗衡能力。中华传统文化之所以经久不衰，就是因为自身调节、更新能力比较强。

每一代人都有权利也有责任对传统文化进行取舍、改造与更新。中华民族历经数千年积淀的传统文化,展现出了强大的自我更新能力,能够不断地以民族精神与时代精神为指引进行自我调节。这种能力使传统文化能够适应千百年来不断变化的时代环境,同时对外展现出强大的包容性与竞争力。中华传统文化之所以能够绵延不绝、历久弥新,正是得益于其强大的自我调节与更新能力。

在中国近现代超过一百年的历史长河中,每当我们的民族站在历史的十字路口,知识界便会掀起一股反思和讨论传统文化的热潮,这是很容易理解的。这种反思与讨论的核心问题,便是中华传统文化的发展方向。

在近现代的历史进程中,中华传统文化虽不断遭遇西方文化的挑战,但仍取得了显著成就。总体来说,对传统文化的改造与更新工作尚未彻底完成。第一次世界大战后,西方国家陷入社会动荡与思想纷争,这引发了中国思想界对西方文明的质疑乃至失望。在此背景下,众多学者开始更加深入地探讨中华传统文化与西方文化的优劣,并致力于探索传统文化的现代化路径,以期为传统文化寻找新的发展出路。

在推进传统文化的现代化过程中,应当关注以下关键问题:如何富有创造性地继承文化遗产中的精华部分,如何有效剔除其中的糟粕;在吸收西方文化时,应当留意哪些方面的问题;以及如何实现中西方文化的有机融合。

在人类文明的长河中,每一种文化都蕴含着其独特的精华与不足之处。因此,将传统文化分解为精华与不足部分的学术研究方法,不应被看作保存国粹与全盘西化的折中调和的中间立场。要实现中华传统文化的现代化转型,既不能完全西化,也不能一味复古,这两种极端在当代社会显然都是不可取的。

我们认为,无论是中华传统文化还是西方文化,都应秉持"取其精华,去其糟粕"的原则。可能有人对此持有异议,认为文化不应简单地划分精华与糟粕。然而,只有坚持这一原则,我们才能在传统文化研究中稳固立足,取得被广泛认可的研究成果。当然,在区分传统文化中的封建糟粕与民主精华时,需要进行深入细致的分析与鉴别,谨慎地做出取舍,并以此为基础推动文化的创新与发展。

特别需要指出的是,在探讨传统文化的研究中,存在一种偏颇的观点,即认为中华传统文化的主要特征是劣点,一提及传统文化,似乎只关注其阴暗面。这种缺乏深入科学研究依据的先入为主观念,应当得到纠正。我们应当首先肯定,传统文化中确实蕴含了诸多瑰宝,这些瑰宝长期以来深刻影响着中国人的思维方式、生活习惯及审美情趣,并且是构成中华民族独特性的重要元素。唯有正视这一事实,我们才能谈及真正的继承与发展。

唯有激发民族精神,我们才能迈向民族与国家的现代化进程。民族的凝聚力之所以强大,源于其悠久的历史和文化创造力。若将民族的一切传统视为负担而轻易抛弃,结果将是对民族自身的否定，导致民族陷入分裂和解体的危机之中。因此，研究传统文化时，我们的出发点应是认可其精华部分，从而能够科学地摒弃那些糟粕。

近年来，国际社会探讨民族文化问题，出现了两种观点，一是所谓"全球意识"，二是所谓"寻根意识"，这是两种相互矛盾的文化意识。主张"全球意识"的学者，认为文化的发展趋向应该有全球眼光，因为当今世界已进入信息时代，各种新思想、新学说、新文化的相互交流和影响极为迅速，国家和地区之间的联系十分便捷。因此，文化的发展有一个综合的趋向，任何一个国家和地区的文化发展，都不可能不考虑整个世界所面临的重大问题。另一种文化发展倾向，即所谓的"寻根意识"或"民族意识"，正逐渐受到人们的广泛关注。自第二次世界大战以来，民族觉醒与民族独立已成为一股不可抗拒的历史大势。人们逐渐认识到，一个民族若要实现发展，就必须深入挖掘并坚守自身的文化传统。

对于"全球意识"与"寻根意识"，我们认为两者各有其合理性，但同时也都存在一定的局限性。倘若仅有"寻根意识"而缺乏"全球意识"，我们便难以从世界的角度去审视民族文化问题，也无法精准地把握这个时代的需求。同样，如果缺少了民族意识，我们也无法创造出具有鲜明民族特色的新文化形态。

因此，在近现代文化的发展过程中，特别是对于中国这样拥有深厚文化传统的大国而言，既要珍视并尊重本国优秀的传统文化，又要拥有开放的视野，积极面向世界，广泛吸收人类所创造的一切优秀文化成果。对于传统文化，我们需要进行深入而细致的分析，切不可轻率地简化处理。

例如，中华传统文化中蕴含着深厚的非功利主义色彩，这一点在对外关系中尤为显著。相比之下，在西方，诸如哥伦布、麦哲伦的航海探险，其背后的驱动力之一便是追求巨大的财富，这体现了经济利益的追求，即文化上的功利主义。而中国明代的郑和下西洋，规模宏大，声势浩大，却并非出于经济目的，其主要意图在于向海外各国展示中国的礼仪与威仪。

相比之下，西方人的态度显得更为务实。当马戛尔尼来到中国时，清廷却错误地将他视为前来进贡的使者，而实际上他的目的是希望与中国进行通商。与此相反，中国的皇帝与臣子们却更看重面子，甚至不惜牺牲实际的国家利益。关于清朝皇帝是否应该接见外国使节，以及接见时的礼节应该是跪拜还是鞠躬，这个问题从咸丰年间一直争论到光绪十八年（1892年）才最终得到解决。这种过分注重面子、忽视实际利益的文化形态，确实存在一定的局限性。

然而，在中华传统文化中，优秀的精品俯拾即是。例如，中华传统文化不仅重视义理胜过利益，重视情感胜过利益，还特别强调信用的重要性。在中国旧时的金融机构，如钱庄和银号，存款和放款均建立在信用基础之上。中国商人通常将名誉和人格置于金钱之上，他们依靠信用进行交易，而不必签订书面协议或合同。实际上，他们很少失信于人，这完全依赖道德的自我约束。面对这种情况，初来乍到的西方人常常感到惊讶。因为在西方，无论交易大小，都必须以书面形式签订合同或契约，这才能被视为有效。因此，他们对于中国商人之间这种基于信任的交易方式感到难以理解。

孙中山在思考中华传统文化的优劣时，说过这样的话："就信字一方面的道德，中国人实在比外国人好得多。在什么地方可以看得出来呢？在商业的交易上便可以看得出。中国人交易，没有什么契约，只要彼此口头说一句话，便有很大的信用。所以外国在中国内地做生意很久的人，常常赞美中国人，说中国人讲一句话比外国人立了合同的，还要守信用得多。"（《孙中山选集》下，人民出版社2011年版。）当然，情况并非总是如此，事实上仍有不守信用的例子，但重信用确是中华传统文化的特征之一。

或许有人认为，中国人重视信誉而非契约，这体现了法制观念的淡薄，因为契约是法律的基础。诚然，无论是自然经济还是商品经济，法律的强制性约束都是不可或缺的，但道德的制约同样重要。只有在完善法制的同时，加强道德建设，社会才能健康发展，并提升自身的抵御能力。今天，我们研究中华传统文化，并非为了将其视为古董珍藏，而是为了保存、改造、借鉴并发展它，使其适应现代社会的需求，助力解决当前面临的问题，进而推动社会主义精神文明建设。同时，学习和研究传统文化对每个人而言，都是一件饶有趣味的事情。这一精神活动不仅能够拓宽视野、增长知识，还能为生活增添乐趣。

文化践行

一、课程实践

1. 主题：中华优秀传统文化进校园。

形式：中华优秀传统文化进校园。

材料：举办校园传统文化节，设置丰富多彩的项目。如举办传统诗词朗诵比赛，学生通过深情朗诵，感受诗词的韵律美和意境美；举办传统书法展示秀，让学生了解书法文化，倡导学生与家长一起参与制作和品尝传统美食，体会饮食文化的魅力。成立传统文化相关社团，如美术社团、围棋社团等。社团定期开展活动，由专业教师指导。例如，美术社团的学生在教师指导下，裁剪各种精美的剪纸图案，既锻炼了动手能力，也传承了民间艺术。

2. 主题：经典研读、艺术鉴赏、传统技艺。

形式：知识竞赛。

材料：学校积极与周边社区合作，组织学生参与社区传统文化传承活动。学生到社区表演传统戏曲、展示传统手工艺作品，在社区进行传统文化知识竞赛，向社区居民传播传统文化知识。通过活动启示我们，传统文化进校园要注重课程的创新设计和活动的拓展延伸，要充分利用社会资源，加强与社区的合作，让传统文化教育走出校园，融入社会，形成更广泛的影响力。

二、各抒己见

1. 时代在变化，人们对古代经典及其价值的认识也会随之不断发生变化。那么，我们究竟如何看待经典中的精华与所谓的"糟粕"？

2. 如何理解在社会上经常提及的"国学教育"这个概念？在你看来，如何在中小学开展传承文化教育？

3. 近年来，家风、家规、家训和家教成为一系列热门词汇，不少媒体都以专题的形式展开了讨论。到底什么是家风，其与家教、家训又有哪些不同，重拾家风的意义和价值在哪里？

三、测一测

1. 简述传统史学在中华传统文化中的地位。
2. 简述传统文化在近代的成就和价值。

参 考 文 献

[1] 张岂之. 中华传统文化[M]. 3版. 北京：高等教育出版社，2023.
[2] 韩鹏杰，陆卫明，李娟. 中华传统文化精义[M]. 6版. 西安：西安交通大学出版社，2022.
[3] 王霁. 中华传统文化[M]. 2版. 北京：清华大学出版社，2021.
[4] 范业赞. 中华优秀传统文化[M]. 2版. 北京：中国人民大学出版社，2021.
[5] 汤一介，李中华. 中国儒学史[M]. 北京：北京大学出版社，2011.
[6] 彭林. 礼乐文明与中国文化精神[M]. 北京：中国人民大学出版社，2016.
[7] 易志军. 中华优秀传统文化读本[M]. 重庆：重庆大学出版社，2020.
[8] 洪琼. 中国传统民间艺术[M]. 武汉：华中科技大学出版社，2016.